憲法入門講義【第3版】

尾﨑利生　著
鈴木　晃

法律文化社

第3版はしがき

　本書の第2版（2016年3月刊）から、すでに6年が経過した。この間、憲法状況は大きく変化し、様々な判例が現れ、法律改正も行われてきた。その都度、増刷の際に必要最小限の訂正を行い、事態に対処してきたが、すでに限界を超え、小規模の訂正では対処できない状態になった。そこで、このような憲法状況の変動や新しい判例に注目しつつ、第3版を刊行することにした。

　本書の基本姿勢は初版（2012年3月刊）以来、変わることはない。本書は、大学ではじめて憲法を体系的に学ぶ学生および一般教養として憲法を学ぶ人に、できうるかぎり憲法の全体像を提示し理解をしてもらうことを目的とした概説書である。もちろん、多くの概説書と同様に、本書の底辺に流れているのは近代立憲主義である。時代の流れの中で憲法理論がどんなにうねりをみせても、この権力制限規範としての憲法の意味はいささかも動くものではないし、動くべきものでもないと確信している。その意味では、ウクライナ問題を契機に改正問題が新しい局面をみせようとしている憲法9条とならんで、立憲主義を明確に規定する憲法99条も、現代の憲法問題や改正問題を考える際に重要な条文である。この3つ並んだ「9の条文」は何か運命的なものを感じさせるのであるが、それは筆者たちだけの感覚であろうか。昔ある芸人が、テレビは観るものではなく出る（出演する）ものだと言ったことがある。これを憲法の存在意義から言い直せば、憲法は観る（守る）ものではなく、使うものだということになる。つまり、権力に対抗するための強力な武器としての憲法という意味である。この国民の武器を奪い取ろうとしているような改憲案があるとすれば、それに抵抗すべきなのは立憲主義を憲法の存在意義と考える者からは、あまりにも当然すぎるほど当然のことである。

　本書第3版においても、可能なかぎり頁数の増加を抑えるとともに、内容の質を上げ豊富にしようと努力した。その制約から説明の足りない部分が生じることを危惧するが、読者の発展的勉強と寛容を期待するのみである。

　なお、本書の企画・編集全般にわたって、法律文化社編集部の畑光氏に大変

お世話になった。出版の細部にまで目の行き届いた専門性と、執筆者への配慮がなければ、本書は存在しなかった。ここに心から感謝を申し上げる次第である。

2022年5月

尾﨑利生

鈴木　晃

目　　次

第Ⅰ編

憲法総論

第1章 憲　　法

第1節　憲法の意味

1　国家と憲法

　社会あるところ法ありといわれる。憲法もそういう意味では、一定の社会の存在を予定している。一般に、憲法は国家の基本法であるとか根本秩序であるとかいわれるが、そうすると憲法の予定している一定社会は国家を意味することになる。それでは国家とは何か。従来、国家とはその要素として、領土・国民・主権が必要であるとされてきた。社会学的意味での国家の概念である。ただ、そのような意味での国家は静態的に理解されたものである。国家はその内部の様々な関係がダイナミックに変動し、それに応じて秩序が様々に入り乱れた状況を内包するものである。憲法はそのような諸秩序を統率し、国家としての形に整序する機能を有する。そういう意味では憲法が国家を予定するのではなく、国家が憲法を予定しているというのが正確である。あるいは、少なくとも国家と憲法とは同時的存在であるというべきであろう。

　さらに国家という意味を、われわれはしばしば権力とほぼ同じ意味に使う場合もある。このような意味で国家をとらえた場合には、憲法は一層機能的にとらえられることになる。すなわち、憲法を単に国家としての体をなすための要素ではなく、積極的に権力制約規範として、権力の濫用を抑止するものと考えられることになるのである。本節3で述べるように、そのように把握される憲法は、立憲主義と呼ばれる原理によって理解されることになる。憲法99条には憲法尊重擁護義務が規定されているが、憲法尊重擁護義務を「天皇又は摂政及び国務大臣、国会議員、裁判官その他の公務員」にのみ課しているのである。そこには「国民」の文字はない。憲法の名宛人として国民は予定されていないのである。憲法を守る義務があるのは権力を担う者であるという、この単純明

快な原理は、立憲主義の核心である。権力の濫用を抑え、人権保障を確実にするということが立憲主義であり、憲法の使命であるともいえる。ただ、誤解されてはならないのは、憲法は権力を担う者だけが守ればそれで済むものでもないということであり、憲法13条に規定されているように、国民が憲法により権力の濫用を抑え、人権保障を確実にする責任を負っているということである。その意味で憲法は国民にとって人権保障のための武器となるのである。

2　形式的意味の憲法と実質的意味の憲法

　それでは憲法とは何であろうか。それには様々なとらえ方がある。まず、およそ憲法という名で呼ばれるものであるなら憲法として理解するというものである。これは形式的意味の憲法といわれる。この意味においては、その内容に何が含まれていようと、あるいはそれが国家との関係においてどのようにとらえられようと、それは憲法である。換言すれば、憲法という法形式にのみ着目した理解の仕方である。これに対して、形式ではなく、その内容、つまり実質に着目して憲法を理解しようとするものがある。このような考え方による憲法を実質的意味の憲法と呼ぶ。憲法の存在形態を問わず、特定の内容をもつ法規範を憲法と呼ぶとするものである。たとえば、この意味での憲法には、日本国憲法や多くの国において存在する成文憲法という形態でも、あるいはイギリスのように憲法典をもたない（その意味では形式的意味の憲法がない）場合であっても、特定内容の法規範が認められるなら、それは実質的意味の憲法であるというのである。しかし、その場合、どのような内容を考えるかが問題である。

　まず、その内容として、国家がいかにあるべきかとか、権力がどのようにその行使をするべきかとか、いわゆる国家の根本秩序を規定するようなものが存在する場合がある。この意味での憲法は、およそ国家がある以上存在しているものである。これは固有の意味での憲法といわれている。すでに述べた形式的意味における憲法は、内容がどのようなものであっても憲法という名が付けられていれば憲法であると説明したが、このような固有の意味での憲法が、憲法という名で呼ばれるなら、それが形式的意味での憲法としての法形式を備えたことになり、それは最高法規として存在することになる。

3　立憲的意味(近代的意味)の憲法

　この固有の意味における憲法は、近代市民革命を経て、歴史的に獲得された意味へと変化していく。すなわち、絶対君主の権力を制約して国民の自由を保障しようとする中で確立していった憲法は、上述の固有の意味における憲法をある意味では書き換える意味合いを有していた。それは、1789年のフランス人権宣言（「人および市民の権利宣言」）16条において、「権利の保障が確かでなく、権力分立も定められていないようなすべての社会は、憲法をもつものではない」と定められたことに象徴的に表れている。このように、国民の人権保障が規定され、その人権を守るための国家権力の制限を目的とする権力分立制が存在することが、まさに憲法が存在する絶対条件になった。このような意味における憲法のことを、立憲的意味の憲法あるいは近代的意味の憲法と呼んでいる。

　この意味での憲法は、国民に向けられたものではなく、あくまで権力者を縛るものであることに注意が必要である。近時、この点についての認識が等閑視される傾向にあり、国民の憲法尊重擁護義務を認めようとする見解さえみられる。そのような見解によれば、結局、憲法は国民を統治する道具に成り下がり、憲法本来の意味を喪失することになりかねない。

　このような立憲的意味の憲法は、その萌芽を古典・古代ギリシャ・ローマにおいてみることができるとされるが（古典的立憲主義）、中世の封建制や近代の絶対君主制の下で一旦は後退する。もっとも、中世根本法の観念は国王でも法に従わねばならないとの思想を表すものであり、それはイギリスのコモン・ローの伝統にも受け継がれていくことになる。いずれにしても、近代市民革命までは国王と法との関係は緊張関係を続けていくわけであるが、それがロックやルソーの近代自然法思想の影響下で、1776年のヴァージニア憲法や、1789年のフランス人権宣言などが、人権保障と権力分立を核とする近代立憲主義を確立させたといえる。

4　立憲主義と民主主義

　立憲主義は、権力の濫用を抑止し、個人の人権を保障するものであるから、個人の自由と平等を基礎とする民主主義と密接不可分の関係にあるとされる。

しかし、国民の国政への参加を保障し、その意味での権力からの自由が国民に確保されていても、そのような民主主義が暴走した場合には、立憲主義とは矛盾することになる。たとえば、国会が国民の選挙によって構成される民主的な組織であっても、多数決原理だけが支配するものであるなら、ナチスの例を挙げるまでもなく、人権侵害のおそれは否定できない。その意味での民主主義は、立憲主義によって制約をうけているといってもよい。代表民主制により成立している国会も1つの権力として憲法の制約を受けることになる。そのような視点からは、立憲主義と民主主義の関係は必ずしも密接不可分とまではいえないかもしれない。しかしながら、民主主義の本質をそのような多数決主義によるものではなく、結論にいたる過程における議論を通じて、よく言われるように少数意見を尊重し、いくつかの見解の間の妥協・譲歩を通じた合意形成にあると考えるとともに、その合意形成の根本規範として憲法を想定するなら、立憲主義と民主主義とはよりよく調和することになる。立憲民主主義といわれるのはこのことをいう。

5　法の支配と法治主義

　このような立憲主義の思想は、「人の支配」を排除し、権力を法によって制約することにより、国民の人権を保障しようとする「法の支配」（rule of law）の原理と密接な関係にある。法の支配の原理は、英米法原理として発展したが、大陸法系の国々において論ぜられた法治主義とも重なる部分はある。つまり、法に基づく統治、あるいは法によって権力を制限しようとする点においては共通の要素をもつものである。しかしながら、法治主義の考え方は、議会において制定される法律を前提とし、しかもそれを形式的にとらえるものであり、法の支配の原理が法律をその内容の合理性の点からもコントロールすることと大きな違いがある。つまり、このような形式的な法治主義の下では、権力を法律で縛ることも解放することも可能になるのであり、その意味では権力のあり方については価値中立的な立場をとることになる。それに対して法の支配の原理は、イギリスにおけるコモン・ローの伝統が庶民による法律形成過程への参加を説いており、その法が「専断的権力＝人の支配」の排除の上に位置す

ること（法の支配）を認めるのであるから、権力のあり方については民主主義
との結びつきが顕著であると説明されているのである。もっとも、現代におけ
る実質的法治主義の展開は、両者の違いをほとんどなくすまでに至っていると
されている。

6　現代立憲主義

　ところで、立憲主義の思想は、国家権力を制限することによって人権を守る
という考え方であるから、それが前提とする国家は治安等の最小限の役割を果
たすだけの消極国家あるいは自由国家であった。しかしながら、このような国
家観は、資本主義の発達とともに富の集中と階級間の格差を増大させ、自由と
平等の実質的な保障を損なうことになった。そこで、近代的な立憲主義は、現
代的な立憲主義へと展開していくことになったのである。そこでは、まず社会
国家思想が問題となる。資本主義の構造的矛盾から生じる社会的経済的強者と
弱者との関係を前提として、弱者の人権を保障するためには国家が積極的に介
入することが要請されたのであるが、このことが近代立憲主義の考え方を否定
することになるのかが問題となった。しかし、立憲主義は結局のところ、市民
の人権保障をいかに厚くするかという点にその本質があるのであるから、この
社会国家思想と矛盾するわけではないという見解が一般的である。さらに、立
憲主義思想の重要な要素である権力分立制にも変化が生じている。いうまでも
なく権力分立とは、国家権力の濫用を防ぐため、それを権力作用の性質に応じ
て分離し、それぞれ他の権力を抑制し均衡を保持しようとする制度である。し
かし、現代国家観の変容は、このような権力分立にもその抑制と均衡という点
において大きな変化をもたらしている。

　まず第1に、上述したような社会国家の要請が、行政国家現象を生じさせた
ことが指摘できる。現代国家においては社会権実現の要請が強く、そのため行
政機能が強化されることによって、行政が本来はもつはずのない政策立案の実
質的決定権が行政に認められることになった。専門的な知識やそれを基礎とす
る迅速な政策立案・遂行を国会に期待することができないとはいえ、それが法
による行政の要請、すなわち民主主義的な行政のあり方に重大な影響を及ぼす

ことは必然であり、議会を中心とした三権分立の構造が崩れ、行政中心の国家構造に変質することは、最終的には立憲主義の本質への挑戦ともなろう。そこで、この行政国家現象に対応するために、国会の機能の再生とともに、内閣の章で検討したような独立行政委員会や、オンブズマンなど直接民主制を行政各部にできる限り取り入れるような工夫をし、ダイナミックな権力抑制の原理を認めていくことが要請されているといえよう。

　第2に、政党国家現象があげられる。三権分立の構造においては立法府と行政府がその権力の相互的な抑制と均衡を求められるのであるが、政党が発達してくると、政権を握る与党が議院内閣制の下で同時に政府を構成することになる。したがって、立法府と行政府との緊張関係は形骸化したものになり、その構造は与党と野党との緊張関係として形を変えて表れることになった。しかしその緊張関係は実質的には多数決原理によって形だけのものとなる可能性が高くなる。このことは行政国家現象から行政権の肥大化がいわれる現代国家において、行政権を抑止する立法府の権能の有名無実化を意味することになる。そこでここでもやはり国会の機能の再生・拡充が求められることになるのである。

　第3に、司法国家現象である。一般論としては、議会に対する信頼が存在する場合には、それが制定する法律も憲法違反の問題が生じるものではないといえる。しかし、行政国家現象や政党国家現象にみられるように、議会の役割の低下と、立法権に対する不信感が高まると、法令審査権をもって立法をチェックする必要が生じたのである。もっとも、日本における司法部は、行政部による裁判官人事への支配（6条2項、79条1項、80条1項）を考えると、適切な抑制機能を有しているのか疑問であり、現代的な権力分立制を構築する際の大きな問題となると思われる。なお、この他、現代立憲主義を考える場合には、人権の国際化の問題を考慮する必要がある。人権を国内問題としてのみ考えるのではなく、人権を国際的に保障しようとするのである。第2次世界大戦の経験から、結局、そうすることによって国際平和に寄与することが明らかであるとされるのである。戦争は立憲主義の思想を崩壊させるものである。国際的な人権保障がなければ、ついには立憲主義も無意味なものとなることが意識されるようになったといえる。

第2節　憲法の分類

1　分類方法

　憲法は諸種の観点から分類が可能である。現在、行われている分類は存在形式、改正手続、制定主体、経済体制、存在論などによるものである。これらについて順次紹介しておこう。

　(1)　**存在形式によるもの**　　これは憲法が成文憲法として存在するのかしないのかを基準として分類するものである。憲法を成文の憲法典として制定しようとすることは、社会契約説を背景として生じてきたものであるが、現在ではほとんどの国がこの憲法典をもっている。ただ、イギリスは成文の憲法典をもたない不文憲法の国、つまり憲法が慣習法として存在するにすぎない国とされることが多いが、実際にはその主要部分については成文の法形式を採っており、文字通りの不文憲法の国とはいえない。もっとも、体系的に整理された単一の憲法典をもたないという意味では、他のほとんどの国とは一線を画している。このことを考慮しても、そのような憲法典をもつかもたないかによる分類は現実的には意味をなくしているともいえるが、理念の問題としてはなお意義が認められる。

　(2)　**改正手続によるもの**　　憲法改正が通常の立法手続よりも厳格な手続によって行われるか否かを基準とする分類である。憲法の最高法規性を考えれば、憲法改正は厳格でなければならないはずである。したがって、他の立法とは異なる厳格な手続が要請される。このような手続をもつ憲法を硬性憲法という。現在、ほとんどの国の憲法は硬性憲法である。一方、改正手続が他の立法と同じである場合には、これを軟性憲法という。様々な状況への対応を考えれば、軟性憲法はすぐれた側面をもつともいえるが、それでは憲法規範としての意味は損なわれることになる。ここに圧倒的多数の国が硬性憲法であることの理由があるが、同時にそれは成文憲法と結びつくことによって憲法の安定性・継続性を担保しているのである。それでは不文憲法は必然的に軟性憲法になるのかというと、必ずしもそうではないことに注意が必要である。問題は改正手

続のあり方であるから、憲法の存在形式の問題とは無関係である。ただし不文憲法の国とされるイギリスでは、法律あるいは慣習の形での憲法を法律改正により変更することができるのであるから、それは軟性憲法ということになる。

(3) **制定主体によるもの** 制定主体による分類においては、まず、憲法制定権が君主にあるものを欽定憲法といい、それに対して国民にあるとするものを民定憲法という。立憲主義の観点からは、後者においてのみその存在理由があることになる。また、さらに、協約憲法と条約憲法とが認められる。前者は君主と国民との合意により制定されるものであり、憲法制定権はその両者にあることになる。この憲法の例としては1930年のフランス憲法がある。後者の条約憲法は、2国以上の国家間での合意により成立するものであり、1788年のアメリカ合衆国憲法や1871年のドイツ帝国憲法がその例とされている。

(4) **経済体制によるもの** 経済体制あるいは社会体制に基づいて、憲法を資本主義憲法と社会主義憲法とに分類することが可能である。前者が私的所有と契約自由の原則を基礎とした市場経済を中核に据えるのに対し、後者は私的所有の否定と計画経済を基礎として権力集中型の政治体制を中核に据えたものとして存在する。もっとも、資本主義憲法が社会福祉国家思想によって現代型の資本主義憲法に変質すると、立憲主義の意味も修正を余儀なくされている。この点では社会主義憲法への接近ともとれないこともないが、むしろ社会主義憲法は立憲主義を否定する原理を内包していることが指摘されるのである。ただし、1991年のソ連邦の崩壊以降は、社会主義体制自体がゆらぐことになり、市場経済の導入等にも起因して、社会主義憲法の基本原理の再評価が課題とされている。

(5) **存在論的分類** これはレーヴェンシュタインが提唱した存在論的分類であり、憲法規範が現実の政治状況の中でどのように機能しているのかを問う分類である。彼によれば、まず規範的憲法が認められる。これは統治する側にもされる側にも規範として現実に遵守されているものをいう。これに対して、現実の規範性をもたない名目的な憲法典を名目憲法という。これは規範と現実の単純な乖離を意味するものではなく、憲法規範に対する現実の諸条件の立ち後れを意味するものとされている。現実の規範はこの名目的憲法への適応・

遵守が目指されているのである。最後に、意味論的憲法があげられる。これは政治権力が自己の利益のために既存の政治状況を定式化したにすぎない憲法をいう。これは現実の憲法の規範性を問題にしている点で、より実質的な分類であり、その意味では詳細な憲法規範（各条項の規範性）の検討を可能にする分類として有用であるとされる。

2　日本国憲法の分類

これらの分類法により、日本国憲法を整理すると、成文憲法、硬性憲法、民定憲法、資本主義憲法ということになる。存在論的分類によると、ほとんどが規範的憲法であるが、たとえば9条などは名目的憲法とみることができる。

第3節　憲法規範の特性

1　根本規範

憲法は国家の基本法であり、根本秩序であるから、他の法規範とは異なる特質をもつものである。まず、指摘しなければならないのは、憲法が基本的価値秩序を定めるものであるから、憲法には根本規範（純粋法学における法段階説にいう憲法の妥当性根拠ではない）が含まれるということである。立憲主義憲法においては個人の尊厳から導かれる人権保障が中核にあり、あらゆる法規範はそれに奉仕することが要請されるという意味をもつという点で、根本規範としての性格を有することになる。日本国憲法においては、その基本原則としての国民主権・基本的人権の保障・平和主義がそれにあたることになる。

2　組織規範、授権規範、制限規範

憲法は、国家権力の組織を定め、各組織に一定の権限を付与している。日本国憲法においては権力分立制の下で、立法・司法・行政の各権限を国会・裁判所・内閣に付与している。このような統治機構を定め権限を付与するという意味において、憲法は組織規範であり、授権規範でもあるということになる。また、この授権規範であるということは、立憲主義憲法においては、同時に制限

規範であることも特に指摘しておかなければならない。権限を各統治機関に付与するということは、当該機関が権限行使を付与された範囲でしか行えないことを意味する。これは「権力をもつ者はすべて、それを濫用する傾向がある」とモンテスキューが論じたように、権力の濫用・暴走を抑止するために重要である。現代の社会福祉国家を背景とした、行政国家現象をみれば、この制限規範としての意味を再確認すべきである。

3 最高法規

憲法は最高法規である。それはまず、憲法98条1項において、「この憲法は、国の最高法規であって、その条規に反する法律、命令、詔勅及び国務に関するその他の行為の全部又は一部は、その効力を有しない」と規定しており、形式的に明確な根拠を有することになる。したがって、憲法は国法秩序において最も強い効力をもち、その憲法の下に、法律、命令、処分の順に、段階構造をなしており、憲法に反する一切の法規範は無効であるということになる。たとえば、国会で制定された法律といえども憲法に矛盾する場合には憲法が優先されることになる。これは抽象的にそうであるというばかりでなく、具体的に法令審査権により、憲法に矛盾する下位法は無効とされることになる（もっとも無効ということの意味については諸説があるが、これについては第16章第4節を参照）。

憲法が最高法規であることは憲法自体が宣言しているのであるが、問題はその実質的な根拠である。立憲主義の観点からは憲法は国家権力の濫用を抑止するものであるから、国法秩序において最高法規であるのは自明であると思われるが、さらに実質的な根拠を考えてみると、憲法97条がそれを明確に説明している。つまり、97条（および11条）は、人権保障の自然権的意味を明確にし、実定憲法の人権保障は、実定法よりも高次の法に基礎付けられていることを示しているのである。それは、97条（および11条）に、基本的人権は「永久の権利」であり、「現在及び将来の国民」に与えられたものであることが明示されていることから明らかである。法律以下の法は、それが改正されてしまえば内容が変更されてしまうが、憲法の人権保障はそうではなく、「永久の権利」で

あるとしているのである。条文の構成上、第10章最高法規とあり、その章の初めの97条が基本的人権の本質を規定していることが、最高法規性と一見して無関係に思えるかもしれないが、憲法がその内容においてより高次の人権規定を含むことを明示して、最高法規の実質的な根拠を明らかにしているのである。したがって、そのあとの98条1項が憲法は最高法規であると宣言することに十分な説得力を付与していることになる。

　なお、この憲法が最高法規であることから考えれば、他の法と異なり容易に変更してはならず、厳格な改正規定を置いていること（これを硬性憲法という）は、当然といえよう。

第2章　日本憲法史

第1節　大日本帝国憲法の特質

1　制定過程

　日本における最初の成文憲法典は、1889年（明治22年）に公布され翌年施行された大日本帝国憲法（明治憲法）である。この憲法は、徳川幕府が幕末に西欧諸国との間で締結した不平等条約を解消し、列強諸国と対等の関係を築くために、近代国家としての法整備の一環として制定されたと理解することができる。また、国内的にも明治維新頃から、西欧立憲主義思想の紹介が行われ、板垣退助らによる「民撰議院設立建白書」に始まる自由民権運動に象徴されるような反政府的活動への対応としても、憲法をはじめ近代法整備の必要性が強く認識されたという事情もある。

　このような事情を背景に、明治天皇は、1876年（明治9年）に「国憲編纂ノ勅命」を発し、元老院は1880年（明治13年）に「国憲」を上奏するがこれは草案のまま終わった。一方、民間でも数多くの私擬憲法草案が作られた。立志社の「日本憲法見込案」、植木枝盛の「東洋大日本国国憲按」、千葉卓三郎らの「五日市憲法」などが有名である。1881年（明治14年）、天皇により国会開設の詔勅が発せられ、憲法制定への動きが加速した。1882年（明治15年）、伊藤博文らの憲法調査団がヨーロッパに赴き、主にドイツ諸邦の憲法を学び、翌年帰国すると、制度取調局を設置し、井上毅に憲法草案の起草を命じた。井上は政府法律顧問のロェスレルやモッセの助言を得て、1887年（明治20年）、草案をまとめた。伊藤・井上の他、伊東巳代治、金子堅太郎らがこの草案を検討修正し、1888年（明治21年）、確定案が完成した。その後、新設された枢密院において伊藤は自ら議長となって審議を行い、1889年（明治22年）に、大日本帝国憲法として公布されたのである。

2　特　　色

　明治憲法は、「不磨ノ大典」（憲法発布勅語）として、57年間一度も改正されることがなかったものである。その最大の特徴は神権主義にあり、天皇による支配を基本原理とする憲法である。憲法発布勅語では、「国家統治ノ大権ハ朕カ之ヲ祖宗ニ承ケテ之ヲ子孫ニ伝フル所ナリ」と宣言されており、天皇の統治権が憲法に依存しない、王権神授説的な説明がなされていた。憲法本条においても、1条が「大日本帝国憲法ハ万世一系ノ天皇之ヲ統治ス」とし、3条が「天皇ハ神聖ニシテ侵スヘカラス」とした上で、4条が「天皇ハ国ノ元首ニシテ統治権ヲ総攬シ此ノ憲法ノ条規ニ依リ之ヲ行フ」と定め、天皇制絶対主義を明確にしている。

　明治憲法は皇室典範を別の法体系として位置づけていた点が特徴としてあげられる。つまり、74条1項は「皇室典範ノ改正ハ帝国議会ノ議ヲ経ルヲ要セス」と規定して、皇室典範が宮務法体系に位置づけられ、政務法体系の最高法規としての憲法とは別の法規範であることを認めていた。

　明治憲法は第2章において「臣民権利義務」を定めている。そこには、居住移転の自由、身体の自由、裁判を受ける権利、信書の秘密、所有権の保障、信教の自由、言論・著作・印行・集会及び結社の自由、請願権などが定められ、形式的には国民の人権保障がなされているようにみえる。しかし、それらはすべて自然権として国民が享有するものとは考えられておらず、天皇が恩恵として与えるものであった。それは第2章のタイトルが「臣民権利義務」とされていることからも明確であり、各条項においても「法律ノ範囲内ニ於テ」とか「法律ニ定メタル場合ヲ除ク外」という、いわゆる「法律の留保」による制限が加えられていた。

　統治機構については、第3章「帝国議会」、第4章「国務大臣及枢密顧問」、第5章「司法」というように、一応、三権分立の体裁はとっており、近代的形式のものであったが、それらは天皇の広汎な大権の下で作り上げられたものにすぎなかった。すなわち、天皇は、統治権を総攬し、緊急勅令を発する大権、独立命令大権、官制および文武官任免大権、陸海軍の統帥大権、宣戦および外交大権、戒厳大権、戦時または国家事変の際の非常大権などが認められ、法治

主義の原則がほとんど形骸化しており、権力を法によって抑制するという視点は皆無であったといえる。また、立法権は「帝国議会ノ協賛ヲ以テ」天皇が行うことになっており（5条）、議会も公選によらない貴族院が、公選による衆議院（それさえ民意の反映とは言い難かった）と対等の関係に置かれていた。行政権については、憲法に内閣の規定はなく、国務各大臣が天皇を補弼するものとされ、議会に対する責任はなく天皇に対して責任を負うものであった（55条1項）。司法権も57条において「司法権ハ天皇ノ名ニ於テ法律ニ依リ裁判所之ヲ行フ」とされた。

　このように明治憲法においては、人権保障と権力分立を形式的に定めてはいるものの、実質的には天皇制絶対主義を制度化したものという他なく、権力を制限して人権保障を実現するという近代的意味の憲法、すなわち立憲主義の憲法とは言い難く、外見的立憲主義にすぎないものと　般にはいわれている。

3　展　　開

　明治憲法が施行されて以後の展開については、一般に、3つの時期に分けられて説明されている。まず、議会に対して超然として存在する政府を一貫させようとする超然主義が支配的であった時期がある。そして、議会における政党が勢力をもつとともに、吉野作造の民本主義に代表される大正デモクラシーの下で、明治憲法を立憲主義的に理解した美濃部達吉の学説が支配的となった時期が続き、昭和の軍部拡大に伴うファシズムの時期において、天皇機関説事件に象徴的にみられるような思想・宗教の弾圧をはじめとして国民の権利や自由に対する抑圧が顕著になり、天皇崇拝が強権により行われ、1938年（昭和13年）の国家総動員法から大政翼賛会の結成に至る中で、もはや立憲主義的な憲法理解は存在しえなくなったのである。

第2節　日本国憲法の成立

1　制定過程

1945年（昭和20年）8月14日、日本はポツダム宣言を受諾し、翌15日に終戦

の詔勅が出された。ここに第2次世界大戦は終わりを告げ、日本は連合国に対し無条件降伏したのである。

　ポツダム宣言には、日本に対する降伏条件が定められていた。それは明治憲法体制の崩壊から、日本国憲法制定にいたる改革理念が定められており、新憲法制定の基本理念はこれに拘束されることを意味している。そのうち、特に重要であるのは、第10項と第12項である。すなわち「……日本国政府ハ日本国国民ノ間ニ於ケル民主主義的傾向ノ復活強化ニ対スル一切ノ障礙ヲ除去スベシ言論、宗教及思想ノ自由並ニ基本的人権ノ尊重ハ確立セラルベシ」（10項）とし、さらに、「……日本国国民ノ自由ニ表明セル意思ニ従ヒ平和的傾向ヲ有シ且責任アル政府ガ樹立セラルルニ於テハ聯合国ノ占領軍ハ直ニ日本国ヨリ撤収セラルベシ」（12項）として、民主主義、人権保障、国民主権が目指されるべき基本原理であることが示されていた。

　これは当然に新しい憲法の制定を必要とするものであった。もっとも、戦後発足した東久邇宮内閣においては国体の護持を説き、明治憲法の改正は不要であるとの見解を維持していた。しかしながら、連合国軍最高司令官マッカーサーが、東久邇宮内閣の近衛文麿公務大臣に憲法改正の示唆を行い、さらに東久邇宮内閣の後に発足した内閣の幣原喜重郎首相にも「憲法の自由主義化」の示唆をしたため、松本烝治国務大臣を委員長とする憲法問題調査委員会が設置された。この松本委員会の憲法改正の基本原則は、①天皇が統治権を総攬するという大日本帝国憲法の基本原則には変更を加えない、②議会の権限を拡充し、大権事項を削減する、③国務大臣の責任を国務全般にわたるものとし、その責任を議会に対するものとする、④人民の権利・自由を拡大し、その侵害の救済を完全なものとする、というものであった。この4原則に基づき、憲法改正要綱が、1946年（昭和21年）2月8日に総司令部に提出されることになるのであるが、その内容はあまりに保守的であり、たとえば明治憲法の天皇についての「神聖ニシテ侵スヘカラス」という規定を「至尊ニシテ侵スヘカラス」と変更する程度のものであり、天皇制絶対主義の立場は変わらなかった。すでに、2月1日に毎日新聞のスクープによって松本委員会の基本的立場について情報を得ていたGHQは、この要綱を拒絶した。

　マッカーサーは自ら草案を作成することを決断し、すでに2月3日には、いわゆるマッカーサー・ノートを提示し（その内容は、①天皇は元首であり世襲であるが、その権能・職務は憲法に基づき、国民の基本的意思に応えるものとする、②戦争を放棄し、軍備と交戦権も否認する、③封建制度を廃止する、というものであった）、それに基づいてGHQ民政局内で総司令部案が9日間の作業の後、2月13日に政府に示された。なお、GHQがこの作業を急いだ理由としては、極東委員会の天皇制廃止論への対応が急務であったことや、日本国内の問題としても天皇制や総司令部案への批判を早期に抑えることなどが指摘されている。

　日本政府は、この総司令部案を基に改正作業を進め、3月6日、「憲法改正草案要綱」を公表した。その後、4月10日、衆議院議員の総選挙（女性にも選挙権が認められた）が行われ、5月16日に召集された第90帝国議会において、要綱に基づいて作成された「憲法改正草案」が枢密院の諮詢を経て、「人日本帝国憲法改正案」として審議された。衆議院において2ヶ月、貴族院において1ヶ月の審議において若干の修正の後、貴族院で298対2、衆議院で424対5の圧倒的多数をもって可決され、枢密院での審議の後、11月3日に日本国憲法として公布、翌年（昭和22年）5月3日に施行されたのである。

2　制定過程の法理論的問題

　ところで、この日本国憲法の制定過程には従来より法理論上の問題が存在してきた。それがいわゆる「押しつけ憲法」論として批判の根拠となってきたのである。すなわち、日本国憲法に付された上諭には、「朕は、日本国民の総意に基いて、新日本建設の礎が、定まるに至つたことを、深くよろこび、枢密顧問の諮詢及び帝国憲法第七十三條による帝国議会の議決を経た帝国憲法の改正を裁可し、ここにこれを公布せしめる」とあるように、日本国憲法は、形式的には、明治憲法73条の改正手続による憲法改正とされている。しかし、明治憲法は天皇主権主義をとる憲法であり、それが改正という法手続により国民主権主義を原理とする日本国憲法に変更されたと考えるのは、憲法の根本原理の変更であるがゆえに、その法理論上の問題が指摘されるのである。

　憲法改正についての限界説によれば、形式論理としてはこのような改正は不

可能であり、日本国憲法は無効だということになる。また、この改正は、上述のような GHQ の介入があったこと自体は事実であり、その点をとらえて1907年（明治40年）のハーグ条約（陸戦ノ法規慣例ニ関スル条約）の条約附属書（陸戦ノ法規慣例ニ関スル規則）43条が、「国ノ権力カ事実上占領者ノ手ニ移リタル上ハ、占領者ハ、絶対的ノ支障ナキ限、占領地ノ現行法律ヲ尊重シテ、成ルヘク公共ノ秩序及生活ヲ回復確保スル為施シ得ヘキ一切ノ手段ヲ尽スヘシ」としていることに違反するし、またポツダム宣言における国民の意思による政体の選択を重視することとも矛盾するとされた。しかし、ポツダム宣言の内容の実行に憲法改正が必要であることも事実であり、その限度では GHQ の憲法制定への介入は認められることになる。ハーグ条約との関係についても、ポツダム宣言が休戦条約であるとするなら、それはハーグ条約との関係では特別法であり、ポツダム宣言が優先されると主張されている。また、憲法制定過程で連合国の干渉があったにせよ、また占領下における憲法制定であったにせよ、憲法が有効に実行されてきたという事実は、憲法を日本国民が追認してきたとも解することは可能であろう。一方、憲法改正無限界説によれば、国家の根本秩序が変わったとしても、明治憲法から日本国憲法への改正は法的連続性をもつものと考えることは可能である。しかし、本書第19章でみるように、憲法改正には限界があると考えるのが通説であるから、問題はその限界を超える憲法の変革をどのようにとらえ、現実に行われた明治憲法の改正手続による改正をどのように理解するかである。

　この問題について宮沢俊義は、いわゆる「八月革命説」を唱え、憲法改正限界説の立場より、日本国憲法は明治憲法の根本秩序を変革したのであるから改正権の限界を超えており、明治憲法の改正と理解することはできないとし、日本国憲法は明治憲法とは異なる全く新しい憲法であるとした。その上で、日本がポツダム宣言を受諾したことにより、天皇主権から国民主権に原理的変更が行われ、その意味で法的「革命」が生じたと説明される。ただ、それによって当然に明治憲法が失効したとみるべきではなく、新しい建前に抵触する限度において意味が変化したとみる。明治憲法73条の改正においても、天皇の裁可と貴族院の議決については失効しているが、衆議院の議決については有効である

とするのである。また、このように明治憲法の改正手続によったことは、明治憲法と日本国憲法との法的連続性を形式的にせよ示すことにより、急激な価値転換から生じる混乱を避けるための政策的意図によると説明されている。その意味では明治憲法73条は便宜的に借用されたものであるとの評価は正当であろう。もっとも、この「八月革命説」については、ポツダム宣言受諾によって法的革命が起きたとすることはフィクションにすぎないものであり、また天皇主権から国民主権への変更が現実の要請であるとも思えないなどの批判はある。しかし、改正限界説と明治憲法73条の適用との矛盾を巧妙に説明するものとして、現在有力である。

3 「押しつけ憲法」論

ところで、このような憲法制定過程においてマッカーリーないしはGHQが一定の干渉をしたことについてはすでに述べたが、この干渉についてもいわゆる「押しつけ憲法」論との関係で再評価が必要である。まず、第1に、押しつけられたというからには、日本側にそれとは異なるより良い案があることが前提となる。良いものを押しつけられたとは常識論からも考えられないからである。しかし、マッカーサーの示唆を受けて、松本委員会が示した案は、その当時公表されていた各政党の憲法草案や民間の草案と比較して、最も遅れたものであったという事実がある。第2に、そうすると政府の草案は国民世論をそのまま示すものとはいえなかったといいうる。むしろ、国民世論は、1946年（昭和21年）5月27日の毎日新聞の世論調査において、象徴天皇制に賛成が85％、戦争放棄に賛成が70％となっているように、GHQ草案ならびに憲法改正草案要綱の基本的思想を支持しているといえるのである。第3に、さらにそのGHQ草案においても、鈴木安蔵らによって作成された憲法研究会の「憲法草案要綱」に相当の影響を受けたことが知られるようになったことも重要である。そうであるなら、国民の嫌がるものをむりやり「押しつけた」のではなく、国民の意を汲む草案を日本政府に提示したという構図がみえてくるのである。第4に、それに加えて、GHQ草案に基づく憲法改正草案は、女性も参加した文字通りの普通選挙によって選出された議員により、議会での3ヶ月にわ

たる審議を経て可決されたという点が重要である。最後に、何よりも「押しつけ憲法」論が何を求めているのかがさらに重要である。それが現行憲法の民主主義を崩壊させるものであるなら、「自主憲法」など憲法の名に値しないものである。生まれより育ちである。

第 **II** 編

基本的人権

第3章　基本権総説

第1節　人権理念と歴史

　歴史上、人権思想の登場は、1215年のマグナ・カルタ、1628年の権利請願、1689年の権利章典にまで遡る。これらの人権思想は、近代人権論において重要な意味を有するが、未だ普遍的な意味をもつものとはいえなかった。これらが近代的な人権として明確な形をもつのは、ロック、モンテスキュー、ルソーなどの自然権思想まで待たなければならない。すなわち、ロックが『市民政府論』で示したように、人間は「生命、健康、自由または財産」を他人から侵害されない権利をもち、その権利の保障を確実にするために「社会契約」によって政府を樹立したのである。

　このような人権の観念は、その後、1776年のアメリカ独立宣言や1789年のフランス人権宣言において表明され、さらにヨーロッパ諸国に次第に広がっていったが、19世紀から20世紀前半にかけて、人間が人間としてあることで人権保障がなされると考える自然権思想は後退することになる。それは法実証主義を背景にして法による権利保障という考え方が台頭したことなどにその原因があるといわれている。しかし、第2次世界大戦後、ファシズムの経験を踏まえ、再び自然権思想が復活することになった。さらに、現代人権論においては、古典的な自然権思想に反省が加えられ、人権の基礎づけに関しては様々な見解が主張されている。ただ、どのような基礎づけにせよ、経済・社会・国家など人間の尊厳以外の要素が考慮されることへの警戒は怠るべきではないというのが経験的な真実といえるであろう。

　このような人権の歴史の中で、特に20世紀以降においては、人権内容に大きな変化が生じた。それまでの人権の内容は主として自由権であった。それは自由で平等な自律した個人を前提とするものであり、その下で資本主義は高度に

発展したのであるが、同時にそれはその前提を破壊する結果をもたらした。す
なわち、それは社会的・経済的強者と弱者との格差を広げ、すべての者に自由
権が保障されているにもかかわらず、現実には失業や貧困等により、弱者には
ほとんど意味のないものとなってしまったのである。そこで20世紀以降の各国
憲法は社会権を規定し、弱者の権利を実質的に保障しようとした。その最初の
憲法は1919年のワイマール憲法であった。すなわちその151条は、「経済生活の
秩序は、すべての者に人間たるに値する生活を保障することを目的とする正義
の原則に適合しなければならない。個人の経済的自由は、この限度内で確保さ
れなければならない」と規定して、社会的・経済的弱者の救済を求める権利を
宣言したのである（もっともこの規定自体はいわゆるプログラム規定と解されてい
た）。

　さらに人権は国内問題であるだけでなく、国際問題でもあることが、第2次
世界大戦後、認識されるようになったことにも注目すべきである。それは、国
際平和が各国の人権保障と無縁ではないことの自覚によるのである。まず、
1948年に国際連合が世界人権宣言を採択し、さらに1966年に国際人権規約を採
択した。前者には法的拘束力はないとするのが通説であるが、後者については
締約国は法的に拘束を受けるのである。国際人権規約は、自由権規約（A規
約）と社会権規約（B規約）の2つの規約をいう。日本は1979年（昭和54年）に
これを批准している。その他、日本が批准している人権条約としては、女子差
別撤廃条約、子どもの権利条約、拷問等禁止条約などが重要である。

第2節　基本権の類型

　人権を共通の性格をもつものに分類し、その保障について一定の基準を設け
ることは、人権保障にとって重要である。しかしながら、人権の分類は論者に
よって様々である。そこで本書では、典型的な分類について述べるにとどめて
おく。

　まず、伝統的には宮沢俊義による分類がある。すなわち、①国民が国法によ
り義務づけられた関係にある場合に、国民は義務の主体となる。②国法により

義務づけられていない無関係な関係にある場合に、国民は自由となる。③国法の定立が禁止される場合に、国法に対して消極的な受益関係に立つ国民の地位を自由権という。④国法の定立が積極的に要請される場合に、国法に対して積極的な受益関係に立つ国民の地位を社会権という。⑤国法の定立などへの参加をする能動的関係に立つ国民の地位を受益請求権および参政権という。

　現在、基本的な分類と考えられるのが、宮沢の分類を修正・発展させた芦部信喜による分類である。すなわち、芦部は、人権を、①包括的基本権、②法の下の平等、③自由権、④受益権、⑤参政権、⑥社会権に分類する。そして、自由権は、精神的自由権、経済的自由権、人身の自由に細分され、これまでの人権体系において中心的役割を演じてきたとし、それは個人の自由への国家の権力的介入を排除するものであり、国家からの自由であるとする。さらに、参政権は、国家への自由といわれ、基本的には選挙権・被選挙権を指し、国政に参加する権利をいうとする。社会権は、国家による自由ともいわれ、社会的・経済的弱者が人間に値する生活をすることができるように、国家に積極的な配慮を求める権利であるとする。

　このような分類に加え、基本的人権を自由権的基本権と生存権的基本権に大別する方法も有益である。すなわち、前者は、国家からの自由を基調とし、さらにそれに自由権を確保するために必要となる権利を加えるものである。後者は、国家による自由を基調とし、国家の積極的な関与を認めるものであり、具体的には憲法25条から28条までの権利をいう。このような分類は、特に社会権を際立たせることによって、社会福祉国家観を強調する意味をもったものと思われる。

　このような分類は上述したように、人権理解に有益な側面をもつものであるが、一般に、分類自体が相対的なものであり、絶対視できるものではないとされている。これは、人権概念の多面性を示すものであるが、その一例として、表現の自由があげられる。すなわち、表現の自由から説明される知る権利は、情報を得る自由という側面と同時に、国家に対して情報を開示することを要求する権利としても構成される。また、生存権をみても単に社会権的性格をもつものと捉えるだけでなく、自由権的側面も認められているのである。

　なお、制度的保障という概念が論じられている。これは、憲法の中には、人権そのものではなく、制度自体を保障したものがあるという見解である。人権保障をより強化するためには、それと関連する制度の保障を行う必要があるとするのである。その例としてあげられるのは、私有財産制度、大学の自治、政教分離などである。しかしながら、本来、制度的保障は、明治憲法のように人権規定に法律の留保があり、立法権による人権侵害が広く認められるような場合に、制度を保障することによってその侵害から守ろうとするものであったし、その意味においてのみ有用であったといえる。この点において、日本国憲法には法律の留保の規定はなく、制度的保障論を展開する基礎が欠けていると評価されうる。それにもかかわらずこの理論を主張することは、制度的保障がなされれば人権侵害がなされてもかまわないという結論を生みやすく、人権保障を弱めてしまうことになる。それゆえ、制度的保障論には慎重であるべきであるとの見解が多くみられるのである。

第3節　基本権の享有主体

　日本国憲法第3章は「国民の権利及び義務」と題されており、形式的には人権の享有主体は「国民」に限定されるように思われる。しかし、人権というものは基本的には人間が人間であるために有するもの、あるいは人間の尊厳を基礎にして享有すべきものであるとするなら、「国民」の範囲に享有主体が限定されることは本質的に誤りであるともいえる。そこで人権の享有主体がどこまでの広がりを認められるのかが問題となるのである。

1　国　　民

　基本的人権はまず日本国民に保障される。そして、憲法10条は、日本国民の要件は法律で定めると規定している。ここで国民という場合、それは国家の構成員である者をいい、その身分が国籍である。国籍取得の要件は国籍法に定められており、日本においては基本的に血統主義がとられているが、かつては父系優先血統主義によっていた。しかし、1984年（昭和59）年の法改正により、

父母両系血統主義に変更された。すなわち、法2条1号は、「出生の時に父又は母が日本国民であるとき」に、その子が日本国民になるとしている。また同条3号によって、「日本で生まれた場合において、父母がともに知れないとき、又は国籍を有しないとき」にも国民となることを認めているので、例外的に出生地主義をとっていることになる。さらに、日本国民でない者も、帰化によって国籍の取得を認めている（法4条）。

　憲法22条2項は、国籍を離脱する自由を保障している。国籍法も、11条1項において、「日本国民は、自己の志望によつて外国の国籍を取得したときは、日本の国籍を失う」と規定している。すなわち、国籍の決定は自由意思によるのである。

2　天皇・皇族

　天皇も皇族も国籍を有することには疑いがないが、人権享有主体としての国民に含まれるかどうかについては争いがある。通説はこれを含まれるものと解している。それは、天皇を人権享有主体としての国民と区別されるものと解することになると、特別の扱いを受ける範囲が広くなることへの疑問が根底にある。しかしながら、通説が正当であるとしても、天皇の身分やその職務の特殊性を考慮するならば、一般国民と異なる取扱いが必要最小限度において認められることになろう。

　そこで問題は、どのような人権が制限されるのかということになる。まず、選挙権であるが、憲法4条は天皇について国政に関する権能を有しないと規定しており、政治的中立が求められていることから、これを否定するのが多数である。皇族についてもこれに準じる取扱いがなされており、一般に合憲と解されている。その他、政治的中立が求められることから、政党に加入する自由や、言論の自由が制約されるし、また、国籍離脱の自由や外国移住の自由、婚姻の自由、財産権なども制約を受ける。

3　法　　人

　本来、人権の享有主体は自然人であらねばならないと考えられてきた。しか

し、資本主義の発展は、法人その他の団体の重要性を認識させることになった。そこで法人その他の団体も人権の享有主体になりうるかが問題とされることになったのであるが、通説はこれを積極に解し、その性質上可能な限りにおいて人権享有主体になりうるとしている。それは法人等の活動は個人を通じて行われ、かつその利益も個人に帰属することになることや、また、そのような考え方を超えて、法人自体の活動の社会的経済的重要性を認識すべきことが根拠とされている。八幡製鉄政治献金事件でも、「憲法第3章に定める国民の権利および義務の各条項は、性質上可能なかぎり、内国の法人にも適用されるもの」として法人も人権享有主体になりうることを明言している。しかし、法人等の人権保障が個人を介して考えられるとする場合はともかくも、法人等の社会的実在性を強調しすぎることは、個人の人権保障との衝突を引き起こしかねない。法人等が現実に有する権力を考慮すれば、人権享有主体と認めるにしても、個人と比較して大きな制約を受けるものと解する必要がある。上述の八幡製鉄政治献金事件では、この点について自然人と同様の保障がなされることを判示しているが、批判が強い。

【重要判例】八幡製鉄政治献金事件（最大判昭和45年6月24日民集24巻6号625頁）

　八幡製鉄の代表取締役が自由民主党に政治献金をしたところ、同社の株主が代表訴訟を起こし、その行為の責任を追及した事件。

　最高裁は、「会社は、自然人たる国民と同様、国や政党の特定の政策を支持、推進または反対するなどの政治的行為をなす自由を有するのである。政治資金の寄附もまさにその自由の一環であり、会社によってそれがなされた場合、政治の動向に影響を与えることがあったとしても、これを自然人たる国民による寄附と別異に扱うべき憲法上の要請があるものではない」と判示した。

　一方、法人内部の関係、すなわち法人とその構成員との関係でも問題が生じる。本来、法人その他の団体にはそれを結成した共通の目的があり、その目的の範囲内においてはその構成員の人権侵害は問題とならないと考えられる。しかしながら、その目的の範囲の設定の仕方によっては、構成員の人権侵害が生じる可能性もあり、その調整が必要となる。これについては、表現の自由や思

想・信条の自由の分野において判例が存在する。南九州税理士会事件では、特定の政治団体への政治献金を税理士会の目的の範囲外であるとし、また群馬司法書士会事件では、他の司法書士会への復興支援拠出金の寄付を目的の範囲内であるとされている。これらの事件は共に、強制加入の団体に関するものであり、当該団体の決定に不同意であるなら脱退しうる性質のものではないのであるから、構成員の人権との関係では目的の範囲は厳しく設定されるべきであるが、両事件はその性質を異にしており、その結論は支持されるべきである。

【重要判例】南九州税理士会事件（最判平成8年3月19日民集50巻3号615頁）

　　強制加入団体である税理士会が、特定の政治団体（税理士政治連盟）に政治献金を寄付するために特別会費の徴収をした行為が、団体の目的の範囲内かどうかが争われた。

　　最高裁は、「政党など規正法上の政治団体に対して金員の寄付をするかどうかは、選挙における投票の自由と裏腹を成すものとして、会員各人が市民としての個人的な政治的思想、見解、判断等に基づいて自主的に決定すべき事柄であるというべきである」「公的な性格を有する税理士会が、このような事柄を多数決原理によって団体の意思として決定し、構成員にその協力を義務付けることはできないというべきであり」、本件寄付行為は税理士会の目的の範囲外の行為だとした。

【重要判例】群馬司法書士会事件（最判平成14年4月25日判時1785号31頁）

　　群馬司法書士会が阪神・淡路大震災で被災した兵庫県司法書士会に復興支援金として3,000万円を寄付することを決議し、そのために会員から登記申請1件につき50円の負担金を徴収しようとした事件。

　　最高裁は、「他の司法書士会との間で業務その他について提携、協力、援助等をすることもその活動範囲に含まれるというべきである。そして、3,000万円という本件拠出金の額については、それがやや多額にすぎるのではないかという見方があり得るとしても、阪神・淡路大震災が甚大な被害を生じさせた大災害であり、早急な支援を行う必要があったことなどの事情を考慮すると、その金額の多さをもって直ちに本件拠出金の寄付が被上告人の目的の範囲を逸脱するものとまでいうことはできない」と判示したが、その支援金の額が大きすぎることを理由として、会員の協力義務の限界を超えたものである等の2名の反対意見が付されている。

4　外　国　人

(1)　総　説　　人権が前憲法的性格、すなわち自然権的性格をもち、ま
た、1966年国際人権規約等にみられる人権の国際化の顕著な傾向を考えれば、
外国人が基本的に人権の享有主体であることはむしろ当然といえる。判例・通
説はこのこと自体は肯定する。問題はどのような人権が外国人に保障されるの
かである。憲法上の「国民は」と「何人も」という文言によって形式的に説明
しようとする見解（文言説）も存在するが、現在では、人権の性質により外国
人に認められるものとそうでないものとを区別し、可能な限り保障しようとす
る見解（性質説）が通説である。

【重要判例】マクリーン事件（最大判昭和53年10月4日民集32巻7号1223頁）
　アメリカ人であるマクリーンは、在留期間1年とする上陸許可を得て日本に入国
したのであるが、1年後にさらに1年間の在留期間の更新を申請した。ところが、
法務大臣は、マクリーンが在留期間において政治活動を行ったことを理由に、更新
を許可しなかった。マクリーンはこれを不服としてその処分の取消を求めた。
　最高裁は、「基本的人権の保障は、権利の性質上日本国民のみをその対象として
いると解されるものを除き、わが国に在留する外国人に対しても等しく及ぶものと
解すべきであり、政治活動の自由についても、わが国の政治的意思決定又はその実
施に影響を及ぼす活動等外国人の地位にかんがみこれを認めることが相当でないと
解されるものを除き、その保障が及ぶものと解するのが、相当である」とした。た
だ、在留期間の更新は法務大臣の裁量により相当の理由のある場合に限り認められ
るにすぎないとして、処分取消の請求は認められなかった。

(2)　参　政　権　　そこで、外国人には性質上保障されないと思われる人権に
ついての具体的な検討が必要となる。その代表的なものと考えられるのが参政
権である。この問題については一般に国政レベルと地方レベルとに分けて考え
られている。そして、国政レベルについては、国民主権原理から参政権は国籍
をもつ国民に限定されるとするのが判例・通説である。ただ、国民主権原理の
根底にあるのがその国の政治に必然的に関心をもたざるをえないすべての人の
意思であるとするなら、定住外国人については生活の実態が日本にあることを
理由に「国民」に含めて考える見解にも説得力がある。一方、地方レベルにお

いては、国政と異なり住民の生活と密接な関係を有する政治・行政が問題となるのであり、また、地方の公共的事務は法律に基づいてその枠内で行われる以上、国民主権主義に反するものではないことを考え合わせれば、外国人に選挙権を認めることを立法政策に委ねるという見解には合理的理由がある。

(3)　**公務就任権**　公務就任権については、対外主権を代表する外交官については法律上日本国籍を有することが就任要件となっている。しかし、一般の公務員については法律上の制限はない。そこで、政府見解により、「公権力の行使または国家意思の形成への参画にたずさわる公務員」となるには日本国籍を要するとされた。したがって、それ以外の公務員については外国人でも就任が可能である。もっとも、この政府見解はあまりに広汎で不明確であるとの批判もあり、より限定的な解釈をすることにより、できる限り外国人の公務就任権を広く認めることが要請されているといえよう。ただし、最高裁は、1981年改正前の国民年金法の国籍制限の合憲性が争われた塩見訴訟において、自国民を優先して支給対象にすることは立法裁量の問題にすぎず、法の下の平等に反するものとはいえないとしている（最判平成元年3月2日判時1363号68頁）。

(4)　**社　会　権**　社会権の保障については、外国人はまず自国の法によって保障されるべきであるとされ、したがって外国人には保障が認められないとされてきた。しかし、現在では、立法政策により社会権を外国人にも保障することは原理的にも望ましいという見解が有力である。たとえば、生存権保障は、一定の要件は必要とされるにせよ、人間が人間であるための保障に最も直接的な意味をもつものである。外国人を排斥する理由はないといわざるをえない。実際上も、国際人権規約や難民条約の批准により、1981年（昭和56年）に国民年金や福祉年金等の社会保障関係の法令の国籍要件は撤廃されたし、すでに健康保険、雇用保険、労災保険などの被用者保険には国籍要件はなく、内外人平等主義によっているのである。

(5)　**入国の自由**　入国の自由については、憲法22条によって外国人に保障されているとはいえないというのが判例・通説である。国際慣習法上、主権の属性として国家の裁量に委ねられているとするのである。それに対して出国の自由は憲法22条2項によって保障されているとするのが判例である（最大判昭

和32年12月25日刑集11巻14号3377頁）。この点、論理が一貫しない感はあるが、外国人が出国することについて憲法的保障をしても特別な不利益が国家に生じないという功利的な考えが背景にはあるかもしれない。しかし、外国人の再入国の自由については、森川キャサリーン事件（最判平成4年11月16日裁判集民事166号575頁）が、再入国の自由は外国人には認められないことを明らかにしている。在留外国人が帰国を前提に出国することは、出国の自由自体を認め、しかも新規の入国とは異なることを考慮すれば、単に裁量の問題と割り切ることには躊躇せざるをえない。

第4節　基本権保障の効力

1　特別権力関係論

　国民は統治権に服し、人権を享有するという一般的権力関係とは異なり、法律の規定などによって国家と特別の関係に立った者について、特別の規制を可能とする理論が特別権力関係論である。それは、法律の根拠がなくても私人に対して公権力が包括的に命令・懲戒を行う権利を承認し、憲法上の人権を法律の根拠なく制限し、司法審査も排除するというものである。

　しかし、日本国憲法の下においては人権が基本的に保障され、法の支配が採用されていることは、特別権力関係論の説得性を失わせるし、さらに人権制約の根拠・目的・程度の異なる法律関係を一般的包括的に処理しようとする点で、この理論は現在採用できないものとされるのが一般である。人権制約を限定的にとらえ、司法審査も行えるようにしようとする修正説も、むしろそれならなぜ、具体的個別的判断による違憲審査で足りないのかが明確ではない。やはりこの理論は人権制約に関する類型的形式的判断を行おうとするものであり、採用することはできない。

　そこで特別な法律関係における人権制約がどのような理由に基づいてどの程度可能であるのかを具体的に検討する必要が生じる。まず、公務員の人権である。現行法上、公務員は政治的行為や労働基本権を制限されている（国家公務員法98条、102条など）。この制限はどのような根拠において正当化されるのであ

ろうか。判例（最大判昭和33年3月12日刑集12巻3号501頁）は、この点について公務員が全体の奉仕者である点にその根拠を求めていた（憲法15条2項）。しかし、公務員が全体の奉仕者であるという一般論から、具体的な人権制約の根拠が導かれるとするのはあまりにも形式にすぎる。たとえば、政治行動にしても、公務員としての職務と無関係に行われ公務の公正さを害するものでないのなら、それが全体の奉仕者であることと矛盾することはないであろう（同旨、猿払事件第1審判決〔旭川地判昭和43年3月25日下刑集10巻3号293頁〕）。もちろん、それとは反対に、国民の利益に反するような行為は国民の基本的人権を保障する公務員の地位からは許されないことになろう。その場合においても、公務員といえども勤労者であることは民間と同じであることを念頭におきつつ、公務員の地位のほか、その職務内容や性質、政治活動や争議行為の性質や態様などを具体的・個別的に考慮した上で、慎重に審査する必要がある。学説ではここでLRA（より制限的でない他の選びうる手段）の基準の趣旨を考慮に入れる見解もある。

　次に問題となるのは在監者の人権である。刑事施設に収容されている者は、その収容の目的にとって正当な範囲内で、権利が制約されるのは当然である。それは憲法が在監関係の存在を認めていることを根拠とし、そのために必要最小限の範囲で被収容者の人権が制限されるにすぎないとするのが一般である。

【重要判例】よど号ハイジャック新聞記事抹消事件（最大判昭和58年6月22日民集37巻5号793頁）

　国際反戦デー闘争等に参加し、公務執行妨害罪などで起訴された被告人が、勾留中に新聞を私費で定期購読していたが、日航機よど号乗っ取り事件に関する記事を拘置所長によって墨で塗りつぶし配布した処分を違憲・違法だとして争った事件。
　最高裁は、被拘禁者の新聞紙、図書等の自由の制限が許されるには、それにより「規律及び秩序が害される一般的、抽象的なおそれがあるというだけでは足りず、被拘禁者の性向、行状、監獄内の管理、保安の状況、当該新聞紙、図書等の内容その他の具体的事情のもとにおいて、その閲読を許すことにより監獄内の規律及び秩序の維持上放置することのできない程度の障害が生ずる相当の蓋然性があると認められることが必要であ」るとした。もっとも、そのような蓋然性の判断は、施設に

精通した長の具体的状況に則した裁量的判断に依存するものであり、その判断に合理的な根拠があり、また人権制約自体が合理的なものである限り適法であるとしている点については、結局、施設長の自由裁量にすぎないという批判もある。

2　私人間効力

　本来、立憲主義の考え方は、個人が公権力を制限するための手段として憲法を定めるというものであったはずである。したがって、憲法が保障する人権は、公権力に対する関係においてのみとらえられると考えられてきた。しかしながら、資本主義の発展は企業をはじめとして強大な権力をもつ社会的権力を生じさせた。そのような社会的権力からの個人の人権の保護が重要な課題となったことがまず重要である。さらに、憲法は最高法規であることからの帰結としてすべての法秩序に適用される規範であることを考えると、私人対私人の関係にも適用が可能となるという指摘もある。このようにして、憲法の私人間適用は現実の問題として我々に提示されることになったのである。

　それでは、どのような形で憲法は私人間適用されるのであろうか。もちろん現在でも非適用説はあるが、上述の理由によってこの説を支持する者はほとんどいないといってよい（憲法上の人権の適用はないとするものの、その背後にある超実定法的権利の適用を認める説がある。これを非適用説というかどうかは形式的な問題であるようにもみえるが、私法関係で憲法上の人権が問題になると思われる場合に最高裁への上告ができないことを指摘する見解もある）。そこで、実際上は、直接適用説と間接適用説とに分かれている。直接適用説は、憲法の人権規定を私人間においても直接適用できるとするものである。しかしこの説に対しては、私的自治の原則に反することや、公権力を制約する人権保障の意味を希薄化するおそれがあるとの批判がある。そこで一定の社会的権力を国家の行為と同視する、アメリカの国家行為（state action）の理論や、国家は私人間における人権侵害に対して保護義務を負っているとする、ドイツの人権保護義務の理論などが主張されている。一方、間接適用説は、憲法の人権規定は私人間に直接適用できるものではないが、私法の一般条項（たとえば90条の公序良俗規定）を解釈する際に、その中に人権規定の趣旨を考慮しようとするものである。これが現在の通

説である。しかし、直接適用説をとったとしても、人権規定は公権力に対する
場合よりも私人間における場合にはその効力は相対化され弱まることは事実で
あり、その適用範囲いかんによっては間接適用説と大きな差はないとの指摘も
存在する。判例も、三菱樹脂事件（最大判昭和48年12月12日民集27巻11号1536頁）
において間接適用説をとったとされ、また、三菱樹脂事件を踏襲した昭和女子
大事件（最判昭和49年7月19日民集28巻5号790頁）、日産自動車事件（最判昭和56年
3月24日民集35巻2号300頁）においても間接適用説を採用しているとされる。

【重要判例】三菱樹脂事件（最大判昭和48年12月12日民集27巻11号1536頁）

　大学卒業後、三菱樹脂株式会社に就職した者が、入社試験において在学中におけ
る学生運動の経験について虚偽の申告をしたという理由で、試用期間後の本採用を
拒否された事件。

　最高裁は、自由権的基本権は私人間に直接適用されるものでないことを示した上
で、「私的支配関係においては、個人の基本的な自由や平等に対する具体的な侵害
またはそのおそれがあり、その態様、程度が社会的に許容しうる限度を超えるとき
は、」「場合によっては、私的自治に対する一般的制限規定である民法1条、90条や
不法行為に関する諸規定等の適切な運用によって、一面で私的自治の原則を尊重し
ながら、他面で社会的許容性の限度を超える侵害に対し基本的な自由や平等の利益
を保護し、その間の適切な調整を図る方途も存する」と判示した。もっとも、結論
的には、企業には憲法22条、29条等により経済活動の自由が認められており、雇用
の自由が認められるのであるから、思想信条を理由として雇い入れを拒否しても違
法とはいえないとした。この最高裁の判断は、実質的に間接的適用を認めるもので
はあるが、憲法22・29条による契約の自由の原則の保障を根拠として、留保解約権
を原告の人権より優先させると思われる態度には批判が存在する。

第5節　基本的人権と公共の福祉

1　総　説

　基本的人権が、憲法11条に規定するように「侵すことのできない永久の権
利」だとしても、制約のない絶対的な権利であるとは考えられていない。これ
は人間が共同の社会生活を送る以上、当然のことである。相互に他人の権利を

侵害しない限りにおいて人権保障がなされるのである。そこで、日本国憲法は人権制約の一般的根拠として、12条、13条、22条、29条において、「公共の福祉」による制約が存在することを示している。問題はそこで示された公共の福祉がどのような意味をもつかということである。これについては、大別して、一元的外在制約説、内在・外在二元的制約説、一元的内在制約説がある。それぞれ概略しておこう。

2　人権制約の根拠

　一元的外在制約説は、基本的人権が12条および13条によって、人権の外から政策的に制約されると解する。その場合には22条および29条は特別の意味をもたないことになる。しかし、この説によれば、人権制限が容易になされる危険性があり、それは憲法の人権尊重原理とも整合性がないであろう。そこで、12条および13条の公共の福祉の規定は単なる訓示規定であり、公共の福祉による制約は22条および29条による政策的な制約に限定されるとする内在・外在二元的制約説が登場する。この説においては、経済的自由権や社会権以外の自由権は権利に内在する制約を受けるだけであるとする。しかしながら、この説の前提である自由権と他の権利との区別が相対的なものになりつつあり、また13条が単なる訓示規定であるとするなら、新しい人権を基礎づけることができなくなるなど、この説の限界も意識されるようになった。

　現在、通説であるのは、一元的内在制約説である。この説によれば、公共の福祉の意味を人権相互の衝突を実質的に調節する公平の原理と解し、それはすべての人権に内在的に存在しているものであるとする。そして、自由権保障のための調整原理として公共の福祉を自由国家的公共の福祉と位置づけ、そこでは「必要最小限度」の制約が許されることになるが、社会権保障のための自由権制約を根拠づける原理はそれとは異なり、社会国家的公共の福祉として「必要な限度」における制約を許すことになる。

3　比較衡量論と二重の基準論

　一元的内在制約説によるにしても、さらに制約原理を具体的に明確化し、公

共の福祉の内容を明らかにしていくことが要請されている。そこで参考にすべきであるのは、まず比較衡量論である。これは人権制約による利益と制約しない場合の利益とを比較し、前者の利益が大きい場合に人権制約が許容されるとするのである。したがって、単に抽象的に公共の福祉による人権制約の判断を行う場合よりも優れているといわれている。判例も全逓東京中郵事件（最大判昭和41年10月26日刑集20巻8号901頁）において、労働基本権の制約は、比較衡量論により必要最小限度のものにとどめるべきであることを明確にしている。しかしながら、この説に対しては、比較の基準・対象が明確であるとはいえず、とりわけ国家の利益と個人の利益が比較される場合には前者が優先される傾向があるという批判が展開されている。

　そこで、次に、アメリカの判例理論に由来する二重の基準の理論が唱えられた。これは違憲審査の基準として人権を規制する立法が精神的自由権に関するものなのか、経済的自由権に関するものなのかによって、前者については厳格な審査を、後者については緩やかな審査を行おうとするものである。精神的自由権は個人の人格形成にかかわる重要な権利であるとともに民主主義にとっても不可欠な前提条件である。したがって精神的自由権が不当に制約されると、それを是正する民主政そのものが破壊されているのであるから取り返しがつかなくなる一方で、経済的自由権の不当な制約については是正が可能であるし、また経済的自由権の制約の根拠となる社会的政策に関する審査能力が裁判所には十分とはいえない等がその理由として主張されている。今後は、この二重の基準の理論を基軸として、様々な人権の制約についてさらにその審査基準を細分化し、明確なものとしていくことが望まれている。

　なお、近年においては、ドイツの判例理論である3段階審査が注目されている。その背景には、上述の二重の基準論への批判がある。すなわち、人格的価値という視点からは経済的自由も精神的自由と同価値ともいえるのではないか、また、審査基準の選択により結論がほぼ決まり、事案に即した緻密な分析が不可能である、という批判である。そこで、3段階審査論では、①当該行為が保障の範囲にあるのか、②憲法的権利を侵害するのかどうかが検討された後、③人権制約の正当性が検討されることになる。そして、ここで最も特徴的

であるのが③の検討において比例原則、つまり、規制手段の合理性・必要性とともに、規制による利益と不利益の均衡を要求している点である。これによれば、確かに、理論的には二重の基準論に比して事案に即した精密な法的分析が行われる可能性はあるものの、それが裁判官の主観に委ねられてしまうのではないかという問題は残る。この点で、二重の基準論との関連も含めてさらに課題は残されているのである。

第4章　包括的基本権

第1節　幸福追求権

1　幸福追求権の意味

　憲法13条前段は「すべて国民は、個人として尊重される」として、我々の社会における基本的価値が個人主義にあることを宣言している。そのことは何よりも、天皇制イデオロギーや封建的支配による個人の全体への服従を否定し、個人が自律的に生きることを目指すものである。そのためには国家や社会が個人の自律的生存に対して過度の干渉を避けることも重要である。この個人の尊重についてはほぼ異論なく承認されているのではあるが、問題はその先にある。すなわち、個人とは社会とのかかわりの中で存在し、社会変化の中で個人の尊重を流動的に考慮しなければならない場面が存在するということである。そこで、憲法は13条後段で「生命、自由および幸福追求に対する国民の権利については、公共の福祉に反しない限り、立法その他の国政の上で最大の尊重を必要とする」と規定し、15条以下で保障される個別的人権とは別にいわゆる「新しい人権」の根拠条文となることが認められている。ただし、13条後段は、特別の人権を認めるための規範ではなく、個別的人権を総称するものにすぎないものであり、「新しい人権」を認めるためには、個別の法律を前提とするとの説もある。しかし、個別的人権を普遍的に網羅されたものと考えるのは人権の性質をあまりにも固定的に考えすぎるものであり妥当とはいえない。

　現在の通説は、13条後段から具体的な権利を導き出すことができるとみなしている。憲法を規範として完結したものと考えるのは、人権を人為的なものとみることになって不当である（これは人権の固有性を考えれば当然である）。なお、13条後段から直接、具体的権利を導き出すことが可能であるとしても、他の個別的人権との関係では、一般法・特別法の関係に立つものと考えられてお

り、個別的人権が存在しない場合のみ、補充的に具体的人権を認めれば足りるものである。その意味では、幸福追求権は補充的な保障をすることになると考えられる。

ところで、13条後段から「新しい人権」を導き出すことができると考えるとしても、どのような具体的権利が保障されることになるのかが問題である。ここでは、個人の人格的生存に不可欠な利益に限定していく人格的利益説と、あらゆる生活領域に関する行為の自由であるとする一般的行為自由説とが対立している。人格的利益説では、「人格的生存に不可欠な」という制約が加えられているので、一見すると一般的行為自由説と比較し狭く感じられることは事実である。しかし、人格的生存といっても、その内容は多様である。人間が人間らしく生きるというところまでその概念を広げれば、一般的行為自由説とそれほど異なるものではないとの評価もありうる。一方、一般的行為自由説にしても、およそ人間の行為ならすべてその自由を保障していると考えることから、犯罪までもその自由を保障するものではない。他人を侵害する行為は最初から排除されるのである。しかも、人格的生存に不可欠な利益についての違憲審査において厳格な審査基準を採用することになるなら、はじめから憲法で保障される行為について限定を付しているのと変わりはない。一般的行為自由説が、自由主義的立場を強調し、まず広く人間の行為の自由を保障し、そこからその行為が規制されている場合の必要性・合理性を検討するアプローチと整合性が保てるのかどうかが疑問である。さらに、一般的行為自由説によれば、服装や髪型など日常生活におけるあらゆる行為が保障の対象となるが、それらの行為が人格的利益説によって保障されないと言い切ることができるか不明確である。

そうだとすれば、一般的行為自由説によって、およそ憲法的に人権と呼べないようなものまで保障されることが人権のインフレを生じさせ、人権の性質が変異して、相対的に人権の価値の低下が生じてしまうという疑念は、人格的利益説においても同様の問題として生じることになる。主観的意図としては人格利益説は、幸福追求権の保護対象を狭めて考えるようにみえるが、高潔な人格が人格そのものではないのであるから、解釈によってはその範囲は広がる可能性がある。このように考えてくると、問題は幸福追求権から導き出される新し

い人権の保障範囲をいかにして絞り込むかのアプローチの仕方の問題にすぎないとも評価されよう。すなわち、ある種の価値判断の問題として「新しい人権」を最初から絞り込むことが人権の価値の維持に役立つと考えるか、一見して人権とはみられないようなものを安易に人権保障のカタログから排除することを避けようとすることに正当性があるのかの問題なのである。

2　新しい人権

　13条後段の幸福追求権からは、その根拠や範囲に差異はあるが、具体的な権利が導き出されることについては共通の認識がある。そこで、ここでは新しい人権として問題とされてきた具体的な権利を検討しよう。

　⑴　**名誉権**　名誉は、個人の人格価値にかかわるものとして13条後段による保護の対象となる。21条に包摂されるという見解もあるが、名誉権の重要性を考慮すれば、幸福追求権の1つとして考えた方が自然である。名誉権は人の社会的評価を保護するものであるが、個人の私的領域を保護するものとしてのプライバシー権との区別が問題になる。両者を社会的－私的という基準で区別することは理論的には可能であるが、具体的事実のあてはめの問題では必ずしも明確であるとはいえない。もっとも、名誉とプライバシーは表現行動のあるなしによって区別されるともいえるし、名誉が侵害される場合には真実であるときには免責される場合があるが、プライバシー侵害の場合には真実であるほど侵害の程度は大きいといえる。こうして両者は本質的に異なっているといえるのである。

　名誉は実定法上、刑法230条、民法710条、723条によって保護されている。しかし、その規範的要保護性は憲法的保護を要求するほどに大きいといえる。そこで、直接的に名誉を保護する憲法上の規定は存在しないが、幸福追求権から導き出せるものとされたのである。判例も、「北方ジャーナル」事件判決（最大判昭和61年6月11日民集40巻4号872頁）において、「人の品性、徳行、名声、信用等の人格的価値について社会から受ける客観的評価である名誉を違法に侵害された者は、」「人格権としての名誉権に基づき、加害者に対し、現に行われている侵害行為を排除し、又は将来生ずべき侵害を予防するため、侵害行

為の差止めを求めることができる」とし、その人格権としての個人の名誉の保護が憲法13条に根拠づけられることを認めているのである。もちろん、この名誉権は、一方では憲法上保障される表現の自由と対立関係に立つのであるから、慎重な調整が必要であることはいうまでもない。

　(2)　**プライバシー権**　プライバシーというのは、今日、一般的に使われているが、その意味は多様である。プライバシーの権利は、アメリカの判例上、「ひとりで放っておいてもらう権利 (the right to be let alone)」として発展してきたものである。わが国では、「宴のあと」事件第1審判決（東京地判昭和39年9月28日下民集15巻9号2317頁）において、「いわゆるプライバシー権は私生活をみだりに公開されないという法的保障ないし権利として理解される」とし、私法上の権利であることが認められるとともに、それが憲法に基礎を置くことが承認された。

　その後も、実質的に肖像権を認めた京都府学連事件判決（最大判昭和44年12月24日刑集23巻12号1625頁）や、前科や犯歴は人の名誉、信用にかかわる事項であるからこれをみだりに公開されないという法律上の保護に値する利益があるとする前科照会事件判決（最判昭和56年4月14日民集35巻3号620頁）、前科等に関係する事実を公表されない法的利益を認めたノンフィクション「逆転」事件判決（最判平成6年2月8日民集48巻2号149頁）、プライバシーにかかわる事項を表現内容に含む小説の公表は、名誉、プライバシー、名誉感情が侵害されたものであるとする「石に泳ぐ魚」事件判決（最判平成14年9月24日判時1802号60頁）、外国要人の講演会に参加を申し込んだ学生の住所氏名等を記載した名簿を大学が警察に提出したことが、プライバシー侵害にあたることを認めた早稲田大学江沢民講演会事件判決（最判平成15年9月12日判時1837号3頁）、人の肖像等は人格権に基づくものとしてみだりに利用されないものであるが、肖像等が顧客吸引力を有する場合に、それを排他的に利用する権利が認められ、そのような権利をパブリシティ権として保護に値することを認めたピンク・レディー事件判決（最判平成24年2月2日民集66巻2号89頁）などが、実質的にプライバシー権を容認してきており、近年、ますます広がりをみせている。

> **【重要判例】京都府学連事件**（最大判昭和44年12月24日刑集23巻12号1625頁）
>
> 　デモ行進に参加した学生が警察官による犯罪捜査のための写真撮影に抗議し傷害を負わせたことが、公務執行妨害および傷害罪で起訴された事件。
>
> 　最高裁は、「個人の私生活上の自由の一つとして、何人も、その承諾なしに、みだりにその容ぼう・姿態を撮影されない自由を有する」「これを肖像権と称するかどうかは別として、少なくとも、警察官が、正当な理由もないのに、個人の容ぼう等を撮影することは、憲法13条の趣旨に反し、許されない」とした。もっとも、最高裁は、結論的には、1審の有罪判決を支持し、本件撮影行為が適法な職務行為であることを認めた。

　ところで、従来考えられてきたようなプライバシー権のとらえ方は、現在ではかなり狭いものと考えられ、このような意味よりも広く理解されるようになった。それは、高度情報化社会の到来とともに、政府や企業が個人情報を収集・保管し、それを様々な目的のために使用することになると、個人のプライバシーが侵害されることになるという認識によってもたらされた。すなわち、自分の個人情報を自らコントロールすることを保護し、国家機関等の情報を閲覧・訂正・削除することを要求する権利の確立が求められたのである。このようにして、プライバシー権は、私生活の秘匿という古典的意味に加えて、自己情報コントロール権として構成されることになった。この点について、最高裁は住基ネット訴訟（最判平成20年3月6日民集62巻3号665頁）において、憲法13条は「個人に関する情報をみだりに第三者に開示または公表されない自由」を保障することを認めたが、その観点からすれば、2013年（平成25年）に成立した「行政手続における特定の個人を識別するための番号の利用等に関する法律」（いわゆるマイナンバー法）においては、行政運営の効率化や国民の利便性の向上という側面よりも、極めて個人的で秘匿性の高い情報の適正な管理について、十分な配慮がなされるべきであろう（もっとも、マイナンバー制度については合憲判決が多くみられ、東京地判令和2年2月25日裁判所 Web〔平成27(ワ)34010〕は、自己情報コントロール権の保障については消極的態度を示している）。この点は、2019年（令和元年）に制定された、いわゆるデジタル手続法（情報通信技術を活

用した行政の推進等に関する法律）により、行政手続等の利便性の向上や行政運営の簡素化・効率化を図るため、行政手続のオンライン化が推進されているが、さらに一層の個人情報保護についての配慮が求められるであろう。

(3) 自己決定権　　個人がその私的事項について、公権力から干渉されずに決定する権利を自己決定権というが、プライバシー権に含まれるか、あるいはそれと並ぶ権利であるかについては問題がある。しかし、幸福追求権から導かれる権利として重要な意味をもつことは確かである。もっとも、およそ人権というのは基本的には自己決定を前提としていると考えられるので、このような権利を一括りとして権利性を論じるのには疑義がある。そこで、これまで自己決定権については、①自己の生命・身体の処分にかかわる権利、②妊娠、避妊、堕胎などのリプロダクションにかかわる権利、③結婚、離婚など家族にかかわる権利、④服装、髪型、喫煙、飲酒、バイク免許の取得などのライフ・スタイルにかかわる権利があるとされてきた。これらのうち、①と②は、人格的生存に不可欠の権利として自己決定権とされ、③は24条に含まれるとされる。④はすでに述べた人格的利益説と一般的行為自由説とのどちらに依拠するかにより結論は異なる。人格的利益説によれば、制限的になるのは当然であろう。しかしながら、これらの自己決定権は他の個別的人権との関係で考慮しうるものも含まれており、13条によってのみ論じられる権利であるかどうかをさらに検討すべきである。

　これまで判例上、自己決定権が論じられたものは、宗教的信念より輸血拒否をする意思決定は人格権の一内容として認められるとしたエホバの証人輸血拒否事件判決（最判平成12年2月29日民集54巻2号582頁）、未決拘禁者に対する喫煙禁止処分に関して喫煙の自由を論じたもの（最大判昭和45年9月16日民集24巻10号1410頁）、自己が消費するための酒類醸造の自由について争われたどぶろく事件判決（最判平成元年12月14日刑集43巻13号841頁）、運転免許の受験には学校の許可を必要とすると規定する校則に違反してバイク免許を取得したことで、無期停学処分を受けた事件について、バイク免許取得の自由について争われた事件の控訴審判決（高松高判平成2年2月19日判時1362号44頁）などがある。また、最近では、旧優生保護法により、優生上の理由から不妊手術を強制されたことに

ついて、仙台地判令和元年 5 月28日判時2413・2414合併号 3 頁は、子を産み育てることを意思決定する権利は、憲法13条の法意に照らして人格権であり、リプロダクティブ権として構成しうることを示し、その侵害を違憲であると判断した（この判例では、賠償責任は否定したが、その後、大阪高判令和 4 年 2 月22日判例集未登載は、この賠償責任を肯定している）。

　これらの判例の分析を通じて、自己決定権の独自性を検証することが求められている。

【重要判例】エホバの証人輸血拒否事件（最判平成12年 2 月29日民集54巻 2 号582頁）

　原告はエホバの証人の信者であり、その宗教上の信念により、どのような場合であっても輸血を拒否するとの意思表示をしていた。それにもかかわらず、手術を行った医師が、患者である原告の出血量が多量になったため、救命目的での輸血を行ったことに対し、不法行為に基づく損害賠償を求めた事件である。

　最高裁は、「患者が、輸血を受けることは自己の宗教上の信念に反するとして、輸血を伴う医療行為を拒否するとの明確な意思を有している場合、このような意思決定をする権利は、人格権の一内容として尊重されなければならない」とした。ここでは医師の輸血についての説明義務違反によって患者の自己決定権が侵害されていることが確認されたのである。

　なお、自己決定権そのものではないが、ハンセン病家族補償訴訟（熊本地判令和元年 6 月28日判時2439号 4 頁）では、国の隔離政策によって生じた偏見差別を除去する義務を承認した上で、ハンセン病隔離政策による患者家族等について、憲法13条が保障する社会内において平穏に生活する権利を認めている。

第 2 節　法の下の平等

1　総　説

　平等の思想は古くから存在し、長い歴史を有している。近代以降は、自然法に基づく平等論が行われるようになり、やがてそれは1776年アメリカ独立宣言、1789年フランス人権宣言にみられるように、市民革命の思想的基盤となっ

た。しかし、その後、19世紀における資本主義の発展は、社会的経済的不平等を増長させ、実質的な意味での平等が強く求められるようになる。そこで、1919年のワイマール憲法にみられるような社会権の保障が、実質的平等を実現する手段として登場する。こうして、従来の形式的平等（機会の平等）だけでなく実質的平等（結果の平等）をも重視する傾向が明確となった。このことは法の下の平等の意味を考察する上で、重要な指針を提供するのである。

　日本国憲法14条 1 項は「すべて国民は、法の下に平等であって、人種、信条、性別、社会的身分又は門地により、政治的、経済的又は社会的関係において、差別されない」と規定する。人種とは、人類学的な種類をいう。皮膚の色等による生物学的特徴での分類である。信条とは、各自が内心において信じている事柄であり、信仰をはじめ人生観や政治的意見などを意味する。性別とはもちろん男女の別をいう。社会的身分とは、その範囲に応じて説が分かれる。出生身分だとするなら、家柄を意味する門地とほぼ重なり合う。逆に最も広くとらえるなら、人が社会において占める継続的地位ということになるが、違憲審査基準との関係で、その取り扱いが難しくなる。結局、両説の中間的な意味を考えるべきであろう。すなわち、広義での理解に、意思による離脱不能と社会的マイナス評価という要素を付け加えた後天的地位ということになる。たとえば破産者とか前科者がそれにあたる。この14条 1 項の規定は、立法者を拘束するのかどうか、換言すれば、法適用のみについての平等を意味するのかについて、問題がある。通説・判例は、立法者を拘束し、法内容の平等をも意味していると解している。たとえば、女性を差別する法の制定は、立法者非拘束説によれば、14条 1 項に違反するものではないが、立法者拘束説によれば、違反することになる。違憲立法審査権が現行憲法において存在する以上、立法者非拘束説はその例外を認めることになるのでいかにも不自然である。もっとも、14条 1 項の後段列挙事由について限定列挙説をとり、かつそれについては絶対的平等説を採用するのであるなら、それなりに一貫しているという評価もある。つまり何が平等であるかを考える場合、相対的平等を考えるとすると合理的理由のない差別のみが禁止されることになるが、それは非常に不明確であるから、憲法に列挙された事由については人の差異を考慮することなく差別は絶

対に許さないというのである。狭く厚く保護するという態度である。しかし、これは規範の問題としては可能であっても、絶対的平等を貫くのにはやはり無理がある。そこで差別と区別を分けて論じ、絶対的平等が妥当するのは差別に関してだけだとすると、もはや相対的平等を認めるのと大差はないことになる。あとは言葉の問題だけだということになる。やはり、合理的理由のあるなしの判断の困難性を認めるとしても、相対的平等を正当と評価するほかない。

　通説は、相対的平等説をとる一方で、立法者を拘束するとし、後段列挙事由について例示列挙として差別を禁止する範囲を広げようとする。つまり、広く薄くという態度である。ところが、それでは憲法が特に14条1項に差別を禁止する事由を規定した意味がないということになる。憲法が規定する差別禁止事由に差別の禁止が限定されることが妥当ではなく、あらゆる人権侵害については同時に平等規定違反であると考えられるのであるから、例示列挙説が妥当であるとしても、例示された事由の特別の意味を軽視することは、あえてこれらの事由を列挙した意味を見逃すことになる。そこで、後段列挙事由については、原則として絶対的に差別が禁止されるものと考える説が生まれることになった。ただ、この説はむしろ後段列挙事由について違憲基準を厳格にしようとする試みととらえるべきであり、現在では、後段列挙事由については違憲審査基準を厳格な審査基準（立法目的が必要不可欠なものであり、立法目的達成手段が必要最小限度のものであるかどうか）と考える見解が通説化している。

　憲法14条が形式的平等をいうのか実質的平等をいうのかについても議論がある。伝統的には、法的に均一の取り扱いをせよという形式的平等（機会の平等）を意味するとされてきた。しかし、たとえば、高卒等一定の資格があれば誰でも大学受験をし入学できるとしても、伝統的に形成されてきた差別状況により（たとえば女性は大学に行かなくてもよい等）、勉学等が制約されることになるなら、現実には女性の進学率は低下する。それを個人的な理由に追いやってしまうのは、平等条項の趣旨とは矛盾するといわざるをえない。そこで、結果の平等も実現しようとするのが実質的平等の考え方である。これに関連して、アメリカでは、たとえば被差別集団について州立大学への優先的入学を認める等、積極的差別是正措置（アファーマティヴ・アクション）を講ずることが問題に

なっている。たしかに、このような措置は、極めて重大な差別状況が生じているような場合に、カンフル剤的な意味で用いられることには意味があろう。しかし、それはやはり恒常的な措置としては問題がある。結果の平等を求めすぎると、かえって自由が奪われる。アプローチの仕方としては、上の例では、まず受験機会の平等が保障され（形式的平等保障）、極端に男性だけが合格するような状況が差別的伝統などによる場合に、女性の差別的な入学許可を合理的なものとして認めていく（実質的平等保障）方法に合理性があると思われる。もっとも、現在の女性の大学進学率の現状（2017年度においては、短大を含めて女性の大学進学率は57.7％である）をみると、少なくとも女性だけが進学可能な国立大学の合憲性はかなり疑わしいといわざるをえない。ただし、このことが教育分野におけるすべての性差別がなくなったとみるのはあまりにも早計であるといえる。学問分野ごとの女性の割合等について、さらに細かな性差別をアファーマティブ・アクションの視点から考えてみる必要はある。このような点から考えれば、医学部入試において、女性ということで不利な得点調整を行ったことを違法とした、東京地判令和2年3月6日裁判所 Web（平成30(ワ)38776）は当然と言えばあまりにも当然である（もっとも、この判例での憲法の私人間適用についての問題は残されている）。

　なお、憲法14条1項は、国家の平等実現義務を問題にする平等原則の側面と、個人が不当な差別を被らない権利としての平等権の側面とが認められるが、それらを区別することはむしろ不要と考えるのが通説である。

　最近の性差別に関する注目すべき立法について、まず、刑法177条の強姦罪の規定が改正され、それまで被害者が女性のみに制限されていたものが、撤廃されたことが注目される（2017年改正）。性的自由の侵害の多様性が指摘されているが、本来、性的自由に男女の差を考えること自体に反省を迫るものである。また、2018年には、婚姻適齢について、男性18歳、女性16歳と規定されていた民法731条が改正され、18歳に統一されることになった（成年も18歳となり、2022年4月に施行された）。従来、女性の身体的成熟の早さを根拠に性別による差が正当化されていたが、成熟度には個人差があることや、社会的制度でもある婚姻が身体的成熟度だけによるというのも不合理である。

2　判例における平等の問題

　平等権をめぐる問題は相当の広がりをもつが、ここでは代表的な判例を紹介・検討しよう。

　⑴　**尊属殺重罰規定**　　刑法200条（平成7年削除）は、直系尊属に対して殺人を犯した者に死刑または無期懲役しか規定しておらず、通常殺人が死刑又は無期もしくは3年以上（現在は5年以上）の懲役であることと比較して、著しく重い処罰規定を置いていた。しかも、法定刑の差に加えて、刑の減軽を行っても執行猶予の許される刑まで減軽することができず、通常殺人について執行猶予が可能になる一方で、尊属殺人については実刑判決が予定されているため、刑の差は一層広がることになっていた。これは生命というものに対する価値に差を設けていたことになる。もちろん、これは儒教的家族観に基づくもので憲法の基本的価値観と矛盾し14条違反ではないかとされた。最高裁は、昭和48年4月4日に大法廷判決をもって、この規定を違憲と判断した。これは日本国憲法施行以来初の法令違憲判断を行った最高裁判決となったのである。

> 　**【重要判例】尊属殺違憲訴訟**（最大判昭和48年4月4日刑集27巻3号265頁）
>
> 　実父に14歳の時に姦淫されて以来、15年もの間夫婦同然の生活を強いられ、実父との間に5人の子まで産んだ被告人が、職場の男性との結婚を望み、実父にその旨を申し入れたところ、かえって監禁・暴行等虐待を受けたため、精神的に追いつめられて実父を殺害したという事件である。
>
> 　最高裁は、刑法200条は憲法14条1項に違反し無効であるとし、普通殺人罪を適用した上で、懲役2年6月、執行猶予3年の刑を言い渡した。もっとも、多数意見は尊属殺そのものを違憲としたのではなく、尊属に対する尊重報恩の保護自体は合理的であるが、法定刑が普通殺に比べてあまりにも重すぎることを違憲としたのである（手段違憲論）。しかしながら、多数意見中（少数意見の）6名の裁判官は、立法目的自体が違憲であるとの立場（目的違憲論）を採用した。なお、昭和48年に違憲判決が出たものの、その後この条文は削除されないままであったが、平成7年の刑法の口語化の際に、ようやく削除された。これは違憲判決の効力の問題としても検討されるものである。

　⑵　**選挙権の平等と議員定数不均衡**　　選挙権の平等については、1人1票は

当然であるとしても、それを実質的に意味あるものにするためには、さらにその投票価値が重視されねばならない。たとえば、A 選挙区の有権者数が10万人であり、そこから 5 名の議員が選出されるとする。しかし、B 選挙区では30万人の有権者がいるにもかかわらず同数の議員が選出されるとなると、前者では議員 1 人に 2 万人の有権者であり、後者では議員 1 人に 6 万人の有権者となる。この場合、格差は 3 対 1 ということになり、A 選挙区の 1 票は B 選挙区の 1 票に比べて、 3 倍の価値を持つことになってしまう。これでは選挙権の平等は保障されていないというのである。最高裁は衆議院議員選挙に関しては、最大判昭和51年 4 月14日民集30巻 3 号223頁において、投票価値の平等が憲法原則であることを認め、最大格差が 1 対4.99の場合を違憲とした。ただ、選挙を無効とすると不当な結果が生じるとして、行政事件訴訟法上の事情判決の法理により、選挙自体は有効とした。また、最大判昭和60年 7 月17日民集39巻 5 号1100頁も、 1 対4.40の格差を違憲と判断した。現在、議員定数不均衡に関する訴訟において違憲判決を出したのは、この 2 つである。そのほか、最大判昭和58年11月 7 日民集37巻 9 号1243頁は、 1 対3.94を違憲とし、 1 対2.94を合憲と判示していることから、 1 対 3 を違憲判断の限界として示唆しているようにみえるが、これについては批判も強い。

　学説上は 1 対 2 を限界とみる者が多いが、本来、投票価値を厳格に平等にすることは技術的実際的に困難だとしても、できる限り 1 対 1 に近づけることを原則として、そこから離れる場合には合理的理由を求めていくことが必要と考えるべきである。なお、判例は、参議院議員選挙については、衆議院と異なる地域代表的性格等を根拠として衆議院議員選挙よりも緩やかな格差を容認している（最大判昭和58年 4 月27日民集37巻 3 号345頁〔 1 対5.26〕、最大判平成12年 9 月 6 日民集54巻 7 号1997頁〔 1 対4.98〕など）。しかし、この考え方に対しては批判が強い。

　その後、衆議院議員選挙に関して、最大判平成23年 3 月23日民集65巻 2 号755頁（最大較差2.304倍）、最大判平成25年11月20日民集67巻 8 号1503頁（最大較差2.430倍、なお控訴審の広島高裁は違憲無効の判決を下していた）、最大判平成27年11月25日民集69巻 7 号2035頁（最大較差2.129倍）が違憲状態であるとし、参

議院議員選挙に関しては、最大判平成8年9月11日民集66巻10号3357頁（最大較差6.59倍）、最大判平成24年10月17日民集66巻10号3357頁（最大較差5.00倍）、最大判平成26年11月26日民集68巻9号1363頁（最大較差4.77倍）が違憲状態であるとしている。ただ、いずれも選挙無効には消極的である。最近、衆議院議員については、最大判平成30年12月19日民集72巻6号1240頁（最大較差1.979倍）、参議院議員については、最大判令和2年11月18日民集74巻8号2111頁（最大較差3.00倍）において合憲判決が下されているが、裁判所の判断基準は、従来より①著しい不均衡と、②是正の合理的な猶予期間内であるかどうかであると思われるところ、①の判断には曖昧性がつきまとうし、②については将来の是正を合憲判断に考慮することの理由が不明である（特に前者の衆議院議員選挙の合憲判決については将来のアダムズ方式〔国勢調査の結果に基づき人口比をより正確に反映する方法〕の採用を念頭に入れた判断である）。

　⑶　**家族生活と平等**　　憲法24条は1項において、婚姻自由と夫婦の同等の権利を規定し、またその2項において、家族に関する事項に関する立法は個人の尊厳と両性の本質的平等に立脚して行われることを要請する。これは13条および14条からも導き出される事柄ではあるが、日本においては特に、家制度を中心とした封建的家族観を一掃する必要があったことが一因であろう。

　この分野では、まず非嫡出子の相続分が嫡出子の半分と定める民法900条4号但書の規定が、憲法14条に反するかどうかが争われた最高裁決定（大決平成7年7月5日民集49巻7号1789頁）が注目される。最高裁は、「本件立法理由は」「法律婚の尊重と非嫡出子の保護の調整を図ったもの」であるが、「現行民法は法律婚主義を採用しているのであるから、右のような本件規定の立法理由にも合理的な根拠があるというべきであり、本件規定が非嫡出子の法定相続分を嫡出子の二分の一としたことが、右立法理由との関連において著しく不合理であり、立法府に与えられた合理的な裁量判断の限界を超えたものということはできない」として、憲法14条1項に反しないとした。しかし、そもそも法律婚の尊重と非嫡出子の保護を対立的にとらえることが妥当でないばかりでなく、現実にも非嫡出子の相続分を嫡出子と同等としたところで、配偶者の相続分が減るわけではない。さらに、非嫡出子を「社会的身分」とするならば、違

憲基準としてはより厳格な基準が採用されるべきであろう。そこで、最高裁は平成25年 9 月 4 日の大法廷決定（民集67巻 6 号1320頁）により、婚姻や家族のあり方に対する多様化する国民の意識を背景にして、また子が親を選べないという事実をも重視することによって、その事実を理由としてその子に不利益を及ぼすことは、個人の尊厳と法の下の平等の観点から許されるべきではないとし、このような非嫡出子の相続分差別を定めた民法900条 4 号但書の前半部分は違憲無効であると判示した。また、これを受けて、平成25年12月 5 日、民法が改正され、当該民法の規定は削除されている。

　また、婚外子の国籍取得の差別についても、日本国籍を有する父と外国人の母との間に生まれた子が、生後に認知をされたことと、父母が婚姻をしていないことを理由として、国籍取得を認められなかった事例において、最高裁は国籍法 3 条 1 項（改正前のもの）が、胎児認知を受けた子や準正により嫡出子となった子と、本件のような子との間に合理的な理由のない差別が生じているとして、違憲判断をしている（最判平成20年 6 月 4 日民集62巻 6 号1367頁）。

　さらに、改正前の民法733条は女性の再婚禁止期間を 6 ヶ月とし、最判平成 7 年12月 5 日判時1563号81頁も、離婚後の父親の推定の重複を回避するためにはこれを不合理とはいえないと判示していたが、100日を超える部分には、違憲の疑いが強く残るとされていた上、女性の再婚禁止期間の規定は、もっぱら法律上父のいない子を作らないということであるなら、現在では DNA 鑑定を利用すれば科学的に問題が解決されるのではないかとする見解も存在する。（もっとも、DNA 鑑定を不採用とする最高裁判例もある〔最判平成26年 7 月17日民集68巻 6 号547頁〕。）

　その他、夫婦同姓の民法750条の規定（夫あるいは妻の姓に強制することは、現実問題として女性に改姓を強要する結果となっている）について、違憲のおそれがあると批判されている。さらに、同性婚についても、憲法24条 1 項が婚姻が「両性の合意のみ」で成立するとの規定があることから、否定的に解釈する説がある。しかし、立憲主義的に解釈するなら、「両性の合意」がある場合には他の制限を設けてはならないと解釈されるにすぎず、憲法は異性婚の場合を規定しているだけであり、同性婚について特別の規定を置いているわけではな

い。さらに条文を反対解釈することが強制されるわけではないから、憲法自体は同性婚を禁じているとはいえないということになろう。しかしながら、最高裁は、性同一性障害者特例法において戸籍の性別変更には「現に婚姻をしていないこと」としていることを、立法府の裁量権の範囲内であるとして合憲と判断した（最決令和2年3月11日裁判所Web〔令和1（ク）791〕）。これは婚姻をしている者に性別変更を認めると結果として同性婚を認めることになるからであるが、人権保障の観点からの立法裁量の範囲の制約がさらに考えられるべきである。このこととの関連で、札幌地判令和3年3月17日裁判所Web（平成31（ワ）267）が、初めて同性婚を否定することが平等原則に違反し、違憲であるとの判断を示したことが注目される。

　なお、これらの争点のうち、最高裁は平成27年12月16日に、民法733条について、100日を超える部分について違憲と判断したが（民集69巻8号2427頁）、夫婦同姓問題については民法750条を合憲とした（民集69巻8号2586頁）。これらの問題についての最高裁の現状把握の程度が示された判決であったといえようが、なお違憲のおそれは残されたといえる。ただ、前者の再婚禁止期間については、2022年2月14日に法制審議会がその撤廃を答申している。

第5章 精神的自由(1)

第1節 思想・良心の自由

1 思想・良心の自由の意義

憲法19条は、思想・良心の自由をあわせて保障している。言うまでもなく、思想・良心の自由は、人間の精神活動の中でも最も基本的なものであり、その保障があまりにも当然であり絶対的であるがゆえに、諸外国ではこれを独立して保障する立法例はあまりないといわれる。しかしながら、我が国においては、戦前の天皇制イデオロギーの払拭や、明治憲法下における治安維持法等による思想弾圧の経験を踏まえ、特にこれを保障する必要が生じていたといえる。

憲法は「思想」「良心」を形式上別個のものとして規定しているが、今日の学説においては、それを区別する実益はないものとされるのが一般である。厳密に考えれば、良心は倫理的性格をもち、思想はそれ以外の内心におけるものの考え方をいうとすることも可能であるが、いずれにしても、憲法19条で両者が同列に扱われている以上、厳密な定義は不要である。なお、良心の自由を信仰の自由と同視する見解もあるが、憲法20条1項において信教の自由が保障されていることとの関連で不当との反論がある。

ところで、このような思想・良心の自由として保障される内容については、なお問題があり、学説は広義説と限定説の2つに分かれている。広義説によれば、人の内心にかかわる問題である以上、そこに何らかの制約を設けようとすることは許されないと考える。表現の自由などの外部的行為の基礎となるものである以上、これを広くとらえ「原理的保障」としての意味を付与することは許されるとするのである。一方、限定説によれば、人格形成に関係する内心の精神活動にその保障の範囲を限定しようとする。この説によれば、広義説のような立場は、その広汎な保障のゆえに、思想・良心の自由の意味を薄めてしま

い、結局、自由の保障を軽くするものであると批判することになる。しかし、本来、人格形成にかかわるものとそうでないものとの限界は不明確であり、内面的な精神活動の自由が包括的に保障されることが、なぜ自由の保障を軽くすることになるかの理由も不明である。限定されていれば価値が高いと考えるのは形式にすぎる。内心の自由は絶対であるという立場は、その保障の範囲が広範であっても、決して思想・良心の自由の価値を下げるものではないと思われる。

　これらの見解の対立は、謝罪広告事件判決においてその結論の違いが明確になる。

【重要判例】謝罪広告事件（最大判昭和31年7月4日民集10巻7号785頁）

　衆議院議員総選挙に立候補したＡは、ラジオ・新聞によって、他の候補者Ｂが汚職をなした事実を公表した。これに対してＢは虚偽の事実の公表により名誉が毀損されたとして謝罪広告の掲載を求めた。

　最高裁は、「単に事態の真相を告白し陳謝の意を表明するに止まる程度のものにあっては」「屈辱的若くは苦役的労苦を科し」「倫理的な意見、良心の自由を侵害することを要求するものとは解せられない。」と判示した。しかし、藤田八郎裁判官の反対意見は、「本件のごとき人の本心に反して、事の是非善悪の判断を外部に表現せしめ、心にもない陳謝の念の発露を判決をもって命ずるがごときことは」憲法19条に反するとした。

　多数意見は限定説を前提にしていると思われ、反対意見では広義説によっていることは明らかである。多数説によれば、謝罪広告のようなものは、特別、人格形成にかかわるような内心の精神活動そのものではなく、誇張して言えば、事実の容認としての意味しかないとしているように思えるのであるが、問題はまさにそこにあり、謝罪の基礎には道徳的反省の契機がある。その強制が人格形成と何らかかわらないという判断こそ問い直されるべきであると思える。

2　思想・良心の自由の侵害

　思想・良心の自由は、内心の精神活動に関する保障であるとするなら、それ

は絶対的意味をもつものであるし、およそ制約ないし侵害ということも観念できないといっていえないことはない。内心の問題は極めて主観的な問題だからである。しかし、人間の内心の精神活動が何らかの外部的強制によって影響を受けることも事実である。憲法はそのような不当な干渉を否定し、人間の自由で自律的な精神活動を保障しているのである。人間が素質と環境により主体的に人格形成していく存在である以上、国家による特定の思想強制はその可能性を根本から否定することになり、憲法の立場に矛盾する。

　それでは、そのような国家の不当な干渉がどのような形で行われるのか。一般には、それはまず国家が一定の思想を強制したり禁止したりすることで行われる。このような国家の行為が19条の問題となることは当然であるが、強制に至らない勧奨のレベルでも、実際は強制的意味をもつことが多い事実を考慮すれば、19条違反であると解すべきである。さらに、これを推し進めると、法自体が一定の価値観からなるものであるから、法的強制も思想・良心の自由の侵害にあたるという極論にまで至る可能性が指摘されるが、法が国家・社会の存立に必要不可欠のものである以上、これはやはり内容次第ということになろう。たとえば、「良心的兵役拒否」の場合のように、自己の人格的基盤を危うくするような事態を生じるような場合には、19条違反の疑いが生じる。この場合、抵抗権（12条）の一場面として法的服従を拒絶することができると解すべきである。このこととの関連で、ドイツ連邦共和国基本法18条が基本権を「自由で民主的な基本秩序に敵対するために濫用する者は、これらの基本権を喪失する」として、いわゆる「闘う民主制」の立場を採用していることが問題となる。ナチズムを経験したドイツにおいて、このような民主制を否定する者に基本権を容認できないとするのは、歴史的には理解ができるが、日本国憲法の下においては、民主制を否定する者もそれが内心の問題にとどまる限り、19条の保障を認めるべきであるとするのが、思想・良心の自由に例外を認めない憲法の立場からは自然である。むしろ、そうでなければ、国家権力に民主制を盾にとって思想の強制・禁止の口実を与えることにもなりかねない。

　次に、特定思想を根拠とする不利益取扱いが問題となる。この不利益取扱いがなされれば、もちろん14条における信条による差別とも重なることになる。

これは、たとえば三菱樹脂事件判決（最大判昭和48年12月12日民集27巻11号1536頁）におけるような、特定思想を理由として雇用を拒絶することが一例としてあげられる。最高裁は企業の雇用の自由を理由にして、19条の問題ではないとするが、これは思想・良心の自由の絶対的保障を軽視する態度であると思われる（もっとも、ここでは憲法の私人間効力の問題がある）。さらに、このような最高裁の態度は麹町中学内申書事件判決（最判昭和63年7月15日判時1287号65頁）や君が代ピアノ伴奏事件判決（最判平成19年2月27日民集61巻1号291頁）においても同様にみられる。もっとも、同様の態度をとるものの、国歌の起立斉唱等についての職務命令拒否に関する最高裁判決（最判平成24年1月16日判時2147号127頁）は、戒告を超える減給以上の処分を行うことには、それを根拠づける具体的事情が必要であるとしている。

【重要判例】君が代ピアノ伴奏事件（最判平成19年2月27日民集61巻1号291頁）

　小学校の校長の職務命令に従わず、入学式の国歌斉唱の際のピアノ演奏を行わなかった音楽教師が、地方公務員法32条および33条に反するとして、地方公務員法29条1項1号ないし3号により戒告処分が下されたことに対し、職務命令が憲法19条に反するから違法であると主張した事案である。

　最高裁は、本件ピアノ演奏を求める職務命令が、ただちにピアノ教師の歴史観ないし世界観それ自体を否定するものではなく、一般に国歌斉唱として「君が代」が斉唱されることは、客観的に想定されることであり、それが特定思想の外部的表明とは考えられないとして、本件職務命令が憲法19条に反するとはいえないとした。

　ところで、思想・良心が内心にとどまらず、外部的行為として表出し、それが他人に現実的な害悪を及ぼすような事態が生じるならば、それを規制することは可能である。ただ、その場合であっても外部的行為の規制に止まるように慎重な態度が求められる。外部的行為による害悪の規制を超えて、思想・良心そのものを規制することがあってはならないことはいうまでもない。

　最後に問題となるのは、人の思想の表白を公権力が強制することである。国家による思想調査やいわゆる「踏絵」のようなものは、思想・良心の自由を侵害することになる。すなわち、思想・良心の自由は、沈黙の自由を含むことに

なるのである。もっとも、ここでの沈黙の自由の対象は、あくまで思想・良心にかかわる事柄であって、単なる事実・知識の表明の強制は保障の対象外ということになろう。裁判における証言義務はそのようなものとして19条違反とはならない。しかし、そのような単なる事実・知識の表明であっても、たとえば一定の思想を前提とする団体の加入や学生運動への参加など、その事実が思想と密接に関連しているような事柄について開示を求めることは、やはり思想・良心の自由の侵害と考えられるであろう。

第2節　信教の自由

1　意　　義

　信教（宗教）の自由は、近代自由主義の発達にとって特別な意義を有している。中世の宗教弾圧や対立を克服する過程で、近代の人権が成立してきたのであるから、信教の自由は、少なくとも西欧の憲法においては特別の地位を有することとなった。また、多様な宗教の存在を可能にするために、国家が宗教的に中立の立場でなければならないことが求められることにもなった。

　日本においても、明治憲法は信教の自由を保障していたが、「安寧秩序ヲ妨ケス及臣民タルノ義務ニ背カサル限ニ於テ」と制限され、また神道が国教としての地位を認められると共に、軍国主義の精神的支柱となった。その反省から戦後、GHQ がいわゆる「神道指令」により、国家と神社神道との分離等が促され、それを受けて日本国憲法20条は、信教の自由と政教分離原則を宣言したのである。

2　内　　容

　一般に信教の自由の内容としては、①信仰の自由、②宗教的行為の自由、③宗教的結社の自由などが認められている。まず、信仰の自由とは、特定宗教を信仰したり、あるいは信仰しない自由を意味する。これは思想・良心の自由の宗教的側面であるから、その意味は絶対的なものでなければならない。この信仰の自由が保障されることによって、信仰告白の自由が認められることにな

る。つまり、信仰告白を強制されることは許されないし、したがって信仰告白
をしない自由が保障される。次に、宗教的行為の自由は、憲法20条２項が「何
人も、宗教上の行為、祝典、儀式又は行事に参加することを強制されない」と
規定し、これを消極的側面から明らかにしている。また、ここで布教の自由も
認められることになる。最後に、宗教的結社の自由とは、憲法21条の結社の自
由の宗教的側面を意味する。信仰を同じくする者が宗教団体を結成等する自由
や、またその団体への加入・不加入等の自由をいい、それに伴う不利益処分を
禁ずることを意味する。なお、信教の自由と関連して、他者の宗教行為によっ
て自己の信仰生活が害されることがなく、静謐な宗教的環境の下で信仰生活を
送るべき利益である宗教上の人格権について、最高裁は法的利益として認める
ことはできないとしている（最大判昭和63年６月１日民集42巻５号277頁）。

3　限　　界

　信教の自由の内容のうち、信仰の自由はそれが内心にとどまる限り、絶対的
に保障されるべきものであるから、その限界や制約は存在しない。しかしなが
ら、宗教的行為の自由や宗教的結社の自由は、外部的行為を伴うものであるか
ら、他者との関係が生じ、一定の制約に服することになる。ただし、その場合
でも、内心の問題と外部的行為とは密接に関係するものであるから、その審査
は、厳格な審査（必要不可欠な目的を達成するための最小限度の制約）でなけれ
ばならない。もっとも、加持祈祷事件判決（最大判昭和38年５月15日刑集17巻４号
302頁）は、精神障害の平癒を祈願するために行われた線香護摩による加持祈
祷によって被害者を死亡させた事件において、当該加持祈祷が著しく反社会的
なものであったとして、信教の自由の保障の限界を逸脱したものとしたが、こ
のような人の身体に違法な有形力の行使をするような場合には、厳格な審査に
よる必要はないとする見解が有力である。しかし、牧会活動事件判決や、エホ
バの証人剣道授業拒否事件判決などのような場合には、宗教活動等の外部的行
為が信仰の自由と密接な関連を有しており、厳格な基準により審査がなされる
べきである。

【重要判例】牧会活動事件（神戸簡判昭和50年 2 月20日刑月 7 巻 2 号104頁）

　建造物侵入および凶器準備集合等の嫌疑をうけて逃走していた高校生 2 名を、教会に 1 週間宿泊させ、説得の上、任意出頭させた牧師が、犯人蔵匿の罪に問われた事件。

　裁判所は、牧会活動は、外面的行為であるから公共の福祉による制約を受ける場合があるが、その場合には最大限に慎重な配慮を必要とするとした上で、本件行為は牧会活動の一環として、両少年の人間としての救済等を求めて行われたものであり、正当業務行為として罪とならないと判示した。

【重要判例】エホバの証人剣道授業拒否事件（最判平成 8 年 3 月 8 日民集50巻 3 号469頁）

　エホバの証人の信徒である原告は、その教義に基づき、剣道授業を拒否したことから、原級留置処分　退学処分を受けた。これに対して原告が信教の自由等を侵害するものであるとして処分の取消しを求めた事件。

　最高裁は、まず、校長が原級留置処分・退学処分の裁量権を有することを認めた上で、本件処分が以下の理由によって裁量権を逸脱していたと判断した。①剣道授業の拒否は真摯な信仰の核心部分と密接に関連していた。②剣道授業はレポート等による代替措置を採ることが可能であった。③代替措置を採ったとしても、それが目的において宗教的意義をもつものではないし、特定の宗教を援助、助長、促進する効果をもつものでもない。

　宗教的結社の自由の制約については、宗教法人法81条が、一定の場合に裁判所が宗教法人の解散命令を下すことを認めている。これは、法人格を奪うことを目的とするのであるから、当該宗教団体自体の事実上の制約とはいえない。したがって、厳格な要件の下であるなら、解散命令は違憲ではないとされている（オウム真理教解散命令事件判決〔最決平成 8 年 1 月30日民集50巻 1 号199頁〕は、「解散命令によって宗教法人が解散しても、信者は、法人格を有しない宗教団体を存続させ、あるいは、これを新たに結成することが妨げられるわけではなく、また、宗教上の行為を行い、その用に供する施設や物品を新たに調えることが妨げられるわけでもない。すなわち、解散命令は、信者の宗教上の行為を禁止したり制限したりする法的効果を一切伴わないのである」と判示している）。

4　政教分離原則

(1)　総　　説　　憲法20条１項後段は、「いかなる宗教団体も、国から特権を受け、又は政治上の権力を行使してはならない」と規定し、同３項は、「国及びその機関は、宗教教育その他いかなる宗教的活動もしてはならない」と規定している。すなわち、国家と宗教との分離の原則を宣言しているのである。

(2)　法的性格　　この政教分離原則の法的性格をどのようにとらえるかについては争いがある。判例・通説は、政教分離規定は信教の自由の保障を強化するための制度的保障としての意味をもつものととらえている。つまり、信教の自由を保障するための手段としての意味をもつにすぎないと考えるのである。これに反対する説によれば、そうだとするなら政教分離が緩和されても、信教の自由が保障される限りにおいては、それが正当化されることになることを批判する。そこで、政教分離自体が保障されること、少なくとも信教の自由の前提として独立して保障されることが必要であるとする。もっとも、この反対説に対しては、そのようなとらえ方は政教分離原則を人権そのものとすることになる点で、その性質が明確でないし、本来、制度的保障ととらえたとしても、厳格な分離を求めていくことを否定するものではないとの反批判もある。しかし、ここでは、その厳格な分離に対する「危うさ」こそが問題とされるべきであると思われる。

(3)　目的効果基準論　　そこで、この厳格な分離が、国家と宗教との絶対的な分離を求めるものであるのかが問題とされてきた。判例では、アメリカの判例理論である「目的効果基準論」を参考に、この問題に一定の解決を与えている。すなわち、津地鎮祭事件判決において、最高裁は、その行為の目的が宗教的意義をもち、効果が宗教に対する援助、助長、促進又は圧迫、干渉等になるような行為であるなら違憲であるとの見解（目的効果基準論）を示したのである。

【重要判例】津地鎮祭事件（最大判昭和52年７月13日民集31巻４号533頁）
　津市が市体育館の建設にあたり、神道の儀式による起工式（地鎮祭）を挙行し、その費用として、公金7,663円を支出したことが、憲法20条、89条に違反するかどうかが争われた事件。

　　最高裁は、目的効果基準論を採用し、次のように述べて本件地鎮祭を宗教活動に
あたらないとした上で、政教分離原則に反しないとした。すなわち、「本件起工式
は、宗教とかかわり合いをもつものであることを否定しえないが、その目的は建築
着工に際し土地の平安堅固、工事の無事安全を願い、社会の一般的慣習に従った儀
礼を行うという専ら世俗的なものと認められ、その効果は神道を援助、助長、促進
し又は他の宗教に圧迫、干渉を加えるものとは認められないのであるから、憲法20
条 3 項により禁止される宗教的活動にはあたらない」と判示した。

　この津地鎮祭判決には、地鎮祭が宗教的活動にあたり違憲であるとの反対意
見が付されているように、政教分離原則を緩和させる効果をもつことで、学説
上批判も多い。たとえば、それは本件判決の採用する目的効果基準が、目的も
効果も共に宗教的である場合にだけ宗教的行為として違憲と判断するように思
われ、そのような違憲判断が容易でない基準は、結局、合憲性の推定を行って
いるにすぎないとも指摘される。もっとも、これは目的効果基準論のとらえ
方、つまり個々の要件の判断基準の問題であり、それを厳しくすればよいとの
理解も一方にはある。それを具体化したものが、愛媛玉串料事件判決である。

【重要判決】愛媛玉串料事件（最大判平成 9 年 4 月 2 日民集51巻 4 号1673頁）
　愛媛県が、靖国神社に対して、玉串料・献灯料として、計76,000円を、また財団
法人愛媛県遺族会に対して供物料の名目で計90,000円（後に県護国神社に献納）
を、公金支出したことが、憲法20条 3 項および89条に違反するかどうかが争われた
事件。
　最高裁は、本件玉串料等の奉納は、津地鎮祭事件で問題となった起工式の場合と
異なり、「慣習化した社会的儀礼にすぎないものになっているとまでは到底いうこ
とができず」「宗教的意義を有するものであるという意識を大なり小なり持たざる
を得ない」。「地方公共団体が特定の宗教団体に対してのみ本件のような形で特別の
かかわり合いを持つことは、一般人に対して、県が当該特定の宗教団体を特別に支
援しており、それらの宗教団体が他の宗教団体とは異なる特別のものであるとの印
象を与え、特定の宗教への関心を呼び起こすものといわざるを得ない。」したがっ
て、「その目的が宗教的意義を持つことを免れず、その効果が特定の宗教に対する
援助、助長、促進になると認めるべきであり、これによってもたらされる県と靖國
神社等とのかかわり合いが我が国の社会的・文化的諸条件に照らし相当とされる限

度をこえるものであって、憲法20条3項の禁止する宗教的活動に当たると解するの
が相当である。」と判示した。

　このように愛媛玉串料事件判決は、目的効果基準を採用した上で、違憲判決
を導き出したのであるが、結論からみれば、たしかに目的効果基準を厳格に解
する方向へ向かったといえないでもない。しかし、事案が地鎮祭とは異なり、
対象が靖国神社等の明白な宗教施設であったことや、行為も玉串料等の宗教的
意義をもつものであったことを考慮すると、従来の最高裁判決の枠組みを離れ
るものではないといえる。それは、その後、鹿児島県知事が大嘗祭に出席する
ための旅費として公金7万5,660円を支出した事案で、最高裁は目的効果基準
により合憲判決を出している（最判平成14年7月11日民集56巻6号1204頁）ことか
らも推察できる。このようなことからみると、問題は、むしろ当該行為が社会
的に完全に世俗化しているのかどうかにあり、そのような状態に近いものを合
憲としているようにもみえる。しかしながら、よく言われるように、門松やク
リスマスツリーを公機関が飾る行為が、完全に世俗化しているために政教分離
原則に抵触するものではないということはいえても、最高裁の事案において
は、その判断は微妙である。目的効果基準はその世俗化されていない部分を補
うために持ち出されているようにも思える。そうだとするなら、目的効果基準
はやはり政教分離原則を緩和するものという他ない。

　なお、信教の自由を保障しようとすると、たとえば法的義務など世俗的義務
を免除したりすることになる場合がある。上述したエホバの証人剣道授業拒否
事件において、その信徒に剣道授業を免除しレポートを課す等するなら、その
信徒および宗教に対して優遇措置をすることにならないかという問題が生じる
のである。すなわち、信教の自由の保障と政教分離原則とは完全に両立するも
のではなく、その調整等が必要な場合があるということになる。国家の宗教的
中立性は、宗教との関係を全くなくすというものではない。信教の自由を保障
しようとすれば当然に国家は宗教にかかわりをもつことになる。問題は、それ
が他の宗教あるいは信徒への圧迫・干渉となるかどうかである。ここでは目的
効果基準が妥当するともいえるのである。

　ところで、空知太神社訴訟において最高裁は、「国公有地が無償で宗教的施設の敷地としての用に供されている状態が、」「信教の自由の保障の確保という制度の根本目的との関係で相当とされる限度を超えて憲法89条に違反するか否かを判断するに当たっては、当該宗教的施設の性格、当該土地が無償で当該施設の敷地としての用に供されるに至った経緯、当該無償提供の態様、これらに対する一般人の評価等，諸般の事情を考慮し、社会通念に照らして総合的に判断すべきものと解するのが相当である」「本件利用提供行為は、市と本件神社ないし神道とのかかわり合いが、我が国の社会的、文化的諸条件に照らし、信教の自由の保障の確保という制度の根本目的との関係で相当とされる限度を超えるものとして、憲法89条の禁止する公の財産の利用提供に当たり、ひいては憲法20条1項後段の禁止する宗教団体に対する特権の付与にも該当すると解するのが相当である」とし、目的効果基準を明確に用いなかった（最大判平成22年1月20日民集64巻1号1頁）。これは従来政教分離が問題とされてきた事案と具体的内容が異なるという理由によるものなのか、あるいは目的効果基準自体を再考すべきとするものなのかは不明である。なお、本件の再上告審判決は、本件神社物件を一部撤去し、本件土地の一部を祠および鳥居の敷地として氏子集団の氏子総代長に年額3万5,000円程度で賃貸する行為について、「一般人の目から見て、市が本件神社ないし神道に対して特別の便益を提供し援助していると評価されるおそれがあるとはいえない」とし、こうした手段の実施は、憲法89条・20条1項後段に違反しないとした（最判平成24年2月16日民集66巻2号673頁）。さらに、最近、儒教の祖・孔子を祭る「孔子廟」のある敷地の使用料（年576万円）を那覇市が全額免除したことについての是非が争われた裁判で、最高裁は、本施設での行為は、「その霊の存在を前提としてこれを崇め奉るという宗教的意義を有する儀式というほかない」として、本件免除が、「宗教的活動を行うことを容易にするものであることができ、その効果が間接的、付随的なものにとどまるとはいえない」のであり、「特定の宗教に対して特別の便益を提供し、これを援助していると評価されてもやむをえない」と判断している（最大判令和3年2月24日民集75巻2号29頁）。

第6章　精神的自由(2)

第1節　学問の自由

1　意　義

憲法23条は「学問の自由は、これを保障する」と規定している。学問は、もちろん真理の探究を行うものであるが、それは一面において常識を疑い、権威的なものを批判し、それを乗り越えるところに意義があるともいえるのであるから、もともと既存の価値観を守ろうとする国家の干渉や圧迫を受けやすいものであるといえる。現に、明治憲法においては学問の自由の規定はなく、慣行として大学の自治は存在してはいたものの、1933年（昭和8年）の京大滝川事件や1935年（昭和10年）の天皇機関説事件では、当時の軍国主義を背景にして学問研究の自由が侵害された。こうした経験への反省から、日本国憲法は、特に学問の自由の保障を規定したのである。もっとも、何が学問であるのかは実際上はそれほど明確ではない。学問を際限なく拡張して、学問の意味を薄めることには問題があるが、一方で、精神的自由権としての意味を考えれば、たとえば学問研究を行っている人や施設による研究であるとの形式的要件が存在すれば、学問であることの推定を一般に認めることが必要であるとされる。

また、日本学術会議会員は、同会議の推薦に基づいて内閣総理大臣が任命することになっていたところ、2020年に、6名の研究者が任命を拒否されるという問題が生じた。直接的に学問研究の自由が侵害されたわけではないが、人事権を介した学問の自由に対する間接的な侵害と解することが可能であり、このような任命拒否には重大な問題が存在する。

2　内　容

学問の自由の内容としてあげられるのは、一般に、学問研究の自由、学問研

究発表の自由、教授の自由、大学の自治である。学問研究そのものの自由が保障されなければならないことは精神的自由としての意味から自明であるが、さらにそれを発表することができないのであるなら、学問研究の意味が損なわれることにもなり、ここに学問研究発表の自由が保障される意味がある。また、学問研究発表の自由は教授の自由と重なる面があるが、教授の自由は自己の学問研究の成果に限定されず、広くどのような資料に基づいてどのように講義してもかまわないとする教育の自由と重なる面がある。なお、学問研究の自由は思想・良心の自由に、学問研究発表の自由は表現の自由に重なるが、学問研究が権力と対峙する性格を有するために、その重要性を考慮し、特に憲法が保障を与えたものとされる。大学の自治は憲法23条に直接定められているものではないが、学問の自由と密接な関係にあるものと考えられている。

　ところで、教授の自由が大学における教授の自由に限定されるのか、あるいは初等中等教育機関にもそれが認められるのかについて争いがある。従来の通説は、これを大学における教授の自由に限定していた。これは、沿革上の理由から大学の教授の自由のみが認められてきたこと、初等中等教育における児童生徒には授業を批判的に受け止める能力が不十分であり、教授の自由は児童生徒の教育を受ける権利をかえって侵害することになるのではないかということ、そして教育内容について画一化がなされなければならないことを理由としていた。しかし、旭川学テ事件判決は、一定の範囲では教授の自由が認められることを認め、学説も現在ではこれを容認する説が支配的であるといえる。

【重要判例】旭川学テ事件（最大判昭和51年5月21日刑集30巻5号615頁）
　旧文部省が実施しようとした、全国中学校一せい学力調査に反対する被告人らが、それを阻止しようとした行為が、建造物侵入等の罪に問われた事件。その裁判過程で、普通教育における教授の自由が問題とされたのである。
　最高裁は、「普通教育の場においても、たとえば、教師が公権力によって特定の意見のみを教授することを強制されないという意味において、また、子どもの教育が教師と子どもとの間の直接の人格的接触を通じ、その個性に応じて行わなければならないという本質的な要請に照らし、教授の具体的内容及び方法につきある程度自由な裁量が認められなければならないという意味においては、一定の範囲におけ

る教授の自由が保障されるべきことを肯定できないではない」としたのである。しかし、一方では、子どもの批判的能力の不十分な点や教育の一定水準の確保の要請からすれば、「普通教育における教師に完全な教授の自由を認めることは、とうてい許されない」とも指摘していた。

3　限　　界

　学問研究の自由は精神的自由にかかわるものであるから、一切の制約は許されるものではない。このように従来は考えられてきた。ところが、近年における急激な科学技術の発展によって生じる、人間の尊厳や生命・身体の安全、社会秩序への脅威などが認められる場合に、従来のように学問研究の自由を思想・良心の自由の一側面としてとらえ、絶対的な自由保障を与えるのは不適切であるという見解が有力化してきている。2000年（平成12年）に制定されたヒトに関するクローン技術等の規制に関する法律による研究内容に対する規制は、そのような事態を示唆するものとみられる。一方で、学問研究自体について規制する必要はなく、その研究発表の自由に規制を加えれば十分であるという見解や、学問研究の自由の重要性を根拠に研究者の自主的規制にとどめるべきであるという見解もある。しかし、研究自体がなされることの危険性を抜きにして研究発表だけを規制することでは不十分であるし、また、法的規制によってこそその倫理基準が明確となり、限界内での自由な研究がなされるという見解もある。いずれにしても、先端技術の研究は、それがどんなに危険であったとしても人間の幸福に貢献する部分を否定できない以上、慎重な審査が要請されるし、その規制による利益と、奪われる利益とを比較衡量した上で問題は決せられるべきであると思われる。

　なお、研究発表の自由および教授の自由については、それらの保障を口実にして違法行為や反倫理性を有するものが学問の自由の保障の範囲外にあることは当然であるが、限界事例についてはその自由保障の重要性を考慮すれば、合憲性の推定を行うべきであると思われる。

4　大学の自治

　学問研究の中心となるのが大学であることを考えると、学問の自由を保障するためには、大学の自治が保障されている必要がある。すなわち、学問の自由を保障するための、制度的な保障として大学の自治が認められることになる。

　大学の自治の内容は、教員人事における自治と施設・学生の管理における自治が一般にあげられるが、これを広くとらえ、さらに研究教育内容および方法の自主決定権や予算管理における自治も含むものとするのが有力である。このうち大学の自治にとって最も重要なものが人事における自治である。これにより学長・教授・その他研究者の人事については政府機関による干渉は受けないことになる。施設・学生の管理における自治については警察権との関係が問題となる。もちろん、警察が令状により犯罪捜査をすることは問題ない。大学といえども治外法権が認められているわけではないからである。しかしながら、犯罪予防のための情報収集を行う警備公安活動を目的として、大学の許可なく大学に立ち入ることは許されるべきではない。それが自由な学問研究を妨げるおそれが大きいからである。この点について、東大ポポロ事件判決については批判が強い。

> **【重要判例】東大ポポロ事件**（最大判昭和38年5月22日刑集17巻4号370頁）
>
> 　東大内の教室において、東大の学生団体「ポポロ劇団」が演劇を上演中に、公安調査目的の警察官が観客の中にいることを学生が発見し、その際に暴行を加えたことが、暴力行為等処罰に関する法律違反であるとして起訴された事件。
>
> 　最高裁は、学問の自由を保障するために大学の自治が認められることを示したが、「本件集会は、真に学問的な研究と発表のためのものでなく、実社会の政治的社会的活動であり、かつ公開の集会またはこれに準じるものであって、大学の学問の自由と自治は、これを享有しない」とした。しかし、学説上は、警察の長期にわたる警備公安活動が大学の自治に及ぼす影響や、教室が正規の手続きを経て使用されたものである事実、したがって大学が単なる政治的社会的活動であるとの判断をしたものではないことを軽視している点が批判されている。

　なお、大学の自治は教授会の自治とも深い関係を有している。近年、教授会の権限が制限され学長権限が強化される傾向が強まっており、2014年（平成26

年）の学校教育法の改正においても、従来、教授会は法93条において「重要な事項を審議するため」に設置されるとされていたが、教育研究に関する一定の重要事項についての学長の決定について意見を述べ、また学長等の求めに応じてその他の事項について意見を述べることができるとされた。

第2節　表現の自由

1　意　味

　憲法21条1項は、「集会、結社及び言論、出版その他一切の表現の自由は、これを保障する」と定め、表現の自由を保障している。人の内心の精神活動は、それを表現することによってはじめて本当の意味をもつと考えられるとするなら、表現の自由の保障は極めて重要な意義を有することになる。この表現の自由には、まず個人主義的な価値として、言論を通じて人は自分の人格を発展させるものであるという自己実現の価値が認められている。さらにそれにとどまらず、言論が自由に行われることによって主権者としての国民が政治参加を行うという社会的価値が認められる。つまり表現の自由は民主主義にとって決定的な価値をもつことになるのである。なお、各人が自由な言論活動をすることによって正しいことを発見し、社会の進歩に役立つという「思想の自由市場」論が説かれている。しかし、これがある程度、あるいはある条件の下では妥当するにしても、個人の真の平等が実現されていない社会で競争原理が真理に導くというのは根拠が弱く、マス・メディアの情報「独占」状況は、思想の自由市場を成立しにくくしているともいわれている。

　表現の自由は基本的人権の中で優越的地位を占めるといわれている。これは学問の自由の項でも述べたように、それが権力によって侵害されやすい性質のものであるからであるといわれる。つまり、不当な制約を受けやすいのであるからそれだけ優越的地位が与えられなければならないという論理によるのである。さらに、表現の自由は民主主義の根幹にある人権であり、それが侵害されるなら他の人権も連動して侵害される危険があるという理由も指摘されている。

　表現の自由を考えるとき、それはまず情報の送り手の表現の自由である。従来はこの送り手の表現の自由を論ずれば十分であった。送り手の表現の自由は受け手を当然の前提としており、受け手の自由を特別に論ずる必要はなかったとされる。ところが、国家やマス・メディアの情報の独占状態が顕著になるにつれ、送り手と受け手の分離が進み、受け手は必要な情報を得たり、それによって自由な表現活動がしにくい状態になってきた。ここで表現の自由を受け手の側から再構成する必要が生じたのである。これは本来、表現するためには一定の情報を自由に獲得できなければならないのであるから、表現の自由を論ずる場合には当然といえば当然の成り行きであった。そこで受け手の側の自由を「知る権利」として捉えるようになったのである。

　この知る権利は、情報の受け手が公権力からの干渉・妨害を受けないという自由権的側面をもつとともに、積極的に公権力に対して情報を開示することを請求する権利をも意味するものとされる。それはさらに政治参加のための情報公開という側面からみれば参政権的側面をもつことになる。もっとも、この情報公開請求権は、21条1項を直接の根拠として情報公開請求ができるものではなく、法律によって具体化されていなければならないとされるのが一般的である（抽象的権利説）。

　地方公共団体においては、すでに多くの情報公開条例が制定され、国においても、1999年（平成11年）に情報公開法が制定されている。これにより情報公開請求権は具体的権利として司法的救済の対象となる。

【重要判例】兵庫県レセプト公開請求事件（最判平成13年12月18日民集55巻7号1603頁）

　兵庫県の「公文書の公開等に関する条例」に基づいて、本人および配偶者が分娩に関し産婦人科病院から兵庫県社会保険診療報酬支払基金に提出され須磨社会保険事務所に送付された診療報酬明細書（レセプト）の公開を求めた事件。

　最高裁は、当該情報公開条例8条1号が「特定の個人が識別され得る情報のうち、通常他人に知られたくないと認められるものを公開しないことができると規定しているのは、当該個人の権利利益を保護するためであることが明らかである」とし、「当該個人が自ら公開請求をしている場合には、当該個人及びこれと共同で請

求をしているその配偶者に請求に係る公文書が開示されても、当該個人の権利利益
が害されるおそれはなく、当該請求に限っては同号により非公開とすべき理由がな
いものということができる」と判示した。

　この知る権利と関連して、アクセス権が主張されている。これは、マス・メ
ディアに対して自己の意見を表明することを要求する権利を意味するものと一
般に考えられている。一方的な言論に対する対抗措置という意味では根拠があ
るといえるが、名誉毀損行為に対するものである場合を除いて、一般的には憲
法21条から直接認められるものではない。その意味で、抽象的権利であるとい
うことはできる。したがって、その行使には具体的な法律の制定を必要とすべ
きである。もっとも、マス・メディアの表現の自由との関係もあり、法的権利
性を簡単に認めてよいかどうかについては慎重論が多い。

【重要判例】サンケイ新聞意見広告事件（最判昭和62年４月24日民集41巻３号490
　　　　頁）
　　サンケイ新聞が自由民主党を広告主とする意見広告を掲載したところ、共産党が
　名誉を毀損されたとして、反論文の無料掲載を求めて争われた事件。
　　最高裁は、反論権の制度が認められると、「新聞を発行・販売する者にとって
　は、原記事が正しく、反論文は誤りであると確信している場合でも、あるいは反論
　文の内容がその編集方針によれば掲載すべきでないものであっても、その掲載を強
　制されることになり、また、そのために本来ならば他に利用できたはずの紙面を割
　かなければならなくなる等の負担を強いられるのであって、これらの負担が、批判
　的記事、ことに公的事項に関する批判的記事の掲載をちゅうちょさせ、憲法の保障
　する表現の自由を間接的に侵す危険につながるおそれも多分に存する」と判示した。

２　内　容

(1)　**報道の自由**　　表現の自由は、本来、思想や意見の表明の自由であっ
た。それでは、新聞・テレビ・ラジオ等による事実の伝達の自由としての報道
の自由は、ここにいう表現の自由の中に含まれるのであろうか。通説は、報道
には編集作業が認められるため、思想・意見と事実との区別が困難であるこ

と、また、報道による事実の伝達は国民の知る権利と深くかかわるものであり判断形成の重要な資料になることから、これを肯定的に解している。判例も、博多駅テレビフィルム提出命令事件判決（最大決昭和44年11月26日刑集23巻11号1490頁）において、事実の報道の自由は憲法21条によって保障されることを認めている。なお、放送の自由に関連して、受信契約が強制されるなら、それを拒否する場合に受信設備設置に萎縮効果が生じるのであるから、無料で受信できる民放の視聴の自由が制約され、国民の知る権利が侵害されるばかりでなく、契約自由の原則や財産権の侵害にもなり、結局は、憲法13条、21条、29条に違反するのではないかという点が争われた NHK 受信料訴訟がある。最高裁は、受信料の強制は、むしろ公共放送の性格上、その財源を受信料によって賄い、「国民の知る権利を実質的に充足し健全な民主主義の発達に寄与することを究極的な目的」を実現するためにあるのであるから、「放送法64条1項は、同法に定められた原告（NHK―筆者注）の目的にかなう適正・公平な受信料徴収のために必要な内容の受信契約の締結を強制する旨を定めたものとして、憲法13条、21条、29条に違反するものではないというべきである。」としている（最大判平成29年12月6日民集71巻10号1817頁）。

　報道の自由との関係で取材の自由が問題となる。報道には取材が不可欠であり、取材の自由が保障されなければ報道の自由もないのであるから、取材の自由は当然、憲法21条1項によって保障される。これが通説である。しかし、判例は、博多駅テレビフィルム提出命令事件判決において、「報道機関の報道が正しい内容をもつためには、報道の自由とともに、報道のための取材の自由も、憲法21条の精神に照らし、十分尊重に値するものといわなければならない」と判示した。すなわち、憲法21条から直接保障されるものではないが、尊重されるべきであるというのである。消極的肯定という他ないであろう。

　この取材の自由が認められるためには、取材源が守られなければならない。取材源が容易に開示されてしまうと、情報提供者との信頼関係によって成り立つ情報提供が得にくくなり、結局、取材の自由が侵害されかねない。そこでこの取材源の秘匿が憲法的保障を受けるかどうかが問題となる。これは狭義の取材源秘匿権の問題であり、学説は肯定説と否定説に分かれているが、取材の自

由の保障を実効性のあるものにするためには肯定説が妥当であろう。しかし、判例は、石井記者事件判決（最大判昭和27年8月6日刑集6巻8号974頁）において、刑事事件における新聞記者の証言拒絶権（取材源秘匿権）は憲法上保障されていないとしている。一方、民事事件においては、NHK記者証言拒否事件判決（最決平成18年10月3日民集60巻8号2647頁）が、民事訴訟法197条1項3号に基づいて、取材源に関する証言を拒否できるかどうかについて、公正な裁判のための必要性が高い場合を除いて、原則として取材源に関する証言を拒絶できるとした。これに対して、広義の取材源秘匿権、すなわち取材によって得られた情報の開示を強要されない権利については、博多駅テレビフィルム提出命令事件判決が、一定の制約を受けてもやむをえないものであることを認めている。

【重要判例】博多駅テレビフィルム提出命令事件（最大決昭和44年11月26日刑集23巻11号1490頁）

　福岡地裁が、付審判請求審理に際して、テレビ局にニュースのフィルムを証拠として提出するよう命じたが、その命令が報道の自由を侵害するのではないかと争われた事件。

　最高裁は、取材の自由も十分尊重に値するとした上で、しかし公正な裁判のためにはある程度の制約を受けるとし、報道機関の蒙る不利益は「将来の取材の自由が妨げられるおそれがあるというにとどまる」として、本件提出命令は報道の自由・取材の自由を侵害するものではないとした。しかしながら、この比較衡量そのものに問題はないとしても、比較対象である取材の自由に対する価値の評価があまりにも低すぎることに対しては批判も多い。

　取材ビデオテープを裁判所ではなく捜査機関が押収する場合についても、最高裁は、検察による押収については日本テレビビデオテープ押収事件（最決平成元年1月30日刑集43巻1号19頁）において、警察による押収についてはTBSビデオテープ押収事件（最決平成2年7月9日刑集44巻5号421頁）において、博多駅テレビフィルム提出命令事件判決と同様の判断の枠組みを採用し、適正迅速な捜査の遂行の必要性のためには取材の自由が制約を受けることを認めている。

【重要判例】TBS ビデオテープ押収事件（最決平成 2 年 7 月 9 日刑集44巻 5 号421
頁）

警察が暴力団組員の犯罪の証拠となるテレビ番組のビデオテープを押収した事件。
最高裁は、本件のビデオテープが軽視できない事件にかかわるもので、犯罪の成
否にかかわる重要な価値をもち、取材協力者が放映を了承し、その協力の上で犯行
現場を撮影したものであるから、差押えは受忍すべきであるとした。

　もっとも、これらの取材の自由の制約は、裁判所による場合と捜査機関が行
う場合とでは、捜査能力の違いを考えれば事情が異なり、安易に両者を同視す
ることは問題であろう。

　なお、法廷における取材の自由について、北海タイムス事件決定（最大決昭
和33年 2 月17日刑集12巻 2 号253頁）が、法廷の写真撮影について許可を要求して
いる刑事訴訟法規則215条の規定は、「公判廷における審判の秩序を乱し被告人
その他訴訟関係人の正当な利益」のためには必要であり、違憲とはいえないと
したが（平成 3 年より一部撮影が可能となった）、一方、レペタ事件判決（最大判平
成元年 3 月 8 日民集43巻 2 号89頁）は、法廷でメモを取ることについて、82条 1
項が権利として保障しているわけではないが、21条 1 項の規定の精神に照らし
て尊重されるべきであるとし、ただ公正かつ円滑な訴訟の運営のために制約が
加えられる場合があるとはいえ、メモ採取行為が訴訟の運営を妨げることは通
常ありえないので、傍聴人の自由に任せるべきであると判示している。

　国家秘密については、公務員の守秘義務と取材の自由との関係が問題とな
る。報道・取材の自由は、国民の知る権利や民主主義を背景にして、権力への
監視を行うという意味をもつものとすれば、政府情報の取材行為は重要な意味
をもつといえるが、国家公務員法は公務員の守秘義務を規定し、秘密を漏らす
ことをそそのかした行為を処罰の対象としているのである。この点について、
外務省秘密漏洩事件決定（最決昭和53年 5 月31日刑集32巻 3 号457頁）は、取材が
真に報道の目的であり、手段方法に社会的相当性が認められれば、正当な業務
であるとしているが、その判断基準については明確なものとはいえないとの批
判もある。この点について、2013年（平成25年）の特定秘密保護法は、特定秘

密の漏えいについて共謀・教唆・煽動を処罰する一方で、その22条2項におい
て、「出版又は報道の業務に従事する者の取材行為については、専ら公益を図
る目的を有し、かつ、法令違反又は著しく不当な方法によるものと認められな
い限りは、これを正当な業務による行為とするものとする」としている。

【重要判例】外務省秘密漏洩事件（最決昭和53年5月31日刑集32巻3号457頁）

　毎日新聞記者が、外務省の女性事務官から、沖縄返還協定に関する極秘電文を入
手し、社会党議員に流したことにより、国家公務員法111条の秘密漏示そそのかし
罪に問われた事件。

　最高裁は、本件電文が実質的に秘密として保護に値するとした上、報道の自由は
憲法21条の精神に照らして十分尊重に値するとし、国政に対する取材行為は公務員
の守秘義務と対立拮抗するものであるから、その行為が誘導・唆誘的性質を伴うか
らといって、それが直ちにそそのかし罪にあたるということはできないとした。そ
して、「真に報道の目的からでたものであり、その手段・方法が法秩序全体の精神
に照らし相当なものとして社会観念上是認されるものである限りは、実質的に違法
性を欠き正当な業務行為といえる」と判示した後、本件の記者の行為は女性事務官
と肉体関係を結び、情報を漏示せざるをえないような状況に追い込み、情報を得た
後は、同女を全く顧みなくなったというものであり、「個人としての人格の尊厳を
著しく蹂躙したもの」であるから、正当な取材活動の範囲を逸脱していると結論付
けた。

---

(2)　**性表現・名誉毀損的表現**　　性表現については刑法175条が、名誉毀損的
表現については刑法230条が、それぞれ犯罪構成要件に該当するものとされて
いる。そこで、これらの表現が憲法的保障を受けるのかどうかが問題となる。
それぞれ法益侵害の性質・程度と表現の自由との調整が問題となるが、基本的
には一定範囲において表現の自由が保障されるとするのが一般である。

　そこで、まず性表現についてであるが、確かに刑法175条は一般的にわいせ
つ文書等の頒布・販売等を禁止・処罰しているので、その規制が広汎にすぎる
とはいえる。しかし、問題はわいせつ性の定義如何であるともいえ、限定解釈
した上で、表現の自由の保障の範囲を広くとらえれば刑法175条は違憲とはい
えないとする見解がある。これに対して、そのように広く憲法的保障をするの

であれば、むしろ刑法175条が一般的にわいせつ文書の頒布・販売を禁止していることに問題があり、見たくない自由や青少年の保護が保障されればよいという見解もある。判例は、チャタレイ事件判決（最大判昭和32年3月13日刑集11巻3号997頁）において、かなり広いわいせつ性の定義をした上で、芸術性とわいせつ性は両立可能であり、芸術だからという理由でわいせつ性を否定できないとしたのであるが、その後の「悪徳の栄え」事件判決（最大判昭和44年10月15日刑集23巻10号1239頁）や「四畳半襖の下張」事件判決（最判昭和55年11月28日刑集34巻6号433頁）においては、わいせつ性は文書全体との関係において判断されねばならないことが示されている。したがって、その文書の芸術性や思想性を考慮した相対的なわいせつ概念が肯定されているとも考えられる。

【重要判例】チャタレイ事件（最大判昭和32年3月13日刑集11巻3号997頁）

　D. H. ロレンスの「チャタレイ夫人の恋人」を翻訳した翻訳者と、その中に露骨な性表現があることを知りつつ出版した出版社社長が、刑法175条のわいせつ文書頒布販売罪に該当するとされ起訴された事件。

　最高裁は、徒らに性欲を興奮又は刺激せしめ、且つ普通人の正常な性的羞恥心を害し、善良な性的道義観念に反するものをいう、という従来のわいせつ性の判断基準を踏襲し、「芸術面においてすぐれた作品であっても、これと次元を異にする道徳的、法的面において猥褻性をもっているものと評価されることは不可能ではない」と判示した。

　名誉は憲法13条の人格権の1つとして保障されるものであるが、さらに、刑法における名誉毀損罪と民法の不法行為の規定により保護されている。そこで憲法21条の表現の自由との調整が問題となる。この点については刑法230条の2第1項が「公共の利害に関する事実に係り、かつ、その目的が専ら公益を図ることにあったと認める場合には、事実の真否を判断し、真実であることの証明があったときは、これを罰しない」として、具体的な調整原理を示している。さらに、この条文は民法上の不法行為としての名誉毀損についても妥当するとされている。この調整がどのような方向性をもつのかについては、判例は、「月刊ペン」事件判決（最判昭和56年4月16日刑集35巻3号84頁）において、

「公共の利害に関する事実」の意味を広げ、「私人の私生活上の行状であって
も、そのたずさわる社会的活動の性質及びこれを通じて社会に及ぼす影響力の
程度などのいかんによっては、その社会的活動に対する批判ないし評価の一資
料として、刑法230条ノ2第1項にいう『公共ノ利害ニ関スル事実』にあたる
場合がある」としている。また、「夕刊和歌山時事」事件判決（最大判昭和44年
6月25日刑集23巻7号975頁）においては、真実証明について、証明が欠ける場合
であってもその誤信について確実な資料・根拠によって相当な理由があると判
断される場合には、名誉毀損罪は成立しないとしている。こうして判例ではそ
の調整は表現の自由を保障する方向を示唆していると思われる。

　なお、プライバシーと表現の自由との調整も、名誉との関係と同様のことが
妥当すると一般に言われている。プライバシー侵害の要件については「宴のあ
と」事件判決（東京地判昭和39年9月28日下民集15巻9号2317頁）が、「私生活上の
事実または私生活上の事実らしく受け取られるおそれのあることがらであるこ
と」「一般人の感受性を基準にして当該私人の立場に立った場合公開を欲しな
いであろうと認められることがらであること」「一般の人々に未だ知られてい
ないことがらであることを必要とし、このような公開によって当該私人が実際
に不快、不安の念を覚えたこと」の3つの要件を示しており、これが参考にな
るであろう。

　最近、ヘイトスピーチの問題がマスコミ等でとりあげられるようになってい
るが、これは人種、宗教、民族、性的指向、性別などに基づく憎悪を表す表現
行為とされる。人間の尊厳を害する側面を考えればその規制は当然ともいえる
が、一方で思想表現の側面があるとするなら、ヘイトスピーチ自体の定義をさ
らに具体的にかつ明確にしておく必要はある。なお、学説上は表現の自由との
関係からヘイトスピーチ規制を消極に考える見解が強いといえるが、裁判所
は、業務妨害や名誉毀損なども考慮して、不法行為に基づく損害賠償を認め
（最決平成26年12月9日判例集未登載）、さらに2015年制定の大阪市ヘイトスピー
チ条例の合憲性を争った、大阪地判令和2年1月17日裁判所Web（平成29（行
ウ）161）でも表現の自由の保障に対する一定の配慮を理由に表現の自由の制約
を合憲としている。法令では、2016年（平成28年）に、ヘイトスピーチ解消法

（本邦外出身者に対する不当な差別的言動の解消に向けた取組の推進に関する法律）が制定されているが、これは特に規制を行うものではないところ、地方自治体で条例により規制を行うところが増えているといってよい。大阪市ヘイトスピーチ条例では、審査会の意見聴取の後、拡散防止措置と氏名等の公表を行うことになっているが、罰則はない。一方、2019年制定の川崎市条例では、初めて罰則を規定している。その他、2005年香川県観音寺市公園条例（2017年改正）は、行政罰である5万円以下の過料を科すこととしている。

　(3)　**犯罪煽動表現**　　破壊活動防止法4条2項によれば、煽動とは「特定の行為を実行させる目的をもつて、文書若しくは図画又は言動により、人に対し、その行為を実行する決意を生ぜしめ又は既に生じている決意を助長させるような勢のある刺激を与えること」と定義されている。このような煽動は、特定の犯罪が成立することを要件としておらず、抽象的な危険のみによって処罰するものであるから、その構成要件は定義規定だけで明確になるとはいえず、表現の自由との関係でも厳しい対立が存在する。現在、煽動罪は、破壊活動防止法のほか、国税犯則取締法、地方税法にも規定があるが、判例は破壊活動防止法に関する渋谷暴動事件判決（最判平成2年9月28日刑集44巻6号463頁）において、「せん動は、公共の安全を脅かす現住建造物等放火罪、騒擾罪等の重大犯罪をひき起こす可能性のある社会的に危険な行為であるから、公共の福祉に反し、表現の自由の保護を受けるに値しないものとして、制限を受けるのはやむを得ない」と判示した。しかし、これに対しては表現の自由の重要性を等閑視するものであり、その合憲性を審査する基準としては、明白かつ現在の危険の基準や、ブランデンバーグ・テスト（当該言葉の煽動性の程度が高く、害悪の現実的発生可能性があり、それが切迫していること）が採用されるべきであるとの見解がある。なお、2017年には組織犯罪処罰法（組織的な犯罪の処罰及び犯罪収益の規制等に関する法律）が改正され、組織的犯罪集団の団体の活動として、一定の犯罪を2人以上で計画した者で、そのいずれかにより準備行為が行われた場合に処罰されることになったが（6条の2）、これが実質的な共謀罪の規定であると批判されている。表現の自由など人権侵害にならない運用が期待される。

　(4)　**営利的言論の自由**　　これは商業広告のようなものを指し、従来は経済的

自由の問題と考えられていたが、消費者にとってはそのような営利的言論で
あっても情報としては必要なものであることから、表現の自由の問題として保
護の対象と考えられるようになった。ただ、そのようなとらえ方をする場合で
も、営利的言論には表現の自由に属するものと経済的自由に属するものとを認
める説、両者の性格を併せ持つものであるとする説、両者の区別は困難であり
消費者の知る権利の観点から表現の自由の保障とする説が考えられる。いずれ
の説をとるにしても、営利的言論の保障をどの程度のものとして考えるのかが
重要である。一定の営利的言論を画一的に経済的自由として低い保障しか認め
ないのは表現の自由の価値を不当に低くみることにつながり妥当ではない。表
現の自由は自己統治の価値、つまり政治的意志決定にかかわるものに限定され
るものではない。しかしながら、商業広告に対して消費者保護の観点から一定
の規制を加えることは許されるべきであり、その意味では合憲判断には中間的
な固有の基準が考えられるべきであるとの見解もある。

　(5)　**放送の自由とインターネット**　　放送法4条は、放送番組の編集にあたっ
ては、「1. 公安及び善良な風俗を害しないこと。2. 政治的に公平であるこ
と。3. 報道は事実をまげないですること。4. 意見が対立している問題につ
いては、できるだけ多くの角度から論点を明らかにすること。」と規定してい
る。これらの規制は、電波資源が有限であることから一定の条件の下で放送事
業を行わせることに合理性があること、放送というものの特性から他のメディ
アとは異なる強い影響力があること、放送は新聞等のメディアと異なり一定の
時間帯を専有するものであることから、自由競争に委ねると視聴率の関係から
通俗的なものへと画一化される内容になりがちであること、などを理由とされ
てきた。しかし、近年になって、電波の有限性はある程度緩和されているし、
新しい放送メディアの出現もあり、これらの規制の根拠は薄れてきているとい
えるが、放送法の規制は単なる倫理規制であることから、違憲とまではいえな
いという見解も有力である。

　近年におけるインターネットの発展は新たな表現の自由に関する問題を生じ
させている。すなわち、従来のマス・メディアでは情報の独占という事態があ
るために、かえって情報の発信者がそれなりの倫理的自制の下で行動してきた

ともいえるが、インターネットによりいわば情報民主主義ともいえるような素人による情報の発受信が匿名性を前提にして行われるようになると、たとえばこれまでにはないような名誉毀損的表現やわいせつ情報の発信が行われ新たな規制の問題を生じるのである。また、プロバイダーの責任についても、特別の配慮の必要性が生じた。2001年（平成13年）に制定された、いわゆる「プロバイダー責任法」は、情報流通により名誉毀損等の権利侵害が生じた場合におけるプロバイダーの損害賠償責任を一定の範囲に制限し、またその場合に発信者の情報の開示が可能となるようにしている。

3　限　　界

(1)　**二重の基準**　　表現の自由をはじめとして精神的自由は経済的自由に対して優越的地位にあることはすでに述べた。これにより、経済的自由の規制についての合理性の基準は表現の自由についてはあてはまらず、表現の自由の違憲審査基準は二重の基準論により厳格な審査基準によることになる。すなわち表現の自由の規制には違憲性の推定がなされることになる。この厳格な審査基準については、表現の種類などにより諸種の基準が認められている。つまり、事前抑制禁止の理論、明確性の原則、明白かつ現在の危険の基準、より制限的でない他の選びうる手段の基準などである。これらについて以下に説明を加えていく。なお、表現の自由の規制について、表現内容規制（表現の内容に関する規制）と表現内容中立規制（表現の時・場所・方法等の規制）とが区別され、後者について緩やかな違憲審査基準を採用すべきであるという見解もあるが、両者の区別はそれほど明確ではなく、表現の自由の侵害はいずれの規制によっても同様に生じうることを考慮すれば、いずれも厳格な基準を採用すべきである。ただ、その厳格な基準の態様に差異は当然生じうるものではある。

(2)　**事前抑制禁止の理論**　　事前抑制は表現の自由を規制する必要が認められる場合でも原則として許されない。それは、思想の自由市場の立場から、行政の勝手な判断の下で事前抑制が行われれば、その思想が真に抑制されるべきものであるかどうかは不明のままになってしまうし、事前抑制は一定の表現を包括的に禁止することになりやすいということを理由とする。ただ、「北方

ジャーナル」事件判決（最大判昭和61年6月11日民集40巻4号872頁）において
は、被害者の回復不可能な損害等を条件として例外的に許されることを認めて
いる。

【重要判例】「北方ジャーナル」事件（最大判昭和61年6月11日民集40巻4号872頁）
　北海道知事選に立候補を予定していた者を誹謗中傷する記事の掲載を予定してい
た雑誌「北方ジャーナル」が発行差止めの仮処分を受けた事件で、原告は本件仮処
分が表現の自由を侵害するとして損害賠償を請求したものである。
　最高裁は、本件仮処分は司法裁判所によるものであるから検閲ではないとし、
「事前差止めは、原則として許されない」が、「その表現が真実でなく、又はそれが
専ら公益を図る目的のものでないことが明白であって、かつ、被害者が重大にして
著しく回復困難な損害を被る虞があるときは、有効適切な救済方法としての差止め
の必要性も肯定されるから、かかる実体的要件を具備するときに限って、例外的に
事前差止めが許される」と判示した。

　この判例でも問題とされた検閲との関係であるが、憲法21条2項前段が「検
閲は、これをしてはならない」と定めており、これと事前抑制の禁止との関係
が問題となる。税関検査事件判決（最大判昭和59年12月12日民集38巻12号1308頁）
は、検閲の意味について、「行政権が主体となって、思想内容等の表現物を対
象とし、その全部又は一部の発表の禁止を目的として、対象とされる一定の表
現物につき網羅的一般的に、発表前にその内容を審査した上、不適当と認める
ものの発表を禁止することを、その特質として備えるものを指す」としてい
る。この定義では検閲の意味が狭すぎるという学説上の批判もあるが、これに
あてはまらないものが事前抑制禁止の問題として憲法21条1項で合憲性が審査
されることになる。なお、事前抑制的側面を有するにすぎないもの、つまり発
表そのものの禁止をするものではない規制については、判例はこれを例外とし
て許す方向にあるといえる。教科書検定の合憲性についての判断にそれがみら
れるが（教科書裁判第1次訴訟上告審判決〔最判平成5年3月16日民集47巻5号3483
頁〕）、これについては学習権・教育権との関係も問題である。
　(3)　明確性の原則　　これは本来刑法上の大原則である罪刑法定主義の派生

原則であり、法規が不明確であれば何が犯罪として規定されているのか分からないのであるから、国民の自由保障機能を損ない、したがって国家刑罰権の濫用も許すことになるという理由から主張される。何らかの表現行為をしようとするものが、法規が不明確であれば自己の行為がどこまで許されているのかを知ることができないのであるから、その表現行為を差し控えようとするのは当然であり、その意味で不明確な法規は表現行為の萎縮的効果を生んでしまう。そこで、法規の文言が不明確な場合には、その法規自体が「文面上無効」となる。これが「漠然性のゆえに無効」の理論である。一方、別の角度から明確性が問題となる場合もある。すなわち、法規自体は明確なものであったとしても、その規制範囲が本来の範囲をはるかに超えてしまっている場合がある。このような場合にもその法規は無効となる。これを「過度の広汎性のゆえに無効」の理論という。明確性の原則については徳島市公安条例事件判決（最大判昭和50年 9 月10日刑集29巻 8 号489頁）が、明確であるか否かの判断基準を示してはいるが、結論的にはかなり広い範囲で合憲判断をしている。

【重要判例】徳島市公安条例事件（最大判昭和50年 9 月10日刑集29巻 8 号489頁）

　徳島市公安条例 3 条 3 号は、集団行進等を行おうとする者が、集団行進等の秩序を保ち、公共の安寧を保持するために守らなければならない事項の一つとして、「交通秩序を維持すること」を掲げているが、被告人はこれに反し蛇行進をしたりそれを煽動したりした事件。
　被告人は本件条例の規定が不明確であるとしたが、最高裁は、明確かどうかの判断基準として、「通常の判断能力を有する一般人の理解において、具体的場合に当該行為がその適用を受けるものかどうかの判断を可能ならしめるような基準が読みとれるかどうか」であるとして、本件事案においては一般人であれば、「だ行進、うず巻行進、すわり込み、通路一杯を占拠するいわゆるフランスデモ等の行為が、秩序正しく平穏な集団行進等に随伴する交通秩序阻害の程度を超えて、殊更な交通秩序の阻害をもたらすような行為にあたるものと容易に想到することができる」とした。

⑷　明白かつ現在の危険の基準　　表現行為が他人の権利や利益を害する場合には、当然規制されうるのであるが、単なるおそれ程度のもので規制がなされ

れば、かえって表現の自由が侵害される事態が生じる。そこで、実質的で重大な害悪を惹起させる蓋然性が明白で、しかもその害悪惹起が切迫しており、害悪回避のために当該規制が必要不可欠である場合にのみ、表現行為を規制することができるとする基準が提示された。これが明白かつ現在の危険（clear and present danger）の基準である。これはアメリカの判例理論の中で発展してきた基準であり、ホームズ判事によって説かれ、現在ではブランデンバーグ原則（明白かつ現在の危険の基準が表現行為の結果に着目するのに対して、この原則はそれに加えて表現内容そのものにも目を向けようとする）として確立されている。しかし、この違憲審査基準は極めて厳格な基準であるため、直接的に表現内容を規制するような煽動罪等に限定して用いられるべきであるとの見解もある。

　(5)　**より制限的でない他の選びうる手段の基準**　　表現行動を規制する法規があった場合、その立法目的は正当なものであったとしても、その手段において、制限的でない他の手段が存在するかどうかを審査し、それがある場合にはその法規自体を違憲とするものである。LRA（less restrictive alternative）の基準と略称されることも多い。これは立法目的とそれを達成する手段との関連を問題にするわけであるから、表現内容中立規制、つまり表現の時・所・方法の規制の合憲性を判断する際に用いられることになる。判例では、猿払事件第1審判決（旭川地判昭和43年3月25日下刑集10巻3号293頁）がLRAの基準を採用したが、その最高裁判決（最大判昭和49年11月6日刑集28巻9号393頁）は、立法目的と規制手段との間に合理的関連性があれば足りるとした。しかし、この合理的関連性の基準を採用すると、立法目的と規制手段が何らかの意味でつながっていればよいとすることになりやすく、結果として目的を逸脱した規制を認めることになりかねない。学説上も批判がなされている。そこで最高裁は公務員の政治活動の自由が問題となった堀越事件（最判平成24年12月7日刑集66巻12号1337頁）において、国公法上、禁止の対象とされるものは、公務員の職務の遂行の政治的中立性を損なうおそれが実質的に認められるものに限られるとし、合理的関連性だけでなく必要性も問題として憲法判断をしようとした。これは猿払事件判決を実質的に変更したものではないかと思われる。

4　集会結社・通信の秘密

(1)　**集会・結社の自由**　　集会・結社の自由は、言論・出版の自由と同じく憲法21条1項によって保障されている。これは集団的意思形成とその表明である点をとらえれば、まさに表現の自由そのものの問題であるからである。しかし、集会・結社の自由は集団的行動の自由である点で、言論・出版の自由とは異なり、また一定の社会的活動を伴うため他者の人権にも影響を及ぼすので、一定の制約を受けることになる。もっとも、言論・出版の自由と同様に、民主主義の根幹を支える重要な人権の1つであるから、その制約は慎重なものでなければならないのは当然である。成田新法事件判決（最大判平成4年7月1日民集46巻5号437頁）でもこの点は確認されている。

　集会とは、多数人が様々な共同の目的をもって一時的に一定の場所に集まることを意味する。集団行進等の集団行動も「動く集会」として集会と考えることができる。結社とは特定多数人による継続的な団体形成である点で異なる。集会の自由は、その集会に関して公権力が強制を加えたり干渉したりすることを禁ずる他、道路、公園、公会堂のような公共の場所の利用を要求する権利を含んでいる。場所的提供がなければそもそも集会が不可能であるから、これは当然である。この表現行動のための公共の場所利用の権利は、他者の権利・利益を侵害することになっても許されるべきであるとするパブリック・フォーラム論が主張されている。表現の自由の価値の尊重という側面からは肯定的にとらえられるが、パブリック・フォーラムという範疇的な思考方法をとると、それに形式的にあてはまらないことを理由に表現の自由の制約が安易になされる弊害もあることを確認しておくべきである。

　集会の自由の規制については、まず公共施設の利用制限が問題となる。公共施設の利用には管理権者の許可が必要であるが、地方自治法244条2項は、普通地方公共団体は、「正当な理由がない限り、住民が公の施設を利用することを拒んではならない」とし、同3項で「住民が公の施設を利用することについて、不当な差別的取扱いをしてはならない」と規定して、集会の自由を尊重すべきことを命じている。判例においても、皇居前広場事件判決（最大判昭和28年12月23日民集7巻13号1561頁）は、皇居外苑の利用の許否は、「管理権者の単な

る自由裁量に属するものではな」く、「適正にその管理権を行使すべきであ
り、若しその行使を誤り、国民の利用を妨げるにおいては、違法たるを免れな
い」と判示し、また泉佐野市民会館事件判決（最判平成7年3月7日民集49巻3
号687頁）も、市立泉佐野市民会館条例が「公の秩序をみだすおそれがある場
合」に市民会館の使用を許可しないとされていることについて、「本件会館に
おける集会の自由を保障することの重要性よりも、本件会館で集会が開かれる
ことによって、人の生命、身体又は財産が侵害され、公共の安全が損なわれる
危険を回避し、防止することの必要性が優越する場合をいうものと限定して解
すべきであり、その危険性の程度としては、」「単に危険な事態を生ずる蓋然性
があるというだけでは足りず、明らかな差し迫った危険の発生が具体的に予見
されることが必要であると解するのが相当である」として、利益衡量による限
定解釈をしようと試みている。

　集会の自由のうち集団行動が問題となる場合には、それが一定の行動を伴う
ものであるから、他の者の権利・利益との競合が生じ、その調整が必要とな
る。ここでは公安条例による規制が問題となる。道路や公園等における集団行
動を行うにあたり許可制を採る条例の合憲性の問題が生じるのである。許可制
は当該行為を一般的に禁止するものであるから、その合憲性には疑いが生じ
る。新潟県公安条例事件判決（最大判昭和29年11月24日刑集8巻11号1866頁）は、
一般的な許可制による事前抑制は許されないが、その規制について合理的で明
確な基準をもち、さらに公共の安全に対して切迫した危険のある場合に規制で
きるとした。しかし、東京都公安条例事件判決（最大判昭和35年7月20日刑集14
巻9号1243頁）は、デモ行進が一瞬にして暴徒化するという「集団暴徒化論」
を打ち出し、必要最小限度の事前抑制はやむをえないとして、許可制の合憲性
を安易に容認した。しかしこれに対しては学説上の強い批判が提示されている。

　結社の自由については、その保障の対象範囲の問題がある。通説は、政治的
なものだけでなく、経済的・宗教的・学問的・芸術的などすべての結社を含む
ものとする。しかし、これに対しては経済的なものについては精神的自由の問
題とは言い難いとの見解もある。保障の意味については、特定団体に加入しな
い自由（消極的結社の自由）が認められるが、たとえば弁護士会への加入は強制

であるから、結社の自由の侵害の問題が生じる。しかし、その職業の専門性・公共性を維持し、合理的目的と活動が保障される限りは強制加入も許されると考えられている。この結社の自由が保障されるといっても、たとえば犯罪目的の結社が禁止されるのは当然である。ただ、破壊活動防止法のような、「暴力主義的破壊活動を行う明らかなおそれ」によって、裁判所ではなく、行政機関が解散指定ができることについては批判が強い。

　(2)　**通信の秘密**　　憲法21条2項後段は「通信の秘密は、これを侵してはならない」として、通信の秘密を保障している。通信は情報の相互的交換であり、表現活動であるから、表現の自由の保障として、公権力がそれに介入することは禁止される。それは公権力の介入によって表現活動に萎縮効果が生じるからであるし、また最近ではプライバシー権との関係でもとらえられている。通信の秘密の保障の内容としては、情報調査を行うことを禁止する積極的知得行為の禁止の側面と、職務上知り得た通信内容を漏らすことを禁止する漏洩行為の禁止の側面が認められている。もっとも、通信の秘密も絶対的なものではなく、一定の理由により法律上制約がなされる。刑事訴訟法100条の郵便物の押収や通信傍受法などがそれである。

第7章　経済的自由

第1節　職業選択の自由

1　意　義

　憲法22条1項は「何人も、公共の福祉に反しない限り、……職業選択の自由を有する」としている。では、ここでいう「職業」とは何を意味するのか。一般には、生計を維持するための仕事と理解されている。したがって、生計を維持するためのものでないのなら職業ではない。同時代的にみれば、同じ仕事でも人によって職業とされたりされなかったりするのであるが、時間軸によって考察すれば、時代により当該仕事が職業であったりなかったりする。つまり、それによって生計を維持できるかどうかが判断基準となるのである（そうであるなら正規社員かアルバイト・パートかということで区別されるものでもない）。また、職業は、単なる経済的性格を有するものではなく、個人の人格的自律・発展とも大きなかかわりをもつものとして考えられるべきである。前近代的な封建社会においては、個人が全体から解放されていなかったと同時に個人の職業選択の自由も制約されていたのである。この解放を実現し、それと共に自由な職業選択を行い、社会に組み込まれていく事実が、結局、資本主義の発展にとっても重要な要素となったといえる。

　職業選択の自由とは、自己の従事する職業を決定する自由のみならず、自己の選択した職業を遂行する自由をいう。自己の職業を選択できたとしても、それを遂行できなければ無意味であることは明白であるから、後者をも職業選択の自由として考慮することになる。問題は職業を遂行する自由の中に、営利を目的とする主体的な活動の自由、すなわち営業の自由を含めるかどうかである。この営業の自由を経済史学の見地から人権として構成すべきではないとする見解がある。すなわち、営業の自由は社会的な独占を排除することを公序と

して形成されてきたもので、他の人権とは性質を異にしており、またこの営業の自由が人権として認められてしまうと、大企業の独占を排除できなくなる、とするのである。しかし、営業の自由がそのような内在的な規制の契機を含んでいたとしても、それを人権として構成することができないわけではない。憲法22条 1 項は、営利目的での活動を禁止するものではないのである。通説のように、営業の自由を憲法22条 1 項に含めて考えることに合理性があるといえる。もっとも、営業の自由の憲法的根拠としては、営業の自由を営業する自由（開業の自由、営業の維持・存続の自由、廃業の自由）と営業活動の自由（売買の詳細の決定、仕入れ、営業時間などの自由）に 2 分し、前者の自由のみを22条 1 項が保障しており、後者は29条に根拠づけられるとする見解もある。この見解は、規制のあり方について有益な示唆を与えるものであるが（営業活動について厳格な規制を可能にすることになる）、通説をとっても同様の結論が導かれるとの見解もある。

2　職業選択の自由の限界

　職業選択の自由は、たとえば自分の好きな企業に自由に入社できるというような権利を保障するものでないことは当然である。ただ、自己の職業選択・遂行に関して、公権力の規制を受けることはないということを意味するにすぎない。しかしながら、職業活動については、現実に多くの規制が存在する。いわゆる二重の基準論によって、経済的自由は精神的自由よりも強度の規制を受ける。憲法21条 1 項が特に「公共の福祉に反しない限り」という留保を付けていることは、すでに規制の存在を示唆するものである。それではその根拠とは何か。一般に、職業というのは社会的相互関連性が大きく、制限のない職業活動が社会の混乱を招くといわれる。また、一定の国家理念の実現のためには、政策的な配慮が必要な場合もある。これらの根拠により規制が行われているのであるが、その規制にも内容に応じていくつかの類型が存在する。すなわち、①届出制（理容・美容業、クリーニング業など）、②許可制（薬局、飲食店、貸金業など）、③資格制（医師、弁護士、公認会計士など）、④特許制（電気、ガス、鉄道など）である。もちろん、これらは相対的なものであるから、限界が不明確なも

のもある。

　これらの規制は、その目的によって、消極目的規制と積極目的規制に区別される。前者は、市民の生命と安全や健康に対する危険を防止するために行われる規制を意味する。許可制がその典型であるとされる。この規制にはいわゆる警察比例の原則が妥当し、社会的障害の程度に応じて規制が行われるべきであり、規制はその目的を達成するための必要最小限のものでなければならないとされる。一方、積極目的規制は、現代的な福祉国家理念に基づいて、社会的経済的弱者救済のために課される経済政策的規制であるといわれる。この規制には上の④の特許制や、大型スーパーから小さな小売店を守るための出店規制などが例として挙げられる。

　職業選択の自由に対する規制の合憲性を判断する基準は、上述の二重の基準論により、精神的自由に対するよりも緩和された基準が採用されることになる。一般には、その基準として、合理性の基準が用いられる。すなわち、立法府の判断を一応合理的なものとして認め、その立法目的・手段について一般人の立場から合理性判断を行うものである。そして、判例・学説は、この合理性の基準をさらに上述の規制目的に応じて2つに分ける。消極目的規制については、その規制目的が必要かつ合理的なものであり、目的達成手段もより緩やかな手段によって達成可能かどうかを審査する（厳格な合理性の基準）。他方、積極的目的規制については、規制が著しく不合理であることが明白である場合に限って違憲となるとされる（明白性の原則）。もちろん、積極的目的規制の場合の方が合憲判断の範囲が広くなるのであるが、それは政策的判断に対する審査であることや、経済的弱者救済という目的から立法府の裁量が広く認められるべきであるという理由による。

　このような合憲性判断の基準は、判例においては、最高裁の小売市場距離制限事件判決と薬局距離制限事件判決において確立されることになった。

【重要判例】小売市場距離制限事件（最大判昭和47年11月22日刑集26巻9号586頁）
　被告人は、小売商業調整特別措置法3条によって、小売市場開設許可にあたり一定の距離制限を課しているにもかかわらず、大阪府知事の許可を受けないで、48名

の小売商にその所有する建物を貸し付けたとして起訴された。被告人は本件距離制限が憲法22条 1 項に反しているとして、最高裁まで争った事件である。

　　最高裁は、経済活動規制に関して、消極目的規制と積極目的規制があることを明らかにした上で、後者に関して、その目的達成のために必要かつ合理的な範囲にとどまる限り許されるべきであるとした。「ただ、立法府がその裁量権を逸脱し、当該法的規制措置が著しく不合理であることの明白である場合に限って、これを違憲として、その効力を否定することができる」とした上で、本件は、「小売市場の乱設に伴う小売商相互間の過当競争によって招来されるであろう小売商の共倒れから小売商を保護するためにとられた措置であり」「その目的において、一応の合理性を認めることができないわけではなく、また、その規制の手段・態様においても、それが著しく不合理であることが明白であるとは認められない」と判示した。

【重要判例】薬局距離制限事件（最大判昭和50年 4 月30日民集29巻 4 号572頁）

　　薬局の開設に関して距離制限を設けている旧薬事法 6 条 2 項および県条例が憲法22条に違反するかが争われた事件である。

　　最高裁は、薬局の「適正配置規制は、主として国民の生命及び健康に対する危険の防止という消極的、警察的目的のための規制措置」であることを認め、その合憲性判断については、「重要な公共の利益のために必要かつ合理的な措置であること」、および「許可制に比べて職業の自由に対するよりゆるやかな制限である職業活動の内容及び態様に対する規制によっては右の目的を十分に達成することができないと認められること」が必要であるとした。そして、本件距離制限については、距離制限と不良医薬品の供給との因果関係も不明確で、目的達成のための必要かつ合理的な規制ではなく、憲法22条 1 項に反するとした。

　もっとも、このような規制目的はそれ自体相対的なものであり、たとえば、一連の公衆浴場距離制限事件判決では、当初、最高裁（最大判昭和30年 1 月26日刑集 9 巻 1 号89頁）は、消極目的規制とみていたが、その後の最高裁判例（最判平成元年 1 月20日刑集43巻 1 号 1 頁、最判平成元年 3 月 7 日判時1308号111頁）では、少なくとも消極目的規制のみで理解してはいない。また、酒類販売業免許制事件判決（最判平成 4 年12月15日民集46巻 9 号2829頁）でも、酒類販売業免許制について、「酒税の確実な徴収とその税負担の消費者への円滑な転嫁を確保する必要」という目的からすれば、「経営の基礎が薄弱である」という規制要件は合

理的であり合憲としたが、それが消極目的なのか積極目的なのかは不明である。このような判例を踏まえて、現在では、規制目的だけでなく、規制態様等をもあわせて考慮すべき必要があると考えられている。最近の判例では、視覚障害者以外の人に向けたあん摩マッサージ指圧師養成施設の開設を認めない規制を、最高裁は積極目的規制であることを認めた上で、「重要な公共の利益のために必要かつ合理的な措置であることについての立法府の判断が、その政策的、技術的な裁量の範囲を逸脱し、著しく不合理であることが明白であるということはできない。」として合憲判断をしている（最判令和4年2月27日裁判所Web〔令和3（行ツ）73〕）。

第2節　居住・移転の自由

1　意　義

憲法22条1項は、居住・移転の自由を保障しているが、これは自己の欲するところに居住し、あるいは移転することを、公権力によって妨げられないことを意味する。封建時代においては人は土地に縛られていたものが、資本主義的経済の発展とともに解放され、自由な労働力としてその発展に貢献してきたということから、この居住・移転の自由は経済的自由の1つとして考えられている。憲法22条1項が職業選択の自由と並べて、居住・移転の自由を保障しているのも、そのような背景があるからである。しかしながら、人が自由に移動することを制約することは、身体拘束をも意味するのであるから、人身の自由として考えることも可能である。さらに、人が移動するということは、他人との接触の機会を得ることを意味するという点を重視すれば、人の人格的発展や表現の自由とも関連した人権ともいえる。このような理解の下では、22条の保障を住居・居所の自由と狭くとらえることは妥当ではなく、短期の移動、たとえば旅行などもその保障範囲に含まれる。

このように、居住・移転の自由を複合的性格をもつものとしてとらえることは、その違憲審査にも影響を及ぼす。すなわち、その規制が経済的自由の側面に向けられた規制の場合（たとえば破産法37条1項の破産者の居住制限など）に

は、合理性の基準が適用されるべきであるし、他方、人身の自由の側面に向けられた規制の場合（たとえば、らい予防法の強制隔離—熊本地判平成13年5月11日判時1748号30頁は、隔離規定を過度の人権制約として、合理的制約を超えていたとする）には、厳格な基準が採用されるべきであろう。

2　海外渡航の自由

　憲法22条2項は、外国移住の自由を保障する。これは文字通り日本国民が外国に移り住んで生活し続ける自由を意味し、そのような自由を公権力が制限してはならないということである。この外国移住の自由の中に、海外渡航の自由が含まれるのかがここでの問題である。判例・通説は、外国移住との類似性を認め、22条2項によって保障されると考えている。しかし、これには反対論がある。本来「移住」というのは住居・居所をその地に置くことを意味するのであるから、一時的な海外旅行を意味する海外渡航はその中には含まれないと考え、むしろ「移転」の自由を保障する22条1項で保障しようとするのである。22条1項には上述したように、国内旅行の自由を含むとするのが一般であるから、それとの類似性に着目したものである。しかし、さらに言葉にこだわり移住も移転も一時的旅行とは性質を異にするとして、13条の幸福追求権の一部として保障されるものであるとの見解もある。ただ、「移転」が少なくとも生活の継続を意味するものであるのに、そこに旅行を入れると解するのであるなら、2項の外国移住に旅行を含めることは背理ではないし、また、13条のような一般的な自由に含めてしまうのも、行為の類似性を考えれば居住移転の自由との関連性を断ち切る点で疑問がある。1項が国内、2項が国外という整理がすぐれているように思われる。最高裁も、帆足計事件判決（最大判昭和33年9月10日民集12巻13号1969頁）において、「憲法22条2項の『外国に移住する自由』には外国へ一時旅行する自由をも含むものと解すべきである」としている。

　ところで、海外渡航に関しては、旅券の所持が義務化されているが、旅券法13条1項7号は「著しくかつ直接的に日本国の利益又は公安を害する行為を行うおそれがあると認めるに足りる相当の理由」がある場合には、外務大臣または領事官は旅券の発給を拒否できると規定していることの合憲性が問題とな

る。最高裁は、上述の帆足計事件判決において、公共の福祉のために合理的な制限を定めたものとして、合憲判断をしているが、居住・移転の自由の精神的自由保障の側面を軽視しすぎていると思われる。学説は、そのような側面を考慮して、規制理由が不明確であるとし違憲とする者が多い。もっとも、その条文の合憲的解釈を行い、特に犯罪等が疑われる場合にのみ合憲としたり、そうでなくとも相当の理由の判断を厳格にしようとする説があるが、ここでは条文そのものの不明確が問題とされるべきであろう。

3　国籍離脱の自由

　憲法22条2項は、国籍を離脱する自由を認めている。国籍が特定の国家の構成員であることを示すものであるから、これは国家との関連において個人の尊厳が保障され自律的存在であることが確認されることの1つの表れとみることができる。国籍法は、自由意思により外国の国籍を取得したときには、日本国籍を喪失することを定めている。二重国籍の解消を目的とするものであるが、無国籍の自由を含めて、個人主義的思想がどこまで貫徹できるのかを慎重に議論する必要がある。

第3節　財産権の保障

1　意　　義

　近代憲法が確立する時期においては、財産権は神聖不可侵のものとされていた。1789年のフランス人権宣言17条も、「所有は、神聖かつ不可侵の権利であり、何人も、適法に確認された公の必要が明白にそれを要求する場合で、かつ、正当かつ事前の補償のもとでなければ、それを奪われない。」と規定していた。しかし、このような財産権の理解は、資本主義の発展に大きな役割を果たしたとはいえ、資本主義の矛盾が露呈し、経済的不平等およびそこから生じる構造的な貧富の差に直面して、財産権の理解の仕方にも大きな変化をもたらした。1919年のワイマール憲法にその典型をみることができる。その153条3項は「所有権は義務を伴う。その行使は同時に公共の福祉に役立つべきであ

る」と規定したのである。このような基本思想はその後の各国憲法で受け継がれ、日本国憲法も同じ流れの中にある。

　ところで、憲法29条 1 項が保障するものは何かという点で問題がある。通説・判例によれば、それは個人の現に有する具体的な財産上の権利というだけではなく、私有財産制をも保障するとしている。このような理解は、結局、憲法29条 2 項が「財産権の内容は、公共の福祉に適合するように、法律でこれを定める」と規定していることに起因する。つまり、 1 項により財産権が保障されたとしても、 2 項で財産権の内容が法律で定められるのであるなら、いわゆる「法律の留保」があるのと同じで、財産権の保障は無意味になってしまう。そこで、財産権に制限を加えられるとしても、制度的保障としての私有財産制は保障されるとするのである。したがって、財産権の制限が私有財産制によって歯止めをかけられているのである。

　そこで次に、その私有財産制の核心とは何かが議論されることになる。従来の多数説は、それを社会主義体制を拒絶するものとしての生産手段の私有制であると説く。しかし、古典的な資本主義・社会主義の定義が変化し、その区別が不明確になっている現代社会においては、この説を一貫させることには無理がある。そこで、私有財産制の核心は、人間が人間らしい価値ある生活を営む上で必要な物的手段の享有であるとする説が有力となった。いずれにしてもこれらの説は 1 項に制度的保障を読み込んで、 2 項で行われる財産権の制限を、再び 1 項を用いて一定の範囲に限定しようとすることによって、財産権の保障を行おうとするようにみえる。しかし、 2 項の論理は財産権の制限を「公共の福祉」による制約の下に置こうとするものであって、それは、人間として価値のある生活の維持に必要な生活財の確保を侵害するような財産権の侵害をしてはならないというものであるはずである。このような見解からは、 1 項を制度的保障として考える必要はなくなる。

2　財産権の制限

　憲法29条 2 項は、一般的には、財産権が公共の福祉による制約を受けることを明らかにしたものであるとされるが、上述したように、これは12条、13条の

ような意味とは異なり、財産権自体の制約ではなく、国会の立法を制約する根拠として理解しようとする見解もある。

　それでは、公共の福祉による制約の内容とは何か。一般的には、権利の公平な保障を行うための自由国家的公共の福祉だけでなく、人間的な生存を確保しようとする社会国家的公共の福祉をも意味するものと考えられている。もっとも、前者のような内在的制約は特に29条で規定していると考える必要はなく、後者の積極目的規制のみを考えれば足りるとする見解もあるが、両者を条文上切り離して考えることは不要であると思われる。しかしながら、このような消極目的規制と積極目的規制とを区別し、前者には厳格な合理性の基準を、後者には明白性の原則を適用することで異なる違憲審査基準を考えようとする立場は、最高裁の森林法共有林事件判決（最大判昭和62年4月22日民集41巻3号408頁）や証券取引法164条1項事件判決（最大判平成14年2月13日民集56巻2号331頁）等によって、岐路に立たされている。判例は規制目的のみによって直接違憲審査基準を導き出しているとは考えられないのである。

【重要判例】森林法共有林事件（最大判昭和62年4月22日民集41巻3号408頁）

　森林法旧186条は、森林の共有者は、その持分の価額に従ってその過半数に達しない場合の分割を請求することができないとしていた。この規定が違憲ではないかと争われた事件である。

　最高裁は、186条の立法目的は「森林の細分化を防止することによって森林経営の安定を図り、ひいては森林の保続培養と森林の生産力の増進を図り、もって国民経済の発展に資することにある」とした上で、分割請求権を否定しているのは、「森林法186条の立法目的との関係において、合理性と必要性のいずれをも肯定することのできないことが明らかであって、この点に関する立法府の判断は、その合理的裁量の範囲を超えるものである」として、186条が違憲無効であると判示した。ここで、最高裁は規制目的について積極目的規制であるかのような判断を示しつつ、厳格な合理性の基準によるような判断をしているのである。もっとも、判例のとらえ方には議論もある。

　憲法29条2項は財産権の内容が法律で定められるとしているが、条例でもそれが可能かどうかについて問題がある。財産権の制限は特殊地域的な問題では

ない場合もあり、統一的な法律によるべきであるから、特別な法律上の委任の
ある場合以外では条例によって財産権を制限することはできないという見解も
ある。しかし、通説は、94条が法律の範囲内での条例制定権を認めているこ
と、また条例の制定手続の法律類似性、および地域の特殊事情等を根拠にし
て、これを積極に解している。判例も奈良県ため池条例事件判決（最大判昭和
38年6月26日刑集17巻5号521頁）において、結論として、条例による財産権の制
限を容認する。

3　正当な補償

　憲法29条3項は、「私有財産は、正当な補償の下に、これを公共のために用
ひることができる」と規定している。これは、正当な補償を前提として、公権
力が公共目的達成のために、私有財産を収用・制限することができることを明
らかにしたものである。

　ここで問題となるのは、まず、「公共のために用ひる」の意味である。学
校・鉄道・公園・鉄道建設などの公共事業のために私有財産を収用する場合に
限定する説もあるが、規定の文言上、「公共のため」とするのであるから、よ
り広く社会公共の利益のために財産権の制約を行う場合を含むと解するのが通
説である。

　第1に、どのような場合に補償が必要となるのかが問題である。従来の通説
は、私有財産の制限が財産権の内在的制約でなく、特定の個人に対する特別の
犠牲を強いるものである場合には、補償が必要となるとしていた。しかし、近
年においては、この特別の犠牲をより実質的にとらえる見解が有力化してい
る。すなわち、規制対象が一般か個人かということを問題とせず、財産権の剥
奪や当該財産権の本来の効用の発揮を妨げることとなるような侵害について
は、補償を必要とし、それ以外の規制については、①財産権の性質上、社会関
係的規制を必要とするほどのものである場合には（建築制限、諸種の営業規制な
ど）、一種の内在的制約（警察作用による制限）として補償が不要となり、②本
来の財産権の利用目的とは無関係の別の公益目的に課される制限である場合に
は（文化財や史跡の保存のための制限など）、補償が必要となる、というものであ

る。もっとも、これらの区別は絶対的なものとはいえないので、結局、規制自体の総合的評価と規制の社会的必要性などを勘案して決めるほかないと思われる。

　第2に、「正当な補償」の意味については、従来、財産の市場価格の全額補償を求める完全補償説と市場価格とは無関係に合理的に算出された相当な額であれば足りるとする相当補償説とが対立してきた。判例はかつて、農地改革事件判決（最大判昭和28年12月23日民集7巻13号1523頁）において、相当補償説を採ったが、この事件については、占領政策に基づくものであったという特殊事情があったことを考慮に入れるべきであるという指摘がある。基本的には完全補償説によるべきだと思われるが、財産的価値の社会的評価が劇的に変化した場合などの例外的事情を一切拒絶するのは行き過ぎだと思われる。むしろ、現代的な問題は、完全補償を超えて、その財産権を制限されたために被った生活の変化に伴う損害をどの程度補償するのかという、生活権補償の問題であるといえる。

第8章　人身の自由

第1節　奴隷的拘束からの自由

　憲法18条は「何人も、いかなる奴隷的拘束も受けない。又、犯罪に因る処罰
の場合を除いては、その意に反する苦役に服させられない」と規定している。
この規定が、アメリカ連邦憲法修正13条1項の影響を受けたものであることは
有名であるが、連邦憲法は「奴隷」そのものを禁止しているのに対し、日本国
憲法の場合には、「奴隷的拘束」として、さらに広い範囲での禁止を規定して
いるとみることができる。それは通説によれば、自由な人格者であることと両
立しないような身体的自由の拘束をいうとされる。戦前に存在したいわゆる監
獄部屋（タコ部屋）のように、過酷な労働を人間らしい扱いを受けずに監禁状
態の中で行わせるようなものや、人身売買などは、まさに奴隷的拘束といえ
る。このような非人間的な拘束は、他の人権に存在する内在的制約あるいは公
共の福祉による制約も存在してはならないのは当然であり、「意に反する苦役」
と違って、犯罪を理由とする場合でも許されるべきではないし、さらに国家の
みならず、私人間においても禁止されるもので、その禁止は絶対的なものとい
える。18条後段の「意に反する苦役」とは、文字通りの意味で苦痛を伴う強制
労働をいうと考えられるが、これを主観的にとらえるか客観的にとらえるかで
争いがある。結局、主観的にとらえる立場でも純粋に主観を考え、本人が苦痛
を感じなければいいというのではないし、客観的にとらえても、「意に反する」
という点を考慮する必要はあるのであるから、大きな差はないといえる。問題
は、18条後段が犯罪による処罰の場合を除いてという制限を設けていることを
限定的に考えるか、それとも一種の例示として他の例外を認めるかである。こ
の問題は、たとえば災害の発生の際の救援活動を強制する場合や裁判員として
の任務に就く場合など、それを「意に反する苦役」とするなら憲法18条後段違

反の疑いが生じる。多くの学説はその合憲性を疑わないのであるが、その根拠にはいくつか考え方がある。問題は、憲法18条の要請を狭くとらえ、それを何らかの意味で「意に反する苦役」ではないとするか、18条を広くとらえ、例外を認めていくかということであるが、技巧的な問題であるように思える。また、徴兵制が18条違反であるかどうかが問題とされることがあるが、国際的な視点からみれば、苦役として認知はされていない。しかし、9条をもつ日本国憲法下では、18条の意味も異なる要素があると言わねばならない。9条を前提とする18条違反と考える余地はある。

第2節　適正手続

1　意　義

憲法31条は「何人も、法律の定める手続によらなければ、その生命若しくは自由を奪われ、又はその他の刑罰を科せられない」と規定し、国家刑罰権からの人身の自由の保障をしている。刑罰は人身の自由に対して重大な侵害となる劇薬にも匹敵するものであるため、刑罰権行使にあたって特に慎重な手続によらなければならないことを宣言しているのである。そのような観点から31条の内容を読むべきであるとすると、まず、形式的な手続が法定されていればよいとする説は不当である。また、手続だけでなく法の内容すなわち実体も法定されていなければならないとする説も、法定という形式的側面にだけ着目したもので妥当とはいえない。そこで内容を問題とする視点がそれに加わった説が正当であると考えられるが、そうだとするなら、手続も実体も法定され、内容も適正であることを要求する説が妥当であると思われる。

31条には文言上「手続」だけが要求されているからといって、手続の法定のみを要求するのはあまりにも形式的である。「適正」手続を要求するアメリカ合衆国憲法修正第5条および修正第14条との比較において、この手続法定説が主張されるとするなら（つまり、アメリカで規定されていた「適正」が日本では故意に削除されたとするなら）、憲法の人権保障の意味を全く忘却しているとする他ない。そこで一般には、少なくとも手続の法定のみならず適正を求めるものと

して考えられるのではあるが、その理由が手続の適正の内容としての告知と聴聞が他の規定によっては保障されず（32条によるとの説もある）、また新たに生じる手続適正に関する問題に対応するためであるとするなら、単に手続の適正だけでなく、実体の適正をも含むとみるのが自然である。このことは、旧刑法にあった罪刑法定主義に関する規定が現行刑法には存在しない理由を単に憲法に求め、刑法の罪刑法定主義の実質的根拠としようとしたというだけではなく、さらに刑法原則が憲法原則としてより強い保障のもとに置かれるべきであるとの配慮によるものと解すべきである。そのように考えれば、実体の法定の側面から考えられる、罪刑法定原則、刑罰不遡及原則、類推解釈の禁止、絶対的不定期刑の禁止が憲法39条、73条6号から導かれ、実体の適正の側面から考えられる刑罰の謙抑主義、罪刑の均衡、構成要件の明確性が憲法36条や違憲審査基準の問題に還元されるとしても、なお31条を刑罰法規からの人権保障の一般原則としてみることの意味はあるものと考えられる。

【重要判例】第三者所有物没収事件（最大判昭和37年11月28日刑集16巻11号1593頁）
　韓国への貨物の密輸をしようとした被告人に有罪判決が下され、付加刑として、密輸した貨物の没収が命ぜられたが、その貨物には第三者の所有物が含まれていた。そこで被告人は、当該第三者に財産権主張の機会を与えないで没収することは違憲であると主張した。
　これに対して、最高裁は、被告人に違憲を主張する適格性を認めた上で、「関税法118条1項は、同項所定の犯罪に関係ある船舶、貨物等が被告人以外の第三者の所有に属する場合においてもこれを没収する旨規定しながら、その所有者たる第三者に対し、告知、弁解、防禦の機会を与えるべきことを定めておらず、」「関税法118条1項によって第三者の所有物を没収することは、憲法31条、29条に違反する」とした。

憲法31条は刑事手続について定めた規定であることは明らかであるが、その趣旨は行政手続にも適用されるべきかが問題となる。判例は、成田新法事件判決（最大判平成4年7月1日民集46巻5号437頁）において、一般論としては憲法31条の保障は行政手続にも及ぶことの可能性を認めている。翌年、制定された

行政手続法も、行政庁が不利益処分を行う場合には聴聞・弁明の機会が付与されることを定めている。もっとも、これには適用除外が認められており、憲法的問題がなくなったわけではない。通説は、31条の準用を認めるが、適用説もある。しかし、適用説には文言上の無理があるだけでなく、行政手続の性質により「適正」の意義が変化するならば、結局、刑事手続における31条の規範も弱体化するおそれがないとはいえない。

第3節　被疑者の権利

1　逮　捕

(1)　総　説　　憲法33条は、「何人も、現行犯として逮捕される場合を除いては、権限を有する司法官憲が発し、且つ理由となってゐる犯罪を明示する令状によらなければ、逮捕されない」と定め、逮捕に際しての令状主義を採用することによって、不当な逮捕からの自由を保障している。ここでいう「逮捕」には、刑事訴訟法上の逮捕に限定されず、勾引、勾留、鑑定措置など身体拘束一般を意味するものとされている。

(2)　現行犯逮捕・準現行犯逮捕　　憲法は令状主義の例外として現行犯逮捕を認めている。この例外を認める理由は、現行犯の場合には、行われた犯罪の犯人であることが通常の場合と比較して明確であり、事前の令状審査の必要性があまりないことと、令状を必要としていたのでは、逃亡や証拠隠滅のおそれが強いという点に求められる。前者の明白性については、当該犯罪と逮捕との時間的場所的密着性が要求されるが、犯罪がすでに終了しており、逮捕を行う警察官が犯罪を現認していない場合には、刑事訴訟法212条が現行犯人を「現に罪を行い、又は現に罪を行い終わった者」と定義していることと関連して、その明白性について問題が生じる場合がある。しかし、その要件を厳格にすることで合憲性は認められるであろう。ところが、刑事訴訟法212条2項は、現行犯の概念を広げ「準現行犯」を認め、一定の経験則上犯人と推定される要件の充足を前提として「罪を行い終わってから間がないと明らかに認められる」場合に現行犯人とする旨を定めている。この合憲性が問題となる。違憲説もある

が、判例は和光大事件決定（最決平成 8 年 1 月29日刑集50巻 1 号 1 頁）において、犯罪が行われてから 1 時間ないし 1 時間40分後に、現場から 4 キロメートル離れたところでの職務質問の際に逃走した者を準現行犯逮捕した場合に、適法と判断している。この事件では、いくつかの犯人であることを推定させる事実が認定されているが、準現行犯逮捕における誤認逮捕の可能性は無視できないものがあり、要件をさらに厳格に解釈しなければ違憲の疑いがあると思われる。

　(3)　**緊急逮捕**　　刑事訴訟法210条は、緊急逮捕として、重大犯罪を犯したと疑うに足りる充分な理由がある場合、急速を要し、逮捕状を求めることができない場合には逮捕ができる旨規定している。この場合には逮捕後直ちに令状を請求することが求められている。憲法33条が例外を現行犯に限定しているのであるから、形式的にはこの規定は違憲の疑いがある。しかしながら、実務上の緊急逮捕の必要性は現に存在する以上、たとえば準現行犯に準じて考えようとする説や、緊急逮捕後直ちに令状請求をするのであるから、全体として令状逮捕と認められるとする説などが合憲的解釈をしようとする。

　最高裁（最大判昭和30年12月14日刑集 9 巻13号2760頁）は「厳格な制約の下に、罪状の重い一定の犯罪のみについて、緊急已むを得ない場合に限り、逮捕後直ちに裁判官の審査を受けて逮捕状の発行を求めることを条件とし、被疑者の逮捕を認めることは、憲法33条規定の趣旨に反するものではない」としている。確かに、緊急逮捕には、通常逮捕よりも厳しい要件が存在するが、アメリカと異なり、逮捕後の取調における密室性や弁護人選任の問題、さらには代用監獄問題（被疑者の逮捕後の勾留は拘置所が原則であるが、これを警察署内の留置所に身柄を置くことをいう。自白の強要等による冤罪の温床とされる）などがあることを総合的に考えると、憲法33条を拡張したり、例外を認める考え方には疑問があるといわざるをえない。少なくとも緊急逮捕の運用については法律の規定を超えた厳格性を要求する必要がある。

　(4)　**別件逮捕**　　別件逮捕についても問題がある。これは本件について令状請求の証拠がない場合に、本件よりも軽いあるいは軽微な犯罪の証拠をそろえ別件として逮捕した上で、本件についての捜査・取調を行い、証拠がそろい次第、本件について令状請求するという捜査手法である。別件については令状が

あり、余罪の追及が認められている以上、合憲であるとするのが判例であるが、批判も多い。

2　抑留・拘禁

憲法34条は、抑留・拘禁について、その理由の告知と弁護人依頼権を保障し、さらに拘禁については、正当な理由を要求し、公開法廷でその理由を示すことを要求する権利を規定する。抑留と拘禁は、身柄拘束の長短による区別であり、前者は逮捕・勾引後の留置、後者は勾留・鑑定留置を意味する。

抑留・拘禁理由を示すことを要求するのは、被疑者の身柄拘束に対しての防御権を保障するためである。またそこでいう理由とは、犯罪の嫌疑と抑留・拘禁の必要性を意味する。これらは被疑者の防御権の保障という側面から要求されるのであるから、形式的なものであってはならず、具体的実質的に理由が開示されなければならないのは当然である。また、防御権の保障という側面からは、取調の必要という理由は正当性をもたない。長期の拘禁には正当な理由が必要であるが、公開法廷での開示の要求は、一般人の監視の中にその理由が置かれることによって、捜査の適正さを促すためと考えられる。

なお、被疑者段階での弁護人依頼権は、従来よりその不十分な点が指摘されていたが、平成28年の刑事訴訟法改正により（施行は平成30年6月）、勾留状請求があれば国選弁護の請求が認められることになった。冤罪の一因が被疑者段階の取調に由来することは明白であり、捜査・取調の初期段階からの弁護人選任権がさらに保障される必要がある。

3　捜索・押収

憲法35条は、33条の場合を除いて、住居、書類および所持品について、令状がなければ侵入、捜索および押収を受けることがない旨を定めている。そしてその令状は一般的なものであってはならず、「捜索する場所及び押収する物を明示する令状」であることも求めているのである。条文上、住居が定められていることから、この規定が住居の不可侵あるいはプライバシー保護を目的としたものであるとの理解もあるが、むしろ強制的な証拠収集が不当に行われない

ことを目的としたものと解せられる。その意味では、「住居」は狭く限定される必要はなく、事務所や一時的な宿泊場所もここに含めて考えられるべきである。また、強制採尿や容貌撮影にも令状主義が及ぶと解せられる。

　憲法35条は33条の場合を例外として認め、令状を不要とする。これは33条を適法な逮捕の規定としてとらえ、そのような場合には令状を不要と考えるのが通説の立場である。つまり現行犯であることは必要ないと解するのである。しかし、33条は令状によることが人身の自由や防御権を保障するものとみたのであるから、その趣旨はあくまでも令状主義である。35条が令状主義を採っている理由がそれと重なるとしても、問題は捜索・押収についての規定であり、問題領域が異なる。したがって、33条で例外とした現行犯の考え方を35条でも採用しようとする趣旨であるとするのが妥当である。

第4節　被告人の権利

1　公平な裁判所の迅速な公開裁判を受ける権利

　(1)　総　　説　　憲法37条1項は「すべて刑事事件においては、被告人は、公平な裁判所の迅速な公開裁判を受ける権利を有する」と規定する。本条の規定は、憲法32条の裁判を受ける権利、および憲法82条の裁判の公開でも保障されているのであるが、特に被告人の権利について重要なものとして明示的に規定されたものである。

　(2)　公平な裁判所　　「公平な裁判所」については、公平な「裁判」をいうものではないことに注意が必要である。最高裁（最大判昭和23年5月5日刑集2巻5号447頁）は、37条1項の公正な裁判所というのは「構成其他において偏頗の惧なき裁判所の裁判という意味である」「かかる裁判所の裁判である以上個々の事件において法律の誤解又は事実の誤認等により偶被告人に不利益な裁判がなされてもそれが一々同条に触れる違憲の裁判になるというものではない」と判示している。現在の一般的な裁判所制度は不公正とはいえないであろうし、個々の事件を担当する裁判所についても、裁判官等の除斥、忌避、回避の制度が設けられており、憲法的保障をしている。また、訴訟手続の側面からも、起

訴状一本主義や当事者主義的訴訟構造は、公正な裁判所を支えるものとして機能しているといえる。

　(3)　**迅速な裁判**　　迅速な裁判については、単に裁判の遅延期間だけの問題ではないことを考慮すべきである。事案の内容等を勘案して、特に被告人の防御権がどの程度侵害されているのか、またどの程度の不利益があるのか等を総合的に検討する必要がある。確かに裁判が長引けば、被告人の自由拘束から生じる不利益は増大するし（無罪推定の下にあるにもかかわらずである）、証拠の劣化を招き、冤罪の危険すら生じる。しかし、迅速であれば善であるという考え方も問題である。国家権力と被告人との力の差を充分に考慮の上、迅速な裁判の要請を慎重に検討すべきである。ところで、迅速な裁判についてはそれに違反することでどのような法的効果をもたらすのかかつて疑念があった。いわゆる高田事件判決ではこれを免訴としたが、その後の判例はこれを積極的に展開していないのが実情である。

【重要判例】高田事件（最大判昭和47年12月20日刑集26巻10号631頁）
　　昭和27年に発生した住居侵入、放火予備、傷害等を内容とする一連の公安事件で、弁護側が被告人の一部が別事件での審理後の審理を求めたこともあって、昭和29年の公判期日を最後に15年間も審理が中断していたことを、被告人が迅速な裁判違反であると主張したものである。
　　最高裁は、「審理の著しい遅延の結果、迅速な裁判の保障条項によって憲法がまもろうとしている被告人の諸利益が著しく害せられると認められる異常な事態が生ずるに至った場合には、さらに審理をすすめても真実の発見ははなはだしく困難で、もはや公正な裁判を期待することはできず、いたずらに被告人らの個人的および社会的不利益を増大させる結果となるばかりであって、これ以上実体的審理を進めることは適当でないから、その手続をこの段階において打ち切るという非常の救済手段を用いることが憲法上要請される」と判示した。

　(4)　**公開裁判**　　公開裁判を受ける権利とは、その対審と判決が公開法廷で行われる裁判を受ける権利のことである。傍聴を許すことで国民の監視下に裁判を置くことによって、公正な裁判を保障しようとしたものである。なお、最高裁（最判平成17年4月14日刑集59巻3号259頁）は、刑事訴訟法157条の3および

157条の 4 に規定されている、遮へい措置およびビデオリンク方式（別室にいる証人を映像と音声の送受信により尋問するもので、さらに本件では被告人と傍聴人がモニタを見ることができないように遮へい措置を行った）を、審理の公開はなされているとして合憲と判断している。

2　証人審問権と証人喚問権

　憲法37条 2 項は、その前段で証人審問権を、後段において証人喚問権を保障している。証人審問権は、通説では、被告人に不利な供述をする証人に対する反対尋問権の保障を意味する。被告人の防御権を考えれば、一方的に供述する証人に反論もできないのでは、著しく不公平である。そこで反対尋問権が保障されているのであるが、その結果、反対尋問を経ない伝聞証拠は、その証拠能力を否定されることになるというのが通説の考え方である。しかし判例（最大判昭和24年 5 月18日刑集 3 巻 6 号789頁）の立場は、「現に出廷した」証人に対する反対尋問権を保障しただけで、反対尋問を経ていない者の供述録取書が常に証拠能力がないというわけではないというものである。この立場からは、証人審問権と伝聞法則は直接関係はないことになり、伝聞例外が一般に証人審問権の侵害とはならないことになる。証人に反対尋問をしたいなら、証人を喚問すればよいという考え方である。その喚問権が保障されていれば、反対尋問がなされていなくとも問題はないことになる。しかし、証人審問権を憲法が保障した趣旨を重視すれば、喚問権が保障されていればよいという見解はあまりにも形式的すぎる。通説の立場が正当である。そうだとするなら、伝聞法則の例外を規定する刑事訴訟法の各規定は、つねに合憲性の問題が生じることになろう。

　証人喚問権については、判例（最大判昭和23年 7 月29日刑集 2 巻 9 号1045頁）は、被告人が申請する証人のうち、必要適切な証人を喚問すればよいとして、裁判所の裁量権を認めるが、これを否定する学説もある。また、憲法は公費での喚問を保障しているが、有罪の場合には被告人にその負担を命ずることができるとするのが判例である。

3　弁護人依頼権

憲法37条3項は、前段において弁護人依頼権を、後段で国選弁護人を付してもらう権利を定めている。当事者主義的訴訟構造の下で、被告人は検察官と対等の存在として防御権を行使する必要があるが、国家権力を背景にした検察官の力と一個人である被告人の力の差は歴然としており、法律専門家としての「資格を有する弁護人」に援助を求めることが当然に必要となる。このような趣旨からは、37条3項前段における弁護人依頼権を形式的にとらえるべきではなく、実質的に弁護人の援助を得ることが保障されていなければならないと解される。その意味で、たとえば、弁護人との接見交通権は充分に保障されていなければならず、それに制約を課す場合にはあくまで例外としてとらえられなければならない。不当な制約は当然違憲となる。なお、経済的理由等によりこの権利が保障されないことを回避するため、国選弁護人を付してもらう権利を保障している。判例（最大判昭和24年11月2日刑集3巻11号1737頁）は、被告人の請求を条件とすることを合憲とするが、条文の形式上、そのような解釈には無理があると思われる。

憲法37条3項との関係で、憲法上、被疑者にも同様の権利があるかどうかが問題となる。被告人の防御権を実質的に保障するためには、被疑者段階からの国選弁護が必要であることは明確である。なお、刑事訴訟法37条の2は、勾留段階での被疑者の国選弁護を認めているが、逮捕段階では私選によるほかない。

4　自己負罪の拒否と自白

憲法38条1項は、「何人も、自己に不利益な供述を強要されない」と規定している。これはアメリカ合衆国憲法修正第5条の自己負罪拒否特権に由来するものであり、憲法38条2項および3項とともに、自白偏重による弊害を回避する意味をもつ。そこからこの規定が意味するのは、単に強要されないというだけでなく、不利益供述をしないことによっていかなる不利益処分も受けないことを保障するものである。この規定を受けて、刑事訴訟法は黙秘権（刑事訴訟法311条）を保障している。

これに関連して、この規定が行政手続にも及ぶのかが問題となる。一般にそ

の例として挙げられるのは、税務調査に伴う質問検査や自動車運転者の交通事故報告義務などであるが、判例は前者については、「刑事責任追及のための資料の取得収集に直接結びつく作用を一般的に有する手続」ではないので合憲とし（最大判昭和47年11月22日刑集26巻 9 号554頁）、後者についても「刑事責任を問われる虞のある事故の原因その他の事項までも」報告せよとするものではないことを理由に合憲としている（最大判昭和37年 5 月 2 日刑集16巻 5 号495頁）。しかし、それが実質的に自己の刑事責任に関して不利益な供述を強要するものとみなされるのであるなら、違憲ともいえる。

　憲法38条 2 項は、「強制、拷問若しくは脅迫による自白又は不当に長く抑留若しくは拘禁された後の自白は、これを証拠とすることができない」と規定している。自白は「証拠の女王」といわれ、真実を認知しているのは被告人自身に他ならないから、自白こそが真実を語ると考えられたのであるが、結局は、それが冤罪の温床になっていたことも事実である。そこで不当な手段によって得られた自白の証拠能力を否定したのである。その根拠としては、学説上、そのような自白が虚偽である可能性が高いとする虚偽排除説、黙秘権等の人権擁護のためにこれらの自白が排除されるとする人権擁護説、違法な手続で自白が得られたことを理由として自白を排除する違法排除説がある。38条 2 項の趣旨を厳格に考えようとすれば、違法排除説に正当性があると思われる。

　憲法38条 3 項は、証拠能力が認められた自白であっても、それを補強する証拠がない限り、自白だけで有罪とすることを禁止している。自白というものの証拠としての危険性を認識するなら、有罪を求めるための証拠としてはできるだけ使わないようにすることを求めたものと考えられる。

5　事後法の禁止と二重の危険の禁止

　憲法39条前段前半は、事後法の禁止を定めている。これは罪刑法定主義の自由主義的側面を表しており、行為の時に犯罪とされない行為は事後に犯罪とされないことを意味する。これはあくまで被告人の利益のためにあるものであるから、事後に被告人に利益となるような変更があった場合には遡及可能である。刑法 6 条が「犯罪後の法律によって刑の変更があったときは、その軽いも

のによる」と定めているのもその趣旨においてとらえることができる。訴訟法の変更に対して遡及が認められるかどうかについては問題がある。「適法であった行為」について事後的に責任を問われないという39条の文言の形式論理では、否定説もあるが、実質的に処罰規定の遡及にあたるような場合（公訴時効の変更など）には本条の保障が認められるとの説もあり、罪刑法定主義の趣旨を考慮すればこの説に正当な側面が認められるといえる。この点について裁判所は、2010年の刑事訴訟法改正に伴い、人を死亡させた罪で死刑に当たるものについて公訴時効が廃止されたが、法改正前の行為についても、公訴時効が完成していないものについて改正法が適用されるのは憲法39条および31条に違反するという主張に対して、「公訴時効制度の趣旨は、時の経過に応じて公訴権を制限する訴訟法規を通じて処罰の必要性と法的安定性の調和を図ることにある。本法は、その趣旨を実現するため、人を死亡させた罪であって、死刑に当たるものについて公訴時効を廃止し、懲役又は禁錮の刑に当たるものについて公訴時効期間を延長したにすぎず、行為時点における違法性の評価や責任の重さを遡って変更するものではない。」としている（最判平成27年12月3日刑集69巻8号815頁）。また、同様の論理で、親告罪を非親告罪にすることについて遡及効を認めるのも憲法39条に違反しないとしている（最判令和2年3月10日刑集74巻3号303頁）。さらに、被告人に不利益な判例変更が事後法の禁止に抵触するのか否かについても問題がある。判例が法源でないことを理由にこれを否定するのが通説であるが、判例の実際的意味を考慮すれば肯定説にも一応の理由はある。

　憲法39条前段後半と後段が、一事不再理を定めたものなのか、それとも二重の危険（double jeopardy）の禁止を定めたものなのかで争いがある。確定判決後の再度の処罰を禁止する一事不再理とみれば被告人にとって不利益な結果となる検察官の上訴を許すことになるが、刑事手続にかかわることの不利益自体を危険とみる二重の危険ととらえればそれが禁じられる。もっとも判例は「危険」を「同一の事件においては、訴訟手続の開始から終末に至るまでの一つの継続的状態」とみているので、両説は結論においては異なることはない。ただ、この規定を人権擁護的視点からみるなら、二重の危険ととらえる説に正し

い核心があるように思われる。

6　拷問および残虐な刑罰の禁止

　憲法36条は、「公務員による拷問及び残虐な刑罰は、絶対にこれを禁ずる」とする。前段は、自白を得るために拷問が横行した戦前の事態を反省し、これを絶対に禁止することになったものである。拷問から得られた自白は38条によって証拠能力を否定される。

　後段の残虐な刑罰の禁止については、罪刑が著しく不均衡な場合など相対的な意味においても禁止されるが、より重要な問題としては、死刑の合憲性の問題がある。憲法13条および31条は死刑を容認するようにもみえるため、死刑は残虐な刑罰にあたらないという解釈が可能であった。しかし、立憲主義的な憲法解釈を前提にすれば、13条や31条が積極的に死刑を規定せよと命じているわけではない。そこで問題は36条の残虐な刑罰の内容の問題となるのであるが、ここで残虐な刑罰とは「不必要な精神的、肉体的苦痛を内容とする人道上残酷と認められる刑罰」をいうとされるが（最大判昭和23年 6 月30日刑集 2 巻 7 号777頁）、死刑がこれにあたるかどうかは、一般に被害者の人権との関係で相対化されてきた。また、これまで様々な死刑存廃論が主張されてきたが（その代表的なものをあげれば、①応報刑か教育刑か、②犯罪予防効果があるのか、③世論の支持をどう考えるか、③誤判の問題、④被害者の遺族感情などである）、いずれも決め手を欠くといわざるをえない。しかしだからといって、この問題が単なる政策論の問題だとするのも問題である。誤判の問題や生命を尊重する一般的価値観、死刑廃止条約の問題を考慮し、「疑わしきは被告人の利益に」の刑事法上の原則を人権論としてとらえるなら、多数の肯定否定の根拠が乱立し、決め手を欠く状態が恒常的なものとなっている状況下では、死刑の合憲性は疑わしいと考え、少なくとも死刑の停止措置を行うべきであると思われる。裁判所は、永山判決（最判昭和58年 7 月 8 日刑集37巻 6 号609頁）に示されるように、あらゆる要素を考慮して、やむをえない場合にのみ死刑を科すという基準で、極めて制限的に死刑の適用を考えているといえる。ただ、その判断方法が死刑理由の積み重ねによるのではなく、死刑を排除する理由がないという手法に変化するな

ら、すなわち、積極的な根拠よりも消極的な排除理由がなければ死刑が許され
るということになれば（たとえば、最判平成18年6月20日判時1941号38頁—光母子殺
害事件）、死刑判決が容易に下される危険性がないとはいえない。

第9章　社　会　権

第1節　社会権の形成

　国家からの自由、すなわち個人の精神的自由や経済的自由の権利は、19世紀において資本主義社会の発展に重要な役割を演じた。人間が国家から自由であることが自由な経済活動を活性化し、また個人の人格形成・自己実現を容易にすることになった。しかしながら、同時にこのような自由市場を前提とする社会の形成は、弱肉強食の社会と裏腹であり、大量の失業や貧困により社会的経済的弱者を生み出し、経済的自由は（そして結果として精神的自由も）社会的経済的強者である資本家の独占するところとなったのである。諸個人が対等・平等なものとして想定された初期の自由権的基本権の枠組みは、このような独占資本を生じさせる重要な要因となり、不平等な市民社会の形成を促してしまったのである。本来、資本主義には内在的にこのような事態を調整する原理があるとされたのであるが、それさえも根本的に覆されてしまった。

　そこで20世紀になると、このような資本主義のもつ構造的な矛盾に対応しようとして、様々な政策・立法が行われることになった。社会権は、こうした状況下において社会的・経済的弱者を守るために形成された。自由権的基本権を国家からの自由とするなら、このような社会権的自由権は国家による自由ともいわれ、社会福祉国家の理念に基づく実質的平等を実現するために、社会的経済的弱者に国への一定の行為を要求する権利すなわち作為請求権を認めるものである。自由権的基本権が国に一定の行為の介入・干渉を禁止するものであることと比較すると、その性格は全く異なるものであるといえる。したがって、社会権による実質的平等が結果の平等を強調することになるなら（資本主義的な構造的不平等を是正するという意味であるなら、結果の平等が強調されることになる）、個人の自律的側面や自由権が後退することになる。社会権にはこの点で

どのような保障の形を構築するのかについて本質的な問題があるともいえる。もっとも、社会権にも自由権的側面があることは認識されており、このような矛盾する性格はあまり強調されるべきではないと思われる。

　社会権を初めて実定憲法に規定したのは、1919年のドイツのワイマール憲法である。しかしながら、この憲法の解釈において社会権はプログラム規定と解されており、具体的な権利としてみなされていたわけではなかった。それでもその意味の重要性は理解され、各国の憲法の中に具体化されていく。日本国憲法においても、生存権（25条）、教育を受ける権利（26条）、勤労の権利（27条）、労働基本権（28条）が規定され、社会権の保障を認めている。

第2節　生存権

1　生存権の内容

　憲法25条1項は「すべて国民は、健康で文化的な最低限度の生活を営む権利を有する」と規定し、生存権保障の目的あるいは理念を示し、人間が人間らしく生きることの権利を宣言している。そして、同条2項において「国は、すべての生活部門について、社会福祉、社会保障及び公衆衛生の向上及び増進に努めなければならない」と規定し、1項の目的達成のための国の責務について明確にしている。すなわち、25条について1項と2項とは一体として考えられているというのが通説である。そのように考えた場合、1項が規定する「最低限度の生活を営む権利」の内容は、最低限度の生活さえできていれば国の義務はなくなるというものではないことが明確となる。それは最低限度を下限として、より快適な生活を求めていく権利ということになる。そして立法裁量の問題に関連して考えるならば、最低限度の生活は、国の義務としてそれを維持できるように様々な社会保障制度を整備しなければならないし、現実に最低限度の生活の困難な者には生活保護等の各種の給付措置を講じなければならないのである。このことを裁量の問題であるということはできない。文字通り人間としての「最低限度の生活」が問題となるからである。

　しかし、より快適な生活の保障を求める権利に関する場合、その内容は設定

が困難である。「最低限度」については単なる動物的生存を意味するものでないことは当然であり、さらに国民の経済的生活水準などを通じてある程度確定できるものと考えられるが（堀木訴訟上告審判決〔最大判昭和57年7月7日民集36巻7号1235頁〕は、「最低限度の生活」は「きわめて抽象的・相対的な概念」であるとする）、それを超えた快適な生活には主観的な要素が相当に入り込むからである。この部分について立法裁量の問題であるということはあながち間違いとはいえないであろう。この点に関して、堀木訴訟の控訴審判決（大阪高判昭和50年11月10日判時795号3頁）は、1項2項分離論を展開した。つまり2項を国の事前の積極的防貧施策として、その実施にもかかわらず最低限度の生活を維持できない者に1項の事後的・補足的・個別的救貧施策がなされるというのである。そして、2項の防貧施策の基準は明確ではないので広汎な立法裁量に委ねられるとし、結局、1項による生活保護だけが生存権保障について絶対的な基準をもちうるにすぎないとする。しかし、これでは国はその場限りの措置さえすれば義務を免れると言っているに等しいし、防貧施策は救貧施策と重なり合い、相互に強い結びつきがあることを無視するものであることから、強い批判がある。

2　法的性格

　生存権に関して最も問題とされているのは、その法的性格の問題である。まず最初に主張された説がプログラム規定説である。この説によれば生存権保障は国家の努力目標にしかすぎず、政治的義務以上のものではないとする。しかし、生存権の権利性を完全に否定するこの説は、社会権のもつ意味を過度に軽視しており、憲法の保障の意味を希薄にしてしまう。そこで、生存権の法的権利性を認めようとする抽象的権利説が登場し、通説化した。この説によれば、憲法25条は具体的な権利をもつものではなく、それを根拠にして直接憲法違反を論ずることはできない。この点ではプログラム規定説と結論においては同じであるが、25条を具体化する法律が存在する場合に、それを介して25条の具体的な法的権利性が承認されるとする。25条と生活保護法等の法律と一体化して憲法規範を形成することになるという説明もある。しかし、そうであるとする

なら、この説によれば、生活保護法等の法律がなければ出訴不可能である。

　そこで、具体的権利説が提唱された。これは「具体的権利」という言葉が使われているものの憲法25条により直接給付を国に請求できるとするものではなく、その意味では抽象的権利説と同じであるが、ただ、法律が存在しない場合には立法不作為の違憲性を確認する訴訟を提起できるとする点で異なるものである。つまり、そのような立法を要求する「具体的権利」があるという意味において具体的権利説というにすぎない。しかし、立法不作為の違憲確認訴訟自体の訴訟法的問題や、その違憲判決の法的意味については疑問が提起されている（立法不作為があったとして立法府が立法を義務付けられるとするのは憲法41条の予定するところではない）。それでは憲法25条から直接具体的な給付請求権を保障していると考えられないのかという文字通りの「具体的権利」説が登場した。つまり生存権保障そのものを「具体的権利」として保障するものと考えられないのかということである。確かに、「健康で文化的な最低限度の生活」自体はある程度明確にしうるとしても、それではどのような施策をすべきかを確定することは難しいし、その意味では25条は抽象的権利を定めたものということもできる。しかし、そのようないわば「開かれた」権利としての生存権保障の規定を解釈によって具体化していくのは、必ずしも法律による必要はない（もちろん法律によることも否定されないが）。このような具体的権利説の理論的可能性はさらに検討の余地があると思われる。

3　判　　例

　判例は、食糧管理法事件判決（最大判昭和23年9月29日刑集2巻10号1235頁）において、プログラム規定説を採用したものとされるが、「この規定により直接に個々の国民は、国家に対して具体的、現実的にかかる権利を有するものではない」と述べるのみで、それが25条の裁判規範性を抽象的にも認めないものかどうかは不明である。また、朝日訴訟判決（最大判昭和42年5月24日民集21巻5号1043頁）や、堀木訴訟判決（最大判昭和57年7月7日民集36巻7号1235頁）、さらに学生無年金障害者訴訟判決（最判平成19年9月28日民集61巻6号2345頁—この判例は、大学在学中に疾病あるいは受傷のため障害を負った被告4名が、国民年金に任意加

入していなかったため障害基礎年金の不支給処分を受けた事件についてのもので、学生を任意加入としたことなどの違法性が問われた）においても、広汎な立法・行政裁量が認められ、その濫用の場合に司法審査を認めるという構成を採っているので、純粋のプログラム規定とはいえないという理解がある。ただ、その裁量権の範囲の理解によっては結果においてプログラム規定説とほとんど変わらない言葉だけの問題にすぎないように思える。

　なお、このような判断の枠組みとその問題は、最近の生活保護の老齢加算廃止の合憲性が問題となった最高裁判決にも受け継がれている（最判平成24年2月28日民集66巻3号1240頁）。この判例では、さらに制度の後退が、生存権侵害になるのかの問題もある。憲法25条2項は生存権の「向上及び増進」を規定しているのであるから、後退は許されないとの問題意識がある。立法によって具体化されたものは具体的権利となり、かりにその制約に立法裁量が認められるとしても、その幅は狭まるという見解が有力であるといえる。

【重要判例】朝日訴訟（最大判昭和42年5月24日民集21巻5号1043頁）
　　結核で国立療養所に入所していた原告は、月600円の生活扶助と医療費無料の生活保護を受けていたところ、兄から1,500円の仕送りを受けることになったので、社会福祉事務所長が生活扶助を停止し、1,500円から生活扶助相当額をひいた900円を医療費として自己負担とした。この決定の違法性を争った事件。
　　最高裁は、原告が死亡したため、「念のために」として次のような判断を示した。「健康で文化的な最低限度の生活なるものは、抽象的な相対的概念であり、」「厚生大臣の合目的的な裁量に委されており、その判断は、当不当の問題として政府の政治責任が問われることはあっても、直ちに違法の問題を生じることはない。」ただ、「法律によって与えられた裁量権の限界をこえた場合または裁量権を濫用した場合には、違法な行為として司法審査の対象となることをまぬがれない。」

【重要判例】堀木訴訟（最大判昭和57年7月7日民集36巻7号1235頁）
　　全盲の障害者である原告が、障害福祉年金に加えて児童扶養手当の受給資格の認定を申請したところ、児童扶養手当法の併給禁止規定を根拠として請求を却下された事件。
　　最高裁は、「憲法25条の規定の趣旨にこたえて具体的にどのような立法措置を講

ずるかの選択決定は、立法府の広い裁量にゆだねられており、それが著しく合理性
を欠き明らかに裁量の逸脱・濫用と見ざるをえないような場合を除き、裁判所が審
査判断するのに適しない事柄であるといわなければならない。」と判示し、本件併
給禁止規定は立法府の裁量の範囲内にあるとした。なお、本件併給禁止規定は、昭
和48年に一旦は廃止されている。

4　環境権

ところで、生存権と関連して新しい人権としての環境権が提唱されるにい
たった。これは1960年代以降の公害問題を契機として発展してきた人権であ
る。環境破壊が進めば、人の生命・健康を維持することが困難になることは当
然であり、事前の環境破壊行為を差し止める効果を環境権理論は目的としたと
考えられる。ただ、環境権といってもその内容は明確ではない。自然環境を指
すとする狭義説や、それに社会的環境も含めて考える広義説があるが、両者の
環境が矛盾する性質であることを承認するならば、狭義説が妥当であるといえ
よう。また、憲法上の根拠については、「健康で文化的な最低限度の生活」の
ための前提条件であり、環境権の実現には公権力の積極的な施策が必要である
から、これは社会権として性格づけられる。また、良好な環境を侵害されない
という意味においては自由権としての意味をも有していると考えることができ
る。したがって、環境権は、13条の幸福追求権と25条の生存権の両面から基礎
づけられるとするのが妥当であろう。

第3節　教育を受ける権利

1　総説

教育を受ける権利は、憲法26条1項が「すべて国民は、法律の定めるところ
により、その能力に応じて、ひとしく教育を受ける権利を有する」と規定し、
これを保障している。その権利の主体で中心をなすのは子どもであり、子ども
の学習権がその内容をなす。そしてそのような教育を受ける権利と対応する形
で、憲法26条2項が「すべて国民は、法律の定めるところにより、その保護す

る子女に普通教育を受けさせる義務を負う」と規定し、親権者が教育を受けさせる責務を負うとしている。しかし、実際上、子どもや親権者の他に、教師や学校、地方公共団体や国などが、これにかかわることになるため、それらの関係が問題となる。

　教育を受ける権利は、まず国からの不当な干渉を受けずに教育を受ける権利という意味において自由権的側面をもつ。しかし、様々な価値観が混在している現代社会において、自律的人格をもち民主主義の担い手として成長していくには、個人の力はあまりにも小さい。ここに「物」と「人」を有する教育専門機関が、すなわち公教育の必要性が生じるのである。このような意味における教育を受ける権利は、国に対して教育機関の整備とそこにおける適正な教育を要求する権利として構成される。したがってそれは社会権的側面を有することになるのである。

2　教育を受ける権利の内容

　教育を受ける権利の内容は、従来、教育の機会均等の保障と理解されていた。そしてそのために経済的配慮を国に求めるものとしての権利と考えられていた。確かにこのような経済的な条件整備を行うことによって教育の機会均等を図ることは重要であり、憲法26条2項後段でも「義務教育は、これを無償とする」としているのはその具体化である（もっとも無償とする範囲をどのように確定するのかは問題である。通説・判例は授業料の無償であり、就学費用の無償は憲法的権利ではないとする）。しかしながら、教育を受ける権利は、それのみを内容とするものではないと主張されてきた。子どもが教育を受け、人格的に成長し、自己実現を行うための学習の権利としてこれを構成する必要性が認識されたのである。

　教育を受ける権利の内容がこのように子どもの学習権にあるとしても、その内容の決定権については問題は残されたままである。この点については、従来から、国家教育権説と国民教育権説とが対立してきた。国家教育権説は国家が教育内容について決定することができるとする。したがって、現場の教師の教育の自由に対して一定の制約を加えることが可能とみる。公教育を支えるもの

は主権者意思であるのだから、その意思の表れとしての法律による制約は正当であるとする。しかし、公教育がある種の画一性を求めていく面があるのは当然だとしても、教育の本質は、憲法26条１項がいうように「その能力に応じて」行われるところにある。多様な人格形成が教育の醍醐味であり、それが民主主義を支えている。そうであるなら、まず第１に教育内容の決定権は現場にはいない国家ではなく、また多数意見としての法律ではもちろんなく、基本的には親ないしは教育現場の教師にある。そうして国民教育権説が登場したものと思われる。もっとも、教師といえども子どもとの関係では権力であり、教師の自由権は子どもの学習権との関係で内在的制約を受けるとの見解も重要である。

　判例は、旭川学テ事件判決において、折衷的な立場を採っているとされている（第６章参照）。これは家永教科書裁判にも一定の影響を及ぼしている。

【重要判例】家永教科書訴訟（第１次・最判平成５年３月16日民集47巻５号3483頁、第２次・最判昭和57年４月８日民集36巻４号594頁、第３次・最判平成９年８月29日民集51巻７号2921頁）

　高校用教科書「新日本史」に関し、昭和38年以来下されてきた検定不合格処分および条件付合格処分について、著者である家永三郎東京教育大学教授が、その処分の取消ないしは損害賠償を争った事件。

　最初に下されたのが、第２次訴訟の１審判決（杉本判決・東京地判昭和45年７月12日行集21巻７号別冊１頁）であり、憲法26条は「子どもの教育を受ける権利に対応して国民（親）に子どもを教育する責務（国民の教育の自由ともいう。）があることを前提として、国に国民の右責務を助成するための公教育制度の設定等の責任がある旨を定めたものであって、いわゆる国家教育権を認めたものとは解されない」として、国民教育権説を採り原告勝訴となったが、最高裁は訴えの利益の問題で破棄差戻の上、結局家永敗訴で判決が確定した。第１次訴訟の１審判決（高津判決・東京地判昭和49年７月16日判時751号47頁）は、国は福祉国家として憲法26条による教育の責務を遂行するためには、教育の本質を害するものでない限り、行政権の行使は教育内容にも及ぶとして、国家教育権に立った。その上告審判決も同様の趣旨で検定不合格処分を合憲合法とした。第３次訴訟の上告審では、親および教師には教育の自由が認められるが、国は「必要かつ相当と認められる範囲において、教育内容についてもこれを決定する権能を有するというべきである」と判示し

て、折衷説的な立場を表明した。ただ、検定自体の合憲性についてはこれを容認する形で決着がついたといえる。

第4節　勤労の権利

1　総　説
　憲法27条は、勤労の権利・義務を規定している。義務については第11章においてまとめて述べるので、ここでは勤労の権利を扱う。この勤労の権利には、使用者が労働者を不当に解雇することを制限するという自由権的側面も認められるが、一般論では、自由権的側面における保障は職業・営業の自由に関する憲法22条が担っており、27条の意味は国家に勤労の場を要求する権利、すなわち社会権として理解されるのが自然である。

2　法的性格
　法的性格については、生存権に関する争いと同様の見解が存在する。すなわち、勤労の権利は国に政治的責務を課すものにすぎず、プログラム規定としての意味しかもたないという説に対して、法的権利性を認めるものの、抽象的権利であるとする説と、法律がない場合における立法不作為を問う説とが対立する。通説は生存権に関する場合と同様に抽象的権利説であるといえる。
　権利の内容として考えられているのは、まず第1に、国に対して労働の機会の提供を要求することであり、それが得られない場合の生活費の請求である。この保障を具体化するための制度として、職業安定法、雇用保険法など多数の法律がある。

3　私人間効力
　使用者の解雇の自由と勤労の権利の保障との問題が、憲法の私人間効力との関係で生じる。かつては勤労の権利は使用者の解雇の自由を制約しないという見解もあったが、近年においては制約を認める説が有力となっている。本来、

勤労の権利が憲法上の保障となったのは、社会権の発展とともに、それを自由市場に委ねておいたのでは、労働者の人権が侵害されるという理解があったからである。使用者の解雇の自由を制約するのは、すなわちその意味で私人間効力が認められるのは、この権利に本質的なものといえる。この点は、次節の労働基本権および児童酷使の禁止にもいえることであり、立憲主義の観点からは例外と解されている。なお、労働契約法16条は「解雇は、客観的に合理的な理由を欠き、社会通念上相当であると認められない場合は、その権利を濫用したものとして、無効とする」として解雇権濫用の法理を明確にしているが、これは勤労の権利に基づくものである。

4　労働条件の法定

　憲法27条2項は「賃金、就業時間、休息その他の勤労条件に関する基準は、法律でこれを定める」と規定し、雇用を保障するだけでなく、労働条件についての基準を法律で定めることを要求している。これは労働条件が劣化することによって、その奴隷的な拘束を防ぐとともに、労働者の社会的地位の向上を図るためである。27条2項をうけて労働基準法や最低賃金法などが制定されている。さらに、近年においては、2018年に働き方改革関連法（働き方改革を増進するための関係法律の整備に関する法律）が制定され、非正規労働者の権利をはじめ、労働条件の改善が図られることになった他、2015年には女性活躍増進法（女性の職業生活における活躍の推進に関する法律）が制定され（2019年改正、2022年施行）、女性労働者の権利に関連して、労働者数が101人以上の事業主には、女性活躍状況に関連する行動計画と公表が義務化されている。もっとも、世界銀行の男女格差に関する報告書「女性・ビジネス・法律2022」によれば、日本は190ヶ国中103位であり、労働条件についての問題は山積しているのが現状である。

第5節　労働基本権

1　総　説

　契約自由の原則は、当事者が自由に契約を締結することができることを意味するものであるが、そこでは当事者が対等の立場に立つことを前提としていた。しかし、資本主義の発展により、使用者と労働者という立場は、経済的強者と弱者という関係に陥ることになった。憲法はこの関係を前提にして、労働者が単に勤労の権利をもつだけでなく、労働の重要な要素である労働条件の向上のために、使用者に対抗する手段として、労働者が団結し、組織的に行動する権利を規定した。そのように使用者と労働者とが実質的に自由かつ平等な関係に立つことを保障しようとして規定されているのが憲法28条である。すなわち28条は、団結権、団体交渉権、団体行動権（争議権）のいわゆる労働三権を規定しているのである。そして、これをうけて労働組合法は、労働基本権の保障が刑事免責や民事免責を伴い、また行政的救済を受ける権利が保障されることを規定する。

2　労働基本権の内容

　(1)　団　結　権　　使用者と対等な関係を築き、労働条件について使用者と交渉するためにはまず労働者に団結する権利が与えられなければならない。この団結権は、要するに労働組合を結成し、またはこれに加入する権利を意味する。一般的には、憲法21条の結社の自由がかかわる問題といえるが、団結権は労働者の権利としての特殊性を有している。すなわち、組合に加入しないことを認めると、使用者が非組合員だけを雇用するなどして、対等な交渉をするために団結権が認められた意味を失う結果を招きかねないからである。そこで、このような加入強制の手段として、組合への加入を条件として雇用をするクローズド・ショップや、組合への加入を一定期間しないか組合員でなくなった場合に、使用者は解雇義務を負うとするユニオン・ショップが認められている。日本においては後者が一般的である。ただ問題は加入強制が認められる以

上、組合に加入しない自由が制限される点である。通説は団結権が労働者の実質的な自由の獲得に資する点などを考慮して、これを合憲としている。一方、労働組合の統制権も、団結権を実効性あるものにするには不可欠であるから、それが団体の目的の範囲内においては厳格に認められるべきであろう。判例では、三井美唄労組事件判決（最大判昭和43年12月4日刑集22巻13号1425頁）において、最高裁は、市議会議員選挙にあたり統一候補を選出した組合の決定に反して立候補した者に対して、組合員としての資格停止などをした処分を、統制権の限界を超えるものとして違法とした。

(2) **団体交渉権**　労働者がその経済的社会的地位を向上させるため使用者と対等に交渉するために憲法は団体交渉権を認めた。これをうけて労働組合法では、使用者は正当な理由なく団体交渉を拒否することはできず、交渉の結果としての労働協約には規範的効力が認められるとされ、それに反する労働契約は無効となる。

(3) **団体行動権（争議権）**　団体行動権は、労働者の団体が有利な労働条件の実現のために行われるストライキ（同盟罷業）、サボタージュ（怠業）などの争議行為を行う権利をいう。これはもちろん使用者と対等の関係において交渉を行うために保障されるものである。正当な争議行為には刑事免責、民事免責が認められる。したがって、問題はその正当性の範囲にあることになる。これに関して政治ストの合法性が問題とされている。学説は積極説と消極説に分かれるが、政治ストにも労働者の経済的地位の向上を目的とするものもあることを認め、これを経済的政治ストとしてすべての政治ストを違法とみることに反対する見解が通説といえる。判例では、全農林警職法事件判決（最大判昭和48年4月25日刑集27巻4号547頁）が政治ストを違法と判断しているが、経済的政治的ストについては明確に判断していないとされている。

(4) **公務員の労働基本権**　公務員の労働基本権については大幅に制限されている。公務員とはいっても労働者であることは事実であるから、労働基本権は当然保障されるというのが基本的な考え方であるにしても、その職務の性質とか公共性などにより一定の制約がなされている。すなわち、警察・消防・海上保安庁・刑事施設の職員、自衛隊員には労働基本権すべてが否認されており、

非現業職員は団体交渉権と争議権が、現業公務員は争議権が否認されている。判例の流れは、まず政令201号事件判決（最大判昭和28年4月8日刑集7巻4号775頁）において、公務員が「全体の奉仕者」であるため争議権が制約されるとし、憲法28条に反しないとされた。その後、全逓東京中郵事件判決（最大判昭和41年10月26日刑集20巻8号901頁）や都教組事件判決（最大判昭和44年4月2日刑集23巻5号305頁）などにおいては、公務員の労働基本権の制約は最小限度であらねばならいという基本的立場から刑事制裁の限定解釈が導かれた。

　しかしながら、上述の全農林警職法事件判決においては、公務員の争議行為が国民全体の共同利益に影響を及ぼすものであり、公務員の労働条件は国会で決定されるのであるから争議行為は議会制民主主義に反するなどを根拠として、再び公務員の労働基本権の制約が合憲であるという立場に立ち返ることになった。しかし、合憲論の根拠には重大な反論もなされており、公務員も一労働者であるという基本的立場から、労働基本権の見直しがなされてよい状況にあるのではないかと思われる。

第10章　参政権・国務請求権

第1節　参　政　権

1　総　　説

　国民が国政に参加する権利を参政権という。一般に、参政権には選挙権、被選挙権、国民投票権があり、公務の性質によっては公務就任権も参政権の一部を構成すると考えられる。この参政権はいうまでもなく、国民主権主義の下で民主政治実現のためには不可欠の権利である。

　憲法15条1項は「公務員を選定し、及びこれを罷免することは、国民固有の権利である」としている。この公務員の選定罷免権の意味は、国民が直接、公務員を選定罷免することができるということではなく、その公務員の権利の由来が国民にあるということを意味するものとされている。したがって、公務員の選定罷免権を具体化するのは、公務員の種類・性質を考慮して国会が決定することになる。

　しかしながら、国会議員については国民が直接選出することができるのであるから、同時に罷免権も認められているのではないかという問題がある。通説は、憲法上、選定に関する規定はあるが罷免に関する規定がないこと等を理由として罷免権については消極的である。ただ、それが立法をも排除する趣旨であるかは明らかでない。

2　選　挙　権

　(1)　総　　説　　選挙権は参政権の中でも最も重要な権利である。その法的性格については学説上争いがある。すなわち、プープル主権論を背景にして、選挙権は国民に国政への参加を保障する権利としてとらえる権利説と、権利性は承認されるものの同時に議員選定という公務への参加をも意味するとする二

元説とが対立するのである。通説は二元説であるが、二元説において権利性が重視されると、両説の違いはほとんどないとする見解もある。しかし、権利説からは、二元説が選挙権の制約を容易にしてきたのではないかと批判されており、また、純粋の権利とみることから投票価値の厳格な平等や、投票の棄権の自由などが帰結されるものとしている。

(2)　**基本原則**　　選挙の基本原則としては、普通選挙、平等選挙、自由選挙、秘密選挙、直接選挙が認められている。

(a) 普通選挙：　普通選挙は、15条3項によって保障されている。これは財産や納税額を資格とする制限選挙に対立する概念であり、現在ではそれ以外にも人種、信条、性別、社会的身分、教育などによって差別してならないものとされる。このことは憲法も44条但書で宣言している。なお、これに関連して、外国人の選挙権・被選挙権の問題があるが、次第に肯定される傾向にあるといえる。

(b) 平等選挙：　平等選挙は、14条1項によって基礎づけられる。それ自体普通選挙の内容を含むものといえるが、ここでは選挙内容の平等を意味する。すなわち1人1票制である。これは1人について2票以上の投票を認めたり（複数選挙）、選挙人を特定の等級に分けて投票価値を差別したり（等級選挙）を否定するものとしてとらえることができる。しかし、現在問題であるのは、1人1票制の原則のもとでの投票価値の問題である。議員1人あたりの人口数の格差が1対2までは合憲とする学説が有力であるが、これは極論すれば議員1人に有権者1人という事態に対して、たとえば議員1人に有権者1.9人であるなら、0.9人は1人ではないから（換言すれば0.9人という人間はいないから）切り捨てても合理性があるという発想があると思われる。しかし、議員1人に10人の有権者に対し、格差1対1.9の場合有権者19人であるから、9人が切り捨てられることになりこの発想は破綻してしまう。しかし、どこかで線引きは必要であるから違憲基準としての1対2が採用されたのであろう。それを考慮すれば、あくまで1対1が原則であり、それを超える場合には常に違憲の疑いがあると考えるべきである。

(c) 自由選挙：　自由選挙とは、投票行動の自由および選挙運動の自由を意味する。憲法上は直接明示されていないが、代表民主制からの自明の原則とみら

れ、また15条4項、19条、21条1項などを根拠とすると考えられている。この原則に関連して、強制投票、裏を返せば棄権の自由の問題がある。選挙の権利性を考えれば強制投票は選挙人の自由を侵害することになり許されるべきではない。選挙権自体の法的性格に関する通説である二元説は、選挙の公務性を肯定するので、強制投票を認めやすくなるし、またそれを認めても、白票を投ずることは可能であるから文字通りの選挙人の自由を害したことにはならないという見解と親近感をもつはずである。しかし、ここでの通説は強制投票禁止説である。二元説もむしろ権利性を重視していると解する他ない。

　(d) 秘密選挙：　秘密選挙は、15条4項が「すべて選挙における投票の秘密は、これを侵してはならない」と規定し、これを保障するとともに、「選挙人は、その選択に関し公的にも私的にも責任を問はれない」としてその保障を強化している。これはもちろん選挙の自由と公正を守るためである。これとの関連では投票検索が許されるかという問題がある。通説は、不正投票等については投票内容の調査なしに犯罪捜査が可能であるなどとして、投票用紙の検索は許されないとしている。

　(e) 直接選挙：　直接選挙は、有権者が直接公務員を選挙で選ぶことをいう。有権者がまず中間選挙人を選び、さらに中間選挙人が代表者の選挙を行うものを間接選挙と呼ぶが、憲法は国会議員についてこの間接選挙を許すか否かについて明示していない。憲法93条2項は、地方公共団体の長と議会の議員などについて「直接これを選挙する」としているが、国会議員についてはこの「直接」の文言がないので、間接選挙を否定するものではないとの見解もあるが、国民主権原理をよりよく具体化するのは直接選挙であるから、少なくとも憲法は直接選挙を求めていると解すべきであろう。

　(3)　**選挙権の制限**　　選挙権の制限は、基本的に許されるべきではないが、最高裁は在宅投票制度が廃止されたことによる選挙権の侵害について、制度廃止は立法裁量の問題であるとして違憲判断をしなかった（最判昭和60年11月21日民集39巻7号1512頁）。しかしながら、在外邦人選挙権事件において、最高裁は選挙権およびその行使の制限はやむを得ない事由がなければならず、その制限がなければ選挙の公正を確保しつつ選挙権行使を認めることができない等の事

情がなければやむを得ない事由にはあたらない、との判断を示した（最大判平成17年9月14日民集59巻7号2087頁）。この後も、成年被後見人は選挙権を有しないと規定する旧公職選挙法の規定を違憲とした判決（東京地判平成25年3月14日判時2178号3頁）や、受刑者の選挙権の制限を違憲と判断した判決（大阪高判平成25年9月27日判時2234号29頁。なお、合憲性の基準に疑義があるものの、広島高判平成29年12月20日裁判所Web（平成28（行コ）24）は合憲説を採る）が現れており、選挙権の実質的な保障を要請する傾向を示している。

3　被選挙権

　従来より、被選挙権は選挙人団により選定されたとき、これを承諾し公務員になる資格と説明されてきた。これは選挙権を権利でないと解してきた伝統的な見解を反映するものである。しかし、立候補の自由という意味での権利性は認められるべきであり、判例も三井美唄労組事件判決（最大判昭和43年12月4日刑集22巻13号1425頁）において、「立候補の自由は、選挙権の自由な行使と表裏の関係にあり、自由かつ公正な選挙を維持するうえで、きわめて重要である。このような見地からいえば、憲法15条1項には、被選挙権、特にその立候補の自由について、直接には規定していないが、これもまた、同条同項の保障する重要な基本的人権の一つと解すべきである」として、それを認めている。もっとも、憲法上の根拠づけについては、判例・通説のような15条説の他、13条や44条を根拠とする見解もある。

　このような立候補の自由が認められるとするなら、被選挙権の年齢要件が選挙権よりも高くなっていることや、立候補の場合の供託金のような被選挙権の制限の合理性をどのように考えるかは議論の余地がある。さらに、選挙犯罪と被選挙権の制限との関係では連座制の合憲性が問題になる。連座制は、選挙運動責任者等の選挙犯罪によって、それに関与しない候補者が当選無効や被選挙権の制限を受ける制度をいう。これは1950年（昭和25年）の公職選挙法で規定されたが、1994年（平成6年）の改正で立候補の5年間の禁止など大幅に強化された。判例は連座制を選挙の公正さを保障するためには合理的な制度であるとしている。

【重要判例】連座制による当選無効および立候補禁止請求事件（最判平成9年3月
13日民集51巻3号1453頁）

　青森県議会議員選挙で当選した被告のために、会社組織で選挙運動をした者が選
挙犯罪で有罪判決を受けたことに基づき、当選無効と立候補禁止を求める行政訴訟
が提起された事件。

　最高裁は、公職選挙法の連座制は、「民主主義の根幹をなす公職選挙の公明、適
正を厳粛に保持するという極めて重要な法益を実現するために定められたもので
あって、その立法目的は合理的である。」また、「連座制の適用範囲に相応の限定を
加え、立候補禁止の期間及びその対象となる選挙の範囲も前記のとおり限定し、さ
らに、選挙犯罪がいわゆるおとり行為又は寝返り行為によってされた場合には免責
することとしているほか、当該候補者等が選挙犯罪行為の発生を防止するため相当
の注意を尽くすことにより連座を免れることのできるみちも新たに設けているので
ある。そうすると、このような規制は、これを全体としてみれば、前記立法目的を
達成するための手段として必要かつ合理的なものというべきである」と判示した。

第2節　請　願　権

1　沿　革

　歴史的にみれば、請願権は近代的な議会制度が確立される前の絶対君主制に
おいて、国民が言論の自由をもたず、また国政への参加手段もない時代には、
為政者に民意を知らせる手段としての意味を有していた。しかしながら、国民
主権主義と議会制が確立され、国民が選挙権行使などを通じて国政にその意思
を反映させることができるようになると、この請願権の意味は薄れてくる。た
だ、そのような現代国家の枠組みにおいても、民意の国政への反映が不十分で
あることが指摘されるし、そもそも多様な国民の意思を直接議会・行政機関に
伝えることは民主主義の基本的条件である。その意味で請願権は議会制民主主
義を補充する機能を有しているものととらえることは充分可能である。

　日本においても、明治憲法は30条において請願を認めており、50条で議会が
請願書を受けうることを規定した。しかし、その範囲は制限されており、権利
としての性格は希薄であったとされている。一方、日本国憲法は、16条におい

て「何人も、損害の救済、公務員の罷免、法律、命令又は規制の制定、廃止又は改正その他の事項に関し、平穏に請願する権利を有し、何人も、かかる請願をしたためにいかなる差別待遇も受けない」と規定し、その権利性を明示するとともに、その請願範囲について広くこれを認めている。

2　請願手続

　請願の手続については請願法が定めているが、その効果については法5条が「官公署において、これを受理し誠実に処理しなければならない」という規定があるだけである。通説は、権利行使に対して具体的な義務が生じるものではないとして、審査・回答義務も生じないと解しているが、このような受けるだけの措置が「誠実に処理」することになるのであろうか。少なくとも審査およびその結果の公表などを義務付けるべきであるとの見解もある。ただ、通説のような理解によれば、公的機関に何らかの具体的義務は生じないのであるから請願の範囲は広汎なものであってもよく、たとえば、確定判決や係争中の裁判に関することを内容とするものであってもかまわないことになる。しかし、形式論理としてみれば、請願権に具体的な義務の発生を考えるとするなら、その反対効として、その範囲は合理的なものに限定されることになろう。

　請願権はその主体に未成年者・外国人・法人等も含まれる。この点でも議会制民主主義を補完する機能をもつものとして、現在でも無視できない権利として考えられるべきであろう。

第3節　国家賠償請求権

1　沿　革

　国家が不法行為によって国民に損害を与えた場合に国家の賠償責任を認める制度は、比較的新しい制度である。歴史的には、国家は不法行為をなしえないと考えられ、国家賠償責任は否定されてきた。しかし、国民主権主義の確立とともに、次第に国家賠償責任が認められるようになってくる。明治憲法においては、国家無答責の原則が支配しており、国家賠償の規定は存在しておらず、

国家賠償責任は一般に否定されていた。これに対して、日本国憲法は国家賠償責任についての規定を置き、その17条において、「何人も、公務員の不法行為により、損害を受けたときは、法律の定めるところにより、国又は公共団体に、その賠償を求めることができる」と定め、権力作用・非権力作用を問わず国家による不法行為により損害を被った国民の救済を実現することになった。なお、17条においては、「法律の定めるところにより」と規定されているが、具体的には国家賠償法等が制定されている。

2　法的性格

　憲法17条の法的性格については、従来は、これをプログラム規定と解していた。確かに、17条の規定を形式解釈すれば法律による具体化を命じているだけだと解する余地はある。しかし、そのような見解においても17条の趣旨に明確に反するような法律の効力は否定されるであろうから、単なるプログラム規定と解するのは妥当ではないとする見解もある。現在では、これを抽象的権利を定めた規定であると解する説が妥当であろう。

【重要判例】郵便法違憲訴訟（最大判平成14年９月11日民集56巻７号1439頁）
　郵便局員の過失によって損害を被った原告が、国に対して約787万円の損害賠償を求めたが、その際、郵便法旧68条、73条が郵便物について不法行為に基づく国の損害賠償責任を免除または制限していることが憲法17条に違反すると主張した事件。
　最高裁は、憲法17条の法意について、「立法府に無制限の裁量権を付与するといった法律に対する白紙委任状を認めているものではない。そして、公務員の不法行為による国又は公共団体の損害賠償責任を免除し、又は制限する法律の規定が同条に適合するものとして是認されるものであるかどうかは、当該行為の態様、これによって侵害される法的利益の種類及び侵害の程度、免責又は責任制限の範囲及び程度等に応じ、当該規定の目的の正当性並びにその目的達成の手段として免責又は責任制限を認めることの合理性及び必要性を総合的に考慮して判断すべきである」と判示した。その上で、郵便法による損害賠償責任の制限は、円滑迅速に安い料金で公平な郵便実務を実現するためには正当なものといえるが、書留郵便・特別送達郵便にまでその制限を及ぼすことは裁量の範囲を逸脱し、憲法17条に違反するとした。なお、これについては速やかな立法的措置が行われた。

3　賠償責任の要件

国家賠償法1条1項は、賠償責任の要件として、公務員の故意過失を認めている（これに対して国の営造物の設置管理の瑕疵による賠償責任は無過失責任を定めたものとされている）。その法的な理論構成には争いがあるが、通説は公務員の故意過失による国の代位責任説を採っている。ただ、この説による場合には故意過失の立証の困難性の問題が生じる。国の活動に伴う損害から国民を救済することの実効性を確保するためには、故意過失の要件の緩和が求められている。

第4節　刑事補償請求権

1　意　　義

憲法31条の適正手続の保障をはじめとして、憲法上の刑事手続に関する権利保障によっても、結果として無罪判決を受けた場合には、国民には相当の不利益が生じてしまう。憲法40条は、「何人も、抑留又は拘禁された後、無罪の裁判を受けたときは、法律の定めるところにより、国にその補償を求めることができる」と規定して、刑事補償請求権を認めている。これは、被疑者・被告人が適法に抑留・拘禁された場合であっても生じる国民の不利益であることから、正義・公平の観点から、結果責任を定めたものであると考えられる。したがって、国家賠償請求権のような公務員の故意・過失を必要としない。刑事補償請求権の詳細については刑事補償法が定めている。

2　要　　件

憲法40条にいう無罪の裁判には、免訴・公訴棄却の場合を含むかどうかは憲法上明確ではないが、刑事補償法25条が「もし免訴又は公訴棄却の裁判をすべき事由がなかつたならば無罪の裁判を受けるべきものと認められる充分な事由があるとき」に補償を認めている。しかし、不起訴の場合には特に定めるところがない。判例は40条の抑留又は拘禁には、「不起訴となった事実に基く抑留または拘禁であっても、そのうちに実質上は、無罪となった事実についての抑留または拘禁であると認められるものがあるときは、その部分の抑留及び拘禁

もまたこれを包含するものと解する」としている。少年審判事件における不処
分決定については、「少年の保護事件に係る補償に関する法律」2条が、「審判
を開始せず又は保護処分に付さない旨の判断がされ、その決定が確定した場
合」には、身体の自由の拘束について補償をすることを規定している。

3　補償内容

　刑事補償の内容は、刑事補償法4条が、抑留又は拘禁、懲役、禁錮若しくは
拘留の執行又は拘置による補償については、その日数に応じて、1日1,000円
以上12,500円以下の割合による額の補償金が、また死刑の執行による補償は
3,000万円以内で裁判所の相当と認める額の補償金が交付されるなどと規定さ
れている。

第5節　裁判を受ける権利

1　意　　義

　裁判を受ける権利とは、司法部による公正で独立した裁判を受ける権利をい
う。かりにこうした裁判を受けることができないとするなら、国民の人権保障
は実質的内容をもたないことになる。まさに絵に描いた餅である。国家によっ
て公正に組織された裁判所での法に基づく裁判が要求される所以である。そこ
で、憲法32条は、「何人も、裁判所において裁判を受ける権利を奪はれない」
として刑事・民事・行政を区別せず、国民に裁判を受ける権利を与えているの
である。この場合、民事・行政事件については、自己の権利等が侵害された場
合に国家に対して裁判を求める権利を意味し、その法的性質は国務請求権であ
り、裁判の拒絶の禁止を意味することになる。それに対して、刑事事件につい
ては、裁判所による公正な裁判でなければ処罰されないという自由権的な意味
をもつものとされている。

2　裁判所の意味

　憲法32条に規定する裁判所が何を意味するのかについて、法律上正当な裁判

権を有する裁判所を意味するとする積極説と、32条はそこまでの保障をするものではないとの消極説とがある。この争いは、管轄違いの裁判の場合の最高裁への上告を認めるか否かについて実益をもつものであるが、人権保障の手続上の権利という側面が重視されるなら、積極説に正当性があると考えるべきであろう。

3　裁判の意味

　憲法32条の意味する裁判とは、憲法82条1項で規定されている対審・公開による裁判（判決）を基本的には意味するが、非訟事件（たとえば家事審判法における失踪宣告や後見開始の審判など）については、これらの原則が要求されていないと解するべきであろうか。要求されていないとするのなら、その前提としての憲法32条の裁判を受ける権利そのものも保障されないことになる。近年における訴訟事件と非訟事件との流動的な関係を考慮すれば、確かに対審・公開が直接適用されるのが望ましくない場合を認めるとしても、32条の裁判には非訟事件の裁判を含め、対審・公開を原則として、適正な手続が保障されるべきであるとの見解には正当な側面があるといえる。

　誤りを防止するためには、出された結論を何回も検証することが望ましい。その意味では32条の保障をより確実にするためには、審級制度が不可欠のものとなる。したがって、その不当な制限は32条違反の疑いを生じさせるであろう。

4　裁判へのアクセス

　また、裁判を受けるためには、その費用や裁判へのアクセスの問題も考慮する必要がある。この点で、国選弁護や民事の訴訟救助が制度化されているが、さらに特に司法へのアクセスを改善するために2004年（平成16年）に総合法律支援法が制定された。日本司法支援センター（いわゆる法テラス）は、司法へのアクセスを一元化し効率化することによって、裁判を受ける権利の実質化を図っている。

第11章　国民の義務

第1節　意　　義

　明治憲法においては、兵役の義務（20条）、納税の義務（21条）、教育の義務（勅令による）が認められ、臣民の３大義務とされていた。日本国憲法も第3章の標題が「国民の権利及び義務」として、「権利」と並んで「義務」という言葉を付け加えている。そして、日本国憲法における国民の義務としてとらえることのできるものとして、12条の一般的義務規定のほか、26条2項前段の教育の義務、27条1項後段の勤労の義務、30条の納税の義務という個別的義務がある。しかしながら、これらの義務規定は、明治憲法における臣民の義務と同列に理解されるべきではない。明治憲法においては人権が天皇主権の下で恩恵的に与えられたものであり、それよりも国民の義務が重視されることはむしろ当然であろう。

　日本国憲法においては、人権は人間に固有の権利であり、義務規定によって人権保障を後退させることは許されるものではないことは、憲法11条や97条において、人権が「現在及び将来の国民」に与えられる「永久の権利」として理解されていることからも明白である。さらに、本来、立憲主義の下では、憲法は国家権力を制約する手段としての意味をもつと理解されている。そうすることによって国民の人権を守ろうとするところに憲法の意味があると解されるのであるから、憲法に国民の義務を規定すること自体その本来の役割とは趣旨を異にしているといわざるをえない。憲法99条の憲法尊重擁護義務の規定が、その主体に国民を規定していないのはそのことを意味するものである。そのような意味では、日本国憲法に国民の義務を定める規定があるとしても、それは単なる倫理的指針あるいは立法による義務の設定の予告にすぎないという見解が正当であるといえよう。

　ところで、憲法12条は「この憲法が国民に保障する自由及び権利は、国民の不断の努力によって、これを保持しなければならない。又、国民は、これを濫用してはならないのであつて、常に公共の福祉のためにこれを利用する責任を負ふ」と規定しているが、上述の意味からすれば、具体的な義務を命じたものと理解すべきではないし、その意味で何らかの法的効果をもつものともいえない。また、国民の義務とはいっても、前段は国民の公権力に対する監視義務と解されるものであるから、人権に対する制約という意味ではないことは最低限確認しておく必要はある。また、後段についても、国家の国民に対する義務というよりも人権に内在する制約を国民相互間で調整することの確認規定と読むことも可能である。その他、24条１項もそれだけを読めば、国民の義務を定めた規定のようにみえるが、戦前の家制度からの脱却と個人主義の徹底を図ろうとしていることが重要であり、憲法が直接国民に何らかの義務を負わせようとしているものではない。むしろ１項の基本理念を前提に個人主義的な家族像を根底にもつ法律を制定する義務が国家に課されていることから明らかである。もっとも、解釈上当然私人間効力が認められる労働三権を規定する憲法28条や、私人間効力を唯一法定する憲法15条４項の秘密投票の保障のようなものもあるが、立憲主義の目的と必ずしも矛盾するとはいえない。

第２節　個別的義務規定

1　教育の義務

　憲法26条２項前段は「すべて国民は、法律の定めるところにより、その保護する子女に普通教育を受けさせる義務を負ふ」と規定している。これは同条１項の教育を受ける権利と密接な関連を有する。教育を受ける権利との対応において教育の義務があるのであるから、その対応関係は国対個人ではなく、その保護する子女に対する義務ということができる。なお、「保護する子女」と規定されている以上、親権者に限定されるとは論理必然的には考えられない。

　教育の義務の具体的内容は、教育基本法や学校教育法において定められている。学校教育法16条は保護者は子に９年の普通教育を受けさせる義務を課して

おり、義務違反の場合には履行の督促後10万円以下の罰金刑が科されることになっている。この点で、憲法26条の規定が法的意味をもつとの見解もあるが、それは教育の義務が国対個人の関係よりも、実質的に保護する子女に対する義務と考えられることから説明されるべきである。また、義務を果たそうとしても経済的に困難である場合に、なお義務違反として処罰を行うことは遵法精神を損なう可能性がある。そこで、学校教育法19条は「経済的理由によって、就学困難と認められる学齢児童又は学齢生徒の保護者に対しては、市町村は、必要な援助を与えなければならない」として救済を義務付けている。

2　勤労の義務

　憲法27条１項は「すべて国民は、勤労の権利を有し、義務を負ふ」と規定しているが、このことは国民が労働することを国家が強制することができるという趣旨ではもちろんない。したがって、勤労の義務に違反したからといって制裁を科すことは許されない。国民がどのような職業を選び、どのような経済活動をするのかということの自由は憲法で保障されているのであるから、むしろ、勤労を強制することはこれらの自由の侵害となる。したがって勤労しない生活を選択することは各人の自由である。この観点から憲法27条は道徳的訓示規定と解する見解には理由があるといえる。しかしながら、勤労能力がありながらその意欲をもたず、実際にも勤労しない者について、あらゆる保護が与えられるというのでは国民の公平感が失われるのも当然である。そこで、生活保護法４条１項が「保護は、生活に困窮する者が、その利用し得る資産、能力その他あらゆるものを、その最低限度の生活の維持のために活用することを要件として行われる」とし、また、雇用保険法４条３項が「この法律において『失業』とは、被保険者が離職し、労働の意思及び能力を有するにもかかわらず、職業に就くことができない状態にあることをいう」とした上で、同法12条１項が、失業給付について「公共職業安定所の紹介する職業に就くこと又は公共職業安定所長の指示した公共職業訓練等を受けることを拒んだときは、その拒んだ日から起算して一箇月間は、基本手当を支給しない」として給付制限をしていることは、27条１項に一定限度における法的意味を認めているものと解する

ことも可能である。

3　納税の義務

　すでに、1789年フランス人権宣言13条が「公的強制力の維持のため、および、行政の諸費用のために、共同の分担金が不可欠である。それは、全市民の間に、その能力に応じて平等に配分されなければならない」と規定するように、納税の義務は国家の財政を支え、それによって国家を運営していく上で当然生じる国民の義務であり、それ自体は確かに不可欠なものである。しかし、国民主権下において、そのような公的負担がなされることは、一面において「代表なければ課税なし」の原則に表れているように、国民の代表者による同意を必要とするものである。納税の義務が国家の本質的な要求としてあるとしても恣意的にそれが強制されるならば、民主主義に反することになる。そこで、憲法30条は「国民は、法律の定めるところにより、納税の義務を負ふ」として、所得税法等の法律により納税の義務が果たされることを定めているのである。この原則は憲法84条においてあらためて規定され、租税法律主義として確立している。なお、納税の義務を負う者は、憲法上「国民」と規定されているが、生活基盤が日本にある以上は外国人にも認められ、法人にも課されることになっている（天皇・皇族も例外はあるが基本的には納税義務が認められる）。

第 III 編

平和と統治機構

第12章　国民主権と象徴天皇制

第1節　日本国憲法の基本原理

1　総　説

　日本国憲法の基本原理は、一般的には、国民主権、基本的人権の保障、平和主義であるとされている。しかし、これが基本原理であるということが確定的に規定されているわけではなく、たとえば近代憲法を特徴付ける立憲主義と密接な関係にある様々な原理（法の支配や権力分立原理など）も、日本国憲法の基本原理として考えることができる。しかし、ここでは、一般的に基本原理としてあげられる最初の3つの原理について説明を加えることとする。

　これらの基本原理は、本来、憲法全体を一貫した原理であるから、憲法各本条との関係においてその意味が明確にされていく性質のものであるが（したがって前文改正も憲法改正手続を必要とする）、憲法前文は総論的にその基本原理を明確に宣言している。

2　前文の内容

　前文は全部で4つの段落に分けられている。その第1段は、冒頭で「主権が国民に存することを宣言し、この憲法を確定する」と述べて、国民主権の原理を宣言するとともに、この憲法が民定憲法であることを示している。しかも、そこでは、それに関連して「わが国全土にわたつて自由のもたらす恵沢を確保し、政府の行為によつて再び戦争の惨禍が起ることのないやうにすることを決意」したことも述べられて、結局、人権尊重と平和主義の原理が同時に宣言されている。国民主権が人権尊重と平和主義を動機としてあるいは前提として宣言されているように解釈されるが、後に述べるように、これらの原理の関係はさらに検討を要する。そして、さらに続けて「そもそも国政は、国民の厳粛な

信託によるものであつて、その権威は国民に由来し、その権力は国民の代表者がこれを行使し、その福利は国民がこれを享受する」と述べ、そのような国民主権から導かれる代表民主制の原理が「人類普遍の原理」であることを宣言している。このようにして第1段の最後に、「われらは、これに反する一切の憲法、法令及び詔勅を排除する」と述べて、これらの憲法の基本原理が憲法改正によっても変更されないことを明言している。

　第2段は、日本の戦争への反省から特に平和主義についての決意が述べられる。すなわち、「日本国民は、恒久の平和を念願し、」「平和を愛する諸国民の公正と信義に信頼して、われらの安全と生存を保持しようと決意した」のである。したがって、そこでは9条に結実した武力によらない平和の実現への決意が述べられていると解すべきである。これは、「全世界の国民が、ひとしく恐怖と欠乏から免れ、平和のうちに生存する権利を有する」という言葉とともに解釈するならば、「名誉ある地位」というのは、およそこれまで世界が行ってきた平和のための戦争の論理を否定し、新たな平和の枠組みを構築しようとすることの表れであると評価できる。

　第3段は、「いづれの国家も、自国のことのみに専念して他国を無視してはならない」とし、この政治道徳が主権国家としての「各国の責務」であるとしている。これは9条の自衛権ないしは自衛戦争を考える上で重要である。自己防衛を考える場合には、その理論的枠組みとしては常に「正対不正」の論理が先行しなければならないが、その考え方に反省をせまるものともいえる。

　第4段は、これらの前文の内容について、その達成を誓っている。この宣誓を真剣にとらえれば、後述する前文の裁判規範性も肯定へと傾かねばならないのではないかと思われる。

3　前文の法的性質

　これらの前文は単なる政治的決意を述べたものではないことは、その内容の詳細で豊富なこと、日本国憲法の根本原理が宣言されていることからすれば明白である。その意味では法的性質をもつものであり、法規範であることに疑いはないといえる。問題はそれが裁判において違憲の直接的根拠となるかどうか

である。これは一般に前文の裁判規範性の問題とされている。従来、前文は抽象的なものであり、具体的な内容を含んでいないとされ、裁判規範性は否定されていた。しかしながら、憲法本文にも抽象的な規定は散見され、前文の裁判規範性を認める外国の憲法も存在し、そして何よりも単なる法規範ととらえるにはあまりにも重要な内容を含んでいることなどにより、肯定説も有力に主張されている。少なくとも、憲法前文は憲法本文の解釈に重要な影響を及ぼすものとして、1つの解釈基準であることについては異論はないものと思われる。判例の立場は明確であるとはいえない。前文において規定されている「平和的生存権」に裁判規範性を認めるかどうかについて、自衛隊の合憲性が争われた長沼事件第1審判決（札幌地判昭和48年9月7日判時712号24頁）は、平和的生存権侵害が原告適格の要件としての法律上の利益の侵害にあたるとした。しかし、その控訴審判決（札幌高判昭和51年8月5日行集27巻8号1175頁）はそれを否定し、最高裁（最判昭和57年9月9日民集36巻9号1679頁）はそれについての判断を避けたが、結論としては控訴審の判断を容認した形になっている。

4　基本原理の相互の関係

　なお、上述の基本原理の相互の関係について、それを不可分なものとして理解されるべきであるとの見解が示されている。しかし、この見解は国民の人権が君主主権の下では保障されないという事態を改革するという意味では、充分に尊重されるべきだとしても、その論理過程には検討を要する。すなわち、人権尊重が目的であり手段が国民主権であるとし、そのような意味で相互に不可分であるとするなら、主権者でなければその者の人権は充分に尊重されないことになるが、たとえば国籍を主権と結合させる立場では、外国人についてできる限り人権を尊重するという態度はその見方からは出てこないように思える。国民主権を人権尊重の手段とみるのであるなら、国籍に左右されない主権者概念を採ることが要求されているように思える。その意味では主権概念も人間の尊厳から導かれることになる。そのように考えてこそ、人権尊重を目的とした手段としての国民主権が存在しうる。このような意味において、国民主権と人権は密接不可分のものとして存在するのである。一方、人間が人格的自律性を

もって自由に生存することは戦争状態において実現するはずはない。平和主義はその意味で主権と人権の有り様を決定付けているともいえる。また、逆に、国民主権と人権尊重が存在しない場合には、平和主義も危殆に瀕するともいえる。要するに、これら3つの概念は単独では存在しえないものとして憲法上存在意義を有する。したがって、人権を守るための戦争というのは背理である。

第2節　国民主権

1　主権の意味

　一般に主権は歴史的概念だとされる。すなわち、最初に主権概念を明確にしたジャン・ボダンの『国家論』(1576年) は、フランス国王の権力の絶対性・永続性・最高性を説いたものであり、絶対王政を擁護する理論として利用されたのであるが、やがて市民革命期においては、そのような君主主権を否定するための原理として国民主権が説かれたのである。君主＝国家である君主主権においては、様々な主権概念が統一して君主の権力の中に存在していたといえるが、国民主権においては、国民が個々の具体的な個人の集合体であるため、主権概念もその意味がいくつかに区別してとらえられるようになった。

　そこで、主権の意味については、一般に、①国家権力そのもの、②国家権力の最高独立性、③国政についての最高の決定権という3つの意味が区別されている。①の意味での主権は、統治権すなわち立法権・司法権・行政権を意味する。明治憲法4条は「天皇ハ国ノ元首ニシテ統治権ヲ総攬」すると規定していたのであり、この意味での主権を天皇が有していたのである。日本国憲法においては、41条が「国会は、国権の最高機関」である旨を定めているが、ここでいう「国権」がそれにあたる。国会がその最高機関であるが、代表民主制の論理によれば、国民にそれは由来することになる。②の意味の主権は、前文第3段に「自国の主権を維持し」という場合の主権であり、国家権力が他国からの干渉を受けない独立した存在であり、対内的にも、最高のものであることをいう。③の意味での主権は、②の意味での主権のうち、対内的側面に着目し、国政のあり方を最終的に誰が決定するのかという視点から説明される。その力ま

たは権威を君主がもっていれば君主主権、国民がもっていれば国民主権ということになる。また、「力」に重点を置けば主権の権力行使の側面が強調され、「権威」に重点が置かれれば主権の正当性の根拠の側面が強調されることになる。③の意味での主権が行使されれば、結果として①の意味での主権を掌握することになるのであるから、結局、この3つの主権は相互に関連した概念であるといえる。

2　国民主権の意味

　すでに述べたように、国民主権という場合、国民が多数の個人からなるものであるので、その意思や権力行使についてはつねに不明確な面がつきまとう。そこで、国民主権という場合の「国民」とは何を意味するのか、また、憲法1条でいうような主権が国民に「存する」というのはどういう意味なのかという点が問題とされている。

　(1)　**国民の意味**　　まず、第1の国民主権という場合の国民とは何を意味するのかの論争に関連して、フランス革命期以来の主権論争が参考にされている。そこではナシオン主権論とプープル主権論とが対立的に唱えられた。ナシオン主権論は、国民を抽象的な全国民としてとらえ、具体的個人が主権の行使をすることはできず、その結果として間接民主制がとられることになった。しかもその場合、全国民は抽象的存在であり自らの意思を表明することはできないのであるから、その代表者の性質は純粋代表であり、国民意思との一致は基本的に要求されないことになる。その結果、代表者の意思は国民から独立したものになるのであるから、委任の性質は自由委任であることになる。また、そのような主張からは、普通選挙は要求されず、制限選挙が許されるばかりでなく、選挙によらない代表も可能となる。一方、プープル主権論では、国民は具体的な政治的意思決定能力をもった人民の総体であるとされる。そこでは各個人が主権行使をすることが可能とされ、その結果として直接民主制がとられることになった。ここでは人民は自ら意見表明をする存在としてとらえられるのであるから、代表者の性質は半代表であり、人民の意思との一致が求められることになる。したがって代表者は人民の意思に反する行動をとることができな

い命令委任の下で行動することになる。ここでは選挙は当然に人民の意思を反映させることが必要となるので、普通選挙が当然であることになる。

　そこで日本における論争をみると、国民の意味について、有権者の総体としての国民を考える有権者主体説と、すべての国民を意味するとする全国民主体説とが対立している。このような国民の意味の理解は、上述のナシオン主権論とプープル主権論の対立にあてはめることは形式的には可能である。有権者主体説はプープル主権論に、全国民主体説はナシオン主権論に対応しているようにみえるからであるが、詳細に検討してみると現在では、その対応関係には問題があるとされている。プープル主権論においては国民を有権者団として単純に理解しているわけではないし、全国民主体説においても国民の意味を全く抽象的なものと把握しているわけではないからである。もっとも、これらの説の類似性が、理論的帰結の一般的傾向を示すものとして意味が全くないわけでもない。その「ずれ」についての理論的帰結を慎重に見極めることが要求されているだけである。

　(2)　**主権の帰属の意味**　　これらの有権者主体説と全国民主体説は、同時にその帰属の意味、すなわち主権が国民に存することの意味についても異なる見解へと導いていく。つまり、有権者主体説をとれば、国民が選挙行動という直接的な主権行使によることが重要となるが、そこでは帰属の意味は国民が権力的な契機をもつこと、すなわち国政の最終的なあり方を決定することである。一方、全国民主体説をとれば、有権者を超えて全国民が現実的な権力行使をするという側面は考えにくいのであるから、そこでは帰属の意味は権力の正当化の根拠となることになるとされている。しかしながら、この主権の正当性の側面と権力性の側面を、択一的に考えるならそれは不当であろう。正当性だけを考慮するのなら、国民が現実的な権限を伴わない単なる理念的存在になるであろうし、権力性の側面だけを考慮し正当性の側面を無視するのなら、国家権力の行使が国民に限定されないような事態を許す危険が生じてしまう。そこで、国民主権の原理にはこれら2つの側面の併存を認める見解が有力化している。日本国憲法上も15条や96条のような直接民主制の性質を有する規定と43条や51条のような間接民主制の性質を有する規定とが併存しており、この見解を裏付け

る形になっている。しかし、権力的契機と正当化契機の国民主権原理上の併存
が認められる場合、国民の意味については全国民と有権者とを同一視すること
が必要となる。これを1つの擬制と考える立場もあろうが、権力的契機を重視
する立場をとっても、有権者に国民の意味を狭く限定する必要はないとの立場
も説得的である。国民の政治的表明行動は選挙行動のみならず各種の行動に
よって可能であるとの説もある。ただ補足的にいうならば、常識的に有権者と
いってもそれは「行使」の面を重視した考え方である。権限に着目すれば有権
者以外の者（未成年者等）についても「行使」が停止されているだけだとみる
ことは可能である。選挙以外の各種の主権者としての表現行動が意味をもつの
はこのことを前提にするものだと考えることができる。ただ、個々の憲法解釈
において併存説をどのように具体化するのかという課題は残っている。

第3節　象徴天皇制

1　天皇の地位

(1)　**地位の変遷**　　天皇の地位は、言うまでもなく、明治憲法におけるそれ
とは様相を一変させている。明治憲法においては天皇は、神勅に基づくものと
され、天皇そのものの神格性が宣言されていた。したがって、天皇は主権者と
して強大な権限をもち、天皇に対する罪も、危害を加えるものばかりでなく、
不敬にあたる行為まで重く処罰されていた。しかし、日本国憲法においては、
天皇の神格性は否定され、その地位の絶対性が否定されるとともに主権者とし
ての地位を失い、形式的儀礼的な行為のみが認められる存在となった。当然、
不敬罪も廃止となった。

(2)　**国民主権と象徴天皇制**　　日本国憲法1条前段は天皇の地位について、
「天皇は日本国の象徴であり日本国民統合の象徴である」と定め、その象徴的
地位を宣言するとともに、後段において、「この地位は、主権の存する日本国
民の総意に基く」と規定している。後段は象徴天皇制と国民主権原理の調和を
図ったものであり、さらにその地位が可変的であり、「国民の総意」によって
は憲法改正手続の下に置かれ改正・廃止することもできることになった。もっ

とも、後段の意味するところは必ずしも明確であるとはいえない。国民主権によって支えられたものであれば象徴天皇制も民主主義的性格をもつという論理は、みんなが賛成すれば独裁も民主主義であるというに等しい。ここにこの条文のもつ根本的問題性がある。象徴天皇制は国民主権原理と厳しい緊張関係にあるのである。

　(3)　**象徴の意味**　　ところで、象徴というのは、抽象的観念的なものを具体的物質的なものに言い換える言語機能であるが、その主体と客体の結びつきは直感的なものであり、憲法にはなじまないともいえる。しかし、象徴に歴史的意味を加え、憲法上特別の法的意味を付与することは可能である。つまり、象徴であるがゆえに、天皇は政治的権力をもたないという意味を考えることはできる。したがって、明治憲法下でも天皇は日本国および日本国民統合の象徴であったとはいえるが、その意味は全く異なる。日本国憲法下では天皇は「あこがれの中心」として日本国および日本国民がそこに統合されるようなものではなく、論理は逆であり、統合された日本国および日本国民が、天皇という存在によって象徴的に表されていると考えるのが筋である。そのような象徴の性格の本質的変更を考えれば、1条前段は新しい象徴天皇制が憲法によって創造されたとみるべきであり、明治憲法との制度的継続性を肯定することはできない。

　(4)　**君主と元首**　　天皇は君主か、あるいは元首かという問題もある。君主の定義に統治権をもつことを必要と考えれば、天皇は君主でないし、元首の定義に何らかの実質的権限を考えるべきだとすれば、天皇は元首でさえない。元首について対外的代表としての意味を重視するとしても、天皇に名目上の意味以外を認めることは困難である。現代国家においては君主や元首といっても、その実質は多様な内容をもっており、論者の定義によって変化しうる憲法学上は不要の概念である。天皇の政治利用を考えるのでなければ、そのような名称を天皇に与えること自体は無意味である。

　(5)　**元号問題**　　元号制（1979年〔昭和54年〕の元号法により法制化）については議論がある。明治元年に採用された一世一元制は、確かに天皇がその時代を統治することを意識させる装置であるとはいえる。その意味では国民主権原理と適合しないといえる。しかし、少なくとも憲法は天皇を象徴として認め、形式

的儀礼的ではあるが国事行為を行うものであるから、そして、国民に義務を課するものでない以上は違憲とまではいえない。1999年（平成11年）に制定された国旗・国歌法も、直接は天皇制の問題ではないが、それが天皇主権の国家の象徴的役割を果たしてきた歴史的事実を重視するならば、憲法との適合性が問題となる。もっとも、この問題は、国旗国歌が強制される教育現場での教師・生徒の思想・良心の自由との関係でむしろ問題となる。

　(6) **裁 判 権**　天皇と裁判権の問題については憲法上規定がないので解釈によることになるが、皇室典範21条は「摂政は、その在任中、訴追されない」としており、天皇も当然に訴追されないと解されている。また、民事裁判権についても、その象徴的地位から裁判権が及ばないとするのが判例（最判平成元年11月20日民集43巻10号1160頁）である。しかしこの判例については、学説上、刑事責任と同様の裁判権の範囲外であることを推測させるような規定がないことから、単純に象徴的地位から民事裁判権が及ばないとすることについて批判が多い。

　(7) **皇位継承問題**　皇位の継承については、憲法2条が世襲によることのみを規定し、その他の事項については皇室典範に委ねている。この問題についての現代的問題は女性天皇を容認するかどうかであるが、皇室典範1条は男系男子主義を採用しており、女性天皇を否定している。男女平等論からこれを容認すべきとの立法論もあるが、女性天皇論が人権論であるならば、世襲制や長子主義、あるいは皇族女子の皇籍離脱や養子の否定など天皇制のもつ憲法的矛盾を総合的に考えた上での議論でなければならない。人権論からの女性天皇論は、結局、天皇制廃止論に至る可能性もある。ただ、それを理由として人権問題を天皇制の枠外に置くことを無条件で肯定するのも行き過ぎである。99条は天皇にも憲法尊重遵守義務を課しているのである。天皇の世襲制以外の事柄については皇室典範を改正して、人権尊重を最大限に実現する政策的決定が望まれる。その意味では、新しい象徴天皇制の形として、つまり立法政策の問題として女性天皇を認めることは不可能ではないが、現行天皇制の下での男系男子主義は違憲とまではいえないと思われる。なお、2017年には「天皇の退位等に関する皇室典範特例法」が成立し、天皇の生前退位が行われた。憲法は世襲制

だけを規定するのであるから、その他の事項は皇室典範に委ねられているとみることは可能である。しかし、天皇による生前退位の表明が許されるかどうかは別論であり、さらに退位が「象徴的行為」を十分果たせないという理由であるなら、そもそも国事行為に限定した憲法の立場に立ち返り、象徴天皇制の意味を再確認した上で、公的行為を制限することが大前提であったはずである。また、退位に関連して、新天皇の即位の際の大嘗祭が皇室行事として実施され、公金である宮廷費がそれに充てられたが、これが政教分離違反ではないかという問題も生じている。

2　天皇の権能

(1)　**国事行為**　　日本国憲法は、天皇の権能を著しく制限している。4条は、「天皇は、この憲法の定める国事に関する行為のみを行ひ、国政に関する権能を有しない」と定めている。その具体的内容は、まず6条で、国会の指名に基づく内閣総理大臣の任命と、内閣の指名に基づく最高裁判所長官の任命であると規定されている。また7条には、憲法改正、法律、政令および条約を公布すること、国会を召集すること、衆議院を解散すること、国会議員の総選挙の施行を公示すること、国務大臣および法律の定めるその他の官吏の任免並びに全権委任状および大使および公使の信任状を認証すること、大赦、特赦、減刑、刑の執行の免除および復権を認証すること、栄典を授与すること、批准書および法律の定めるその他の外交文書を認証すること、外国の大使および公使を接受すること、儀式を行うことの10の国事行為が定められ、さらに4条2項に、国事行為の委任の規定がある。天皇はこれらの国事行為のみを行うのであるから、たとえば参政権をもたないし、政治的発言なども禁止されることになる。

　問題はこのような国事行為の性質について生じた。すなわち、これらの国事行為は内閣の助言と承認（3条）によって形式化・儀礼化するだけなのか（したがって、実質的決定権は内閣がもつことになる）、それとももともとそれは形式的・儀礼的なものであるのかということである（たとえば、6条1項では「国会の指名」による内閣総理大臣の任命とされているので、内閣の助言と承認により形式化・儀礼化するのではないとする）。この理論的対立は衆議院の解散権の所在をめ

ぐって顕著なものとなったが、特に定めのない限り国事行為には内閣の助言と
承認が必要であるとの規定が存在する以上、内閣に実質的決定権を認めても不
当とはいえない。結局、ここでの問題は国事行為について天皇の発意・異議を
認めず、責任も内閣が負うという点にある。国事行為が形式的・儀礼的なもの
であることが明確にされていれば実質的決定権の問題は、特に規定がない限り
内閣にそれがあると考える方が自然である。このことは内閣の助言と承認を求
める３条がまず先にあり、４条の国事行為の規定がそれに続く形式を採ってい
ることも傍証となる。

　内閣の助言と承認を一体として考えるかどうかについて問題がある。形式的
には事前の助言と事後の承認が要求されるようにみえるが、事前に助言がある
のに事後になぜ承認が必要となるのかについて合理性がないと考え、通説は、
これを１つの行為とみなし、事前にそれが必要と解している。天皇の発意を禁
じる趣旨からすれば事後では無意味だからである。しかし、判例は解散の合憲
性が争われたいわゆる苫米地事件の第１審判決（東京地判昭和28年10月19日行集
４巻10号2540頁）も控訴審（東京高判昭和29年９月22日行集５巻９号2181頁）も事前
の助言と事後の承認が必要だとしている。

　(2)　**公的行為**　　天皇の行為が国事行為に限定されることは、憲法４条が
「この憲法の定める国事に関する行為のみ」と定め、「のみ」とあえてそれに限
定されるような文言を用いていることから明確である。もちろん、散歩や食事
をしたり、テニスなど私的行為ができることは当然であるが、国会の開会式で
の「お言葉」や、地方巡幸、植樹祭等への参加、外国訪問など、それ自体国事
行為とも私的行為とも言えないような行為を、天皇は現実に行っている。これ
が憲法的に基礎づけられるかが問題となる。学説は、この基礎づけに関して、
象徴としての地位に根拠があるとする象徴行為説、公人としての地位に根拠を
求める公人行為説、国事行為と密接な関係を有する行為だけを認める準国事行
為説が主張されている。通説は象徴行為説であるが、その意図は現実主義的で
ある。憲法が象徴としての天皇を認めた以上、事実上、象徴としての公的行為
を阻止できないのであるから、内閣のコントロール下に置き、徹底して制限的
に認めていくことに合理性があるとみるのであろう。しかし、問題は、その内

閣のコントロールにある。公的行為という境界のはっきりしない行為による天
皇の政治利用をどのように制約するのかは不明である。憲法が国事行為に限定
した歴史的意味と国民主権原理を重視すれば、これらの公的行為の存在自体を
反省する時期にきていると思われる。

3　皇室の経済

　明治憲法下においては、皇室は膨大な私有財産を有しており、議会の統制も
及んでいなかった。その弊害を避けるため、憲法88条は、「すべて皇室財産
は、国に属する。すべて皇室の費用は、予算に計上して国会の議決を経なけれ
ばならない」と定めた。しかし、私有財産を完全に否定したわけではなく、ま
た国有財産であっても、皇居、御用邸などは皇室用財産として使用が認められ
る。後段の皇室の費用については、皇室経済法が詳しく定め、内廷費、宮廷費
および皇族費が認められている。その4条によれば、内廷費とは天皇・皇后・
皇太子・皇太子妃などの内廷にある皇族の生活費および内廷諸費に充てるもの
で、御手元金となり、宮内庁の経理に属する公金ではない。令和4年度は3億
2,400万円である。宮廷費は、皇室の公的活動等のための費用であり、宮内庁
の経理に属する公金である。令和4年度は、67億2,477万円である。皇族費
は、内廷に属しない皇族の品位保持の資に充てるもの、つまりは生活費で、令
和4年度は2億6,017万円である。

　憲法8条は「皇室に財産を譲り渡し、又は皇室が、財産を譲り受け、若しく
は賜与することは、国会の議決に基かなければならない」と規定するが、これ
は皇室が私有財産を蓄積・運用・増大させること自体は許されていると解され
ていることとのバランス上、皇室が膨大な財産を集中させるのを防ぐことと、
皇室と特定の者との不正な経済的つながりを絶つためのものである。もっと
も、皇室経済法2条によれば、相当の対価による売買等通常の私的経済行為に
係る場合、外国交際のための儀礼上の贈答に係る場合、公共のためになす遺贈
又は遺産の賜与に係る場合および少額の賜与・譲受（天皇・内廷皇族は賜与が
1,800万円、譲受が600万円、それ以外の成年皇族は賜与・譲受ともに160万円である）
の場合には、その都度国会の承認を経る必要はないとされている。

第13章　平和主義

第1節　平和主義

1　総　説

　人類の歴史は戦争の歴史であるといっても過言ではない。しかもそれはまだ歩みを止めていない。しかし、だからこそ人類は平和の実現を模索し平和主義思想を生み出してきた。1625年の H. グロチウスの『戦争と平和の法』や1791年のカントの『永久平和のために』などをはじめ、国際法上も、国際連盟規約（1919年）や国際連合憲章（1945年）、さらに1928年の不戦条約もその1条において「締約国ハ国際紛争解決ノ為戦争ニ訴フルコトヲ非トシ且其ノ相互関係ニ於テ国家ノ政策ノ手段トシテノ戦争ヲ抛棄スルコトヲ其ノ各自ノ人民ノ名ニ於テ厳粛ニ宣言ス」と規定し、戦争の規制ないしは違法化が行われた。また、憲法においても、1791年フランス憲法第6篇は、「フランス国民は、征服目的でのいかなる戦争を行うことをも放棄し、かついかなる国民の自由に対してもその武力を使用しない」と定めており、このような侵略戦争の放棄について、その後の憲法も、1848年フランス憲法、1931年スペイン憲法が規定しており、第2次世界大戦後も、1946年フランス憲法、1947年イタリア憲法、1949年ドイツ連邦共和国基本法において同種規定が受け継がれた。

2　9条の意義

　日本国憲法9条は、このような世界の平和主義思想の流れの中でこそ理解されるものであり、しばしば言われるように、世界の中で孤立した突飛な規定を有しているわけではない。しかしながら、日本国憲法は、被爆国であることを含む第2次世界大戦の悲惨な経験から、平和主義を徹底させた規定をもつことになった。すなわち、戦争放棄、戦力の不保持、交戦権の否定である。確か

に、世界の戦争放棄の立場が、侵略戦争の放棄に限定されていることと比較すれば、日本国憲法は、一切の戦争の放棄と戦力の不保持だけでなく、交戦権まで放棄しているということは世界に比類のない徹底した戦争放棄規定だということができよう。しかし、そのことを世界のいわば「常識」にあわせ、平和主義を後退させることが憲法の精神だとは思えない。むしろ、平和主義のあるべき姿を世界に示すことにおいてその意義を有するものであることを確認するとともに、立憲主義憲法により良く適合する価値観の発露としても理解する必要がある。このような視点からは、日本国憲法の平和主義が、その制憲過程においてアメリカの「押しつけ」であったという主張や、単に天皇制維持のための交換条件的な武装解除の結果にすぎないというような見方は、政治的見解としてはともかく、憲法理論としてはあまりにも皮相的である。前文において、「再び戦争の惨禍が起こることのないやうにすることを決意し」、平和を維持しようとする国際社会において「名誉ある地位を占めたいと思ふ」と宣言し、「世界の国民が」「平和のうちに生存する権利を有すること」をも認めようとしているのである。前文とそれと結びついた9条による平和主義の日本国憲法における客観的意味を重視すべきである。

　そうであるなら、戦後の再軍備と軍備拡張の歴史と日米安保条約下での安全保障は、常にその憲法適合性が問題とされなければならない。それは政治的現実が憲法の平和主義の建前を崩さないようにすることが問題なのではない。平和主義の実質を現実化する政治過程であることが重要なのである。その意味では、9条を単なる政治的マニフェストと考えたり、司法の場において統治行為論から政治的現実を放任したり、あるいは憲法変遷論により政治的現実に憲法が譲歩することを許すような理論構成は正当とは思われない。

第2節　9条の規範構造

1　戦争放棄

　9条1項は「正義と秩序を基調とする国際平和を誠実に希求し」と規定し、戦争放棄の目的を示した後、「国権の発動たる戦争」「武力による威嚇」「武力

の行使」の3つの行為を「国際紛争を解決する手段としては」永久に放棄する
としている。ここで問題となるのは、3つの行為を放棄する前提として付され
た「国際紛争を解決する手段としては」の意味である。これを限定的に解釈す
れば、侵略戦争のみが放棄されているのであって、自衛戦争は容認されている
ことになる。文脈からすれば、わざわざこの語句を入れたのには相応の理由が
あるはずだというのである。そこでは、「国際紛争を解決する手段」の従来の
国際法上の意味からすれば、それは侵略戦争のみを指すし、マッカーサー・
ノートは「紛争解決の手段としての戦争」と「自己の安全を維持する手段とし
ての戦争」とを区別しており、憲法9条1項は前者のみを規定したのであるか
ら、自衛戦争を放棄したものではないとも主張される。このような限定放棄説
に対して、それでは前文の趣旨が生かされた9条解釈とはいえないし、侵略戦
争のみを放棄しただけで戦争の悲惨な「被害」（戦争の放棄は、戦争から生じる
「被害」からの自由の保障がなければ無意味である）がなくなったわけではない歴史
の教訓を再認識すべきであるという見解から、侵略戦争はもちろんのこと自衛
戦争も含め一切の戦争の放棄が規定されているとする全面放棄説がある。この
説によれば、本来、自衛戦争と侵略戦争との区別はできないものであるとされ
る。つまり、自衛戦争も「紛争解決の手段としての戦争」であるとするのであ
る。また、もし自衛戦争を憲法が予定しているのであれば、それを前提とする
憲法上の規定、たとえば明治憲法に存在した軍の統帥権や宣戦布告や講和など
の規定が存在するはずであるが、日本国憲法はそれを欠いていると主張する。

　もっとも、9条1項ですでに全面的に戦争が放棄されていると解釈しなくて
も、9条2項において戦力不保持の目的を、「前項の目的を達するため」と規
定されている意味を、1項全体の目的、すなわち「正義と秩序を基調とする国
際平和を誠実に希求し」戦争等を放棄したことと解釈するならば、あらゆる戦
争のための戦力を保持しないこととなり、結局、1項で自衛戦争を認めたとし
ても、現実に自衛戦争を遂行することはできないのであるから、結果としては
全面放棄説と同じことになる。このように、1項を限定放棄説のように理解し
つつ、2項の目的を1項全体の目的ととらえるのが通説である。しかし、前提
として自衛戦争を認めてしまうと、そこには武力行使の契機が必ず存在するこ

とになるのであり、理論としても、2項の「目的」を1項の侵略戦争等を放棄することと解釈し、自衛のための戦力を保持することは許されるという解釈を許すことになる。

2　戦力不保持

(1)　**自衛戦争との関係**　しかし、このように自衛のためとはいえ、戦力の保持を認めることは、自衛戦争と侵略戦争の区別が困難であることに、さらに不明確性をもたらす。およそ戦力というのは自衛か侵略かという区別のつかないものであることは自明である。そこにあるミサイルが殺人兵器であることは認識できるが、自衛か侵略かは、まさに使い方次第である。自衛のための戦力という場合、戦力そのものに歯止めの契機は存在しないのである。このように考えると、9条2項は、自衛戦争のためであっても戦力を保持しないと考えざるをえない。そうすると9条1項の解釈においてなぜ自衛戦争を許す解釈をしなければならないのかが不明である。一方で、1項において全面放棄説を採ると、2項が無意味になるとの批判があるが、戦争の放棄と戦争手段の放棄とは異なるものであり、全面放棄説を採る場合には、2項が単なる確認規定になるとは思えない。比喩として言えば、喧嘩が禁止されていてもナイフは保持しうる。9条はそのナイフの保持も禁止することによって喧嘩の禁止を実効性のあるものにしているのと似ている。現に通説によれば、1項において自衛戦争を認めるが、2項で自衛のための戦力を保持しないとするのは、そのような戦争の放棄とその手段の放棄とを異なるものと考える前提に立つものといえる。そうすると、通説が考えるのは、武力を用いない自衛戦争という概念に到達する。この考え方の基礎には、2項によって自衛のための戦力保持が禁止されているとしても、自衛権そのものは否定されていないとの考えがある。しかし、それでは自衛権についてのこれまでの概念と全く異なる概念を創造することになるが、それではかえって混乱をまねくものと思われる。

(2)　**戦力の意味**　「戦力」そのものの意味については、これまで議論が重ねられてきた。まず、最広義では、戦時において利用可能な一切の潜在能力をいう。しかし、この説では、あらゆる施設（港湾施設、空港、航空機など）が戦力

とされる可能性があり妥当ではない。そこで、もう少し狭く解して、警察力を超えるものと定義する説がある。憲法制定当時の政府の見解であり、通説である。この見解によれば、現在の自衛隊は戦力と評価されることになる。しかし、1952年（昭和27年）に警察予備隊が保安隊と警備隊に改組され、軍備が増強されると、戦力の意味を変える必要が生じた。政府は、近代戦争遂行能力をもつものが戦力であると見解を改めた。さらに、1954年（昭和29年）に東西冷戦下での日米相互防衛援助協定（MSA協定）が結ばれると、自衛隊が発足し、それに見合った戦力の意味の変更が必要となった。そこで、自衛のための必要最小限度の実力を超えていなければ戦力にあたらないという説が登場する。ここでは戦力基準が客観的なものから「自衛のため」というように目的化しており、すでに歯止めはなくなったとも考えられる。つまり、状況によって戦力の意味に相当の幅が生じることを許す基準となったのである。この基準によれば、他の理由から禁止されるとはいえ、核兵器保持も否定はされないことになる。これでは9条1項の趣旨はほとんど有名無実化することになる。

3　交戦権の否認

　憲法9条2項後段は交戦権を否認している。問題は交戦権の意味である。まず、交戦権をその言葉通りの意味として、国が戦争をする権利と解する立場がある。これによれば、9条1項の全面放棄説とよりよく適合することになる。一方で、国際法において交戦国に認められる諸権利（敵国兵力の殺傷破壊や領土の占領など）を意味するとする説もある。これによれば、前提として戦争を何らかの意味で容認するように考えられるのであるから、自衛戦争を容認する立場からすれば、この説を採る他ない。しかしながら、この考え方は論理的に破綻している。つまり、自衛戦争を容認する立場を採りながら、なぜ交戦国に認められる諸権利が否認されるのか、説明は困難である。もっとも、9条1項を全面放棄説で理解する場合には、交戦権の否認は、交戦権の内容をどのように理解しようとも、当然の事を言ったにすぎないのであり、単なる確認規定の意味しかなくなるという批判がある。しかし、9条2項後段は「法的権利」の否認という意味において、9条1項の趣旨をより強固にするものであるといえ

る。それも、自衛戦争を容認する説から交戦権否認を説く矛盾と比べれば、は
るかに問題は少ないといえる。

第3節　自衛隊裁判

　憲法9条に関する解釈問題は以上の通りであるが、そうすると現実に存在し
ている自衛隊（その前身としての警察予備隊および保安隊・警備隊を含めて）の合憲
性が問題となる。

　前文において宣言された平和的生存権と9条の下で、日本は世界に類をみな
い平和国家を目指すはずであった。しかし、現実には、1950年（昭和25年）に
朝鮮戦争の勃発とともに設置された警察予備隊をはじめとして、1952年（昭和
27年）に締結された日米安保条約の下で、日本は再軍備とその軍事力の増強を
行ってきた。

　そこでまず、合憲性が問題とされたのは警察予備隊であった。当時の社会党
書記長鈴木茂三郎は警察予備隊の設置ならびに維持について、憲法9条に違反
するものであるとして違憲確認訴訟を最高裁判所に直接提起した。同人は憲法
81条において最高裁に法令審査権が付与されている以上、最高裁は司法裁判所
としての性格と憲法裁判所としての性格を併存するものであるから、具体的な
事件性の要件を必要とせず、直接憲法判断を求めることができるとしたのであ
る。これに対して最高裁（最大判昭和27年10月8日民集6巻9号783頁）は、「わが
現行の制度の下においては、特定の者の具体的な法律関係につき紛争の存する
場合においてのみ裁判所にその判断を求めることができるのであり、裁判所が
かような具体的事件を離れて抽象的に法律命令等の合憲性を判断する権限を有
するとの見解には、憲法上及び法令上何等の根拠も存しない。」と述べて、警
察予備隊の合憲性についての判断は全く行わなかった。要するに門前払いであ
る。もちろん、現在の裁判所は司法裁判所であることは疑いようがない。その
意味ではこの判決は特に問題がないようにもみえる。しかし、事実問題として、
その後の自衛隊裁判における憲法判断回避の傾向を決定付けたものであるとの
指摘もある。憲法の平和主義の理念あるいは平和国家の理想を裁判所の権限の

問題に矮小化してしまった印象もうける。いずれにしても自衛隊裁判史において
その判決の正当不当という評価を超えた影響をもった判決であるといえる。
　自衛隊の合憲性が争われた事件としてまず挙げなければならないのが恵庭事
件である。この事件では被告人が自衛隊法121条の防衛用器物毀損罪に問われ
ているので、事件性の要件は満たしている。したがって、ここでは被告人が有
罪となる条件として自衛隊自体の合憲性が判断されるはずであったが、裁判所
はその判断を回避し、被告人を無罪にすることによって決着をみた。

【重要判例】恵庭事件（札幌地判昭和42年3月29日下刑集9巻3号359頁）
　被告人は、北海道千歳郡恵庭町で牧畜業を営む者であるが、付近の自衛隊演習場
の爆音等による乳牛の被害などについて補償が認められなかったこと等に抗議し
て、演習場内の連絡用電話通信線をペンチで切断したというものである。これが自
衛隊法121条の「自衛隊の所有し、又は使用する武器、弾薬、航空機その他の防衛
の用に供する物を損壊し」という構成要件に該当するとして起訴されたのである。
　裁判所は、被告人が切断した通信線は、自衛隊法121条にいう「その他の防衛の
用に供する物」とはいえないとして、被告人を無罪にするとともに、自衛隊の合憲
性判断については、本件の事案を判断するには必要のない判断であるとの憲法判断
回避の準則を用いて、その審査を回避した。

　次に挙げなければならないのが、長沼事件である。この事件では、1審の札
幌地裁において、明確に自衛隊の違憲性を認め、さらに平和的生存権の裁判規
範性も容認したのであるが、結局、最高裁においては自衛隊の合憲性判断も平
和的生存権の問題も何ら触れられることがなかった。

【重要判例】長沼事件（札幌地判昭和48年9月7日判時712号24頁、札幌高判昭和51
　　　　年8月5日行集27巻8号1175頁、最判昭和57年9月9日民集36巻9号
　　　　1679頁）
　北海道夕張郡長沼町にナイキミサイル基地を建設するために、農林大臣が保安林
の指定解除を行ったのであるが、これに対し、付近住民が基地建設は森林法所定の
「公益の理由」にあたらないとして処分の取り消しを求めた。
　札幌地裁は、森林法の目的には平和的生存権保障の意味もあるとして、それが侵

害された以上、原告適格はあるとした上で、9条と自衛隊の関係を詳細に論じ、9条2項によって自衛戦争も放棄されているという立場から、そこで規定されている戦力とは「外敵に対する実力的な戦闘行動を目的とする人的、物的手段としての組織体」であり、自衛隊はこれにあたるとした。2審の札幌高裁は、すでに防衛庁の代替施設により洪水の危険等の訴えの利益がなくなっているとした上で、平和的生存権は裁判規範ではないこと、また高度に政治的な判断には司法審査はなじまないことを明言した。最高裁も訴えの利益がないことを理由として、住民の上告を棄却した。

　なお、百里基地事件判決（最判平成元年6月20日民集43巻6号385頁）でも、基地建設のための土地売買に関係して、違憲の自衛隊との土地の売買契約は無効だとして争われたが、最高裁は、98条1項の「国務に関するその他の行為」には私法上の行為は含まれないとして9条の直接適用はないと判示した。学説上はこの点について批判されているが、最高裁は、結局は自衛隊の合憲性判断を行わず、憲法判断は回避されている。

　これらの一連の裁判の憲法回避の姿勢は、様々な理由はあるであろうが、根幹にあるのは統治行為論であろう。統治行為論そのものについては、問題を司法判断に委ねる性質のものではない場合、国会の場で決着をつけるよう要請するもの、すなわち最終的には主権者である国民の判断に委ねようとするものであるとの理由づけが可能であり、これを限定的に認める説が多数といえるが、「高度に政治的」が何を意味するのかが不明確であり、法の支配を真剣に考えるのであるなら、司法の場で政治的理由を挙げるのは妥当とは思われない。その意味で自衛隊裁判には一種の司法の危機が内在している。

第4節　日米安保体制

1　経　　緯

　戦後日本の占領状態は、1952年（昭和27年）のサンフランシスコ平和条約によって終わり、日本は主権を回復した。しかし、主権国家において外国の軍隊が駐留するという状態は説明がつかない。そこで、その根拠を求めて、同年に

日米安保条約が締結されたのである。これは、日本がアメリカに一方的に基地を提供する義務を負うものであったため、1960年（昭和35年）にはそれが改定され、その第5条で「日本国の施政の下にある領域における、いずれか一方に対する武力攻撃が、自国の平和及び安全を危うくするものであることを認め、自国の憲法上の規定及び手続に従つて共通の危険に対処するように行動することを宣言する。」と定め、さらに第6条において「日本国の安全に寄与し、並びに極東における国際の平和及び安全の維持に寄与するため、アメリカ合衆国は、その陸軍、空軍及び海軍が日本国において施設及び区域を使用することを許される。」として、日本の安全と極東における平和・安全ということを目的とする軍事同盟としての性格を強めた。

2　判　　例

　このような日米安保体制が築かれていく過程において、米軍駐留の合憲性についての裁判所の判断が示された。いわゆる砂川事件において、東京地裁（東京地判昭和34年3月30日下刑集1巻3号776頁）は、米軍駐留によって自国とは関係のない武力紛争に巻き込まれるおそれがあり、米軍駐留は日本政府の行為に基づくものであって、それは9条2項で禁止されている戦力にあたるとして、違憲判断をした。ところが、日米安保の改定を前にして、最高裁（最大判昭和34年12月16日刑集13巻13号3225頁）は、次のように判示して、原審を破棄差戻した。憲法9条は安全保障を他国に求めることを禁じていない。9条で禁止されている戦力とは自国の戦力をいい外国の軍隊は戦力にあたらない。日米安保条約は高度に政治性を有する条約であるから、司法審査にはなじまない。つまり、いわゆる統治行為論を展開したのである。

3　学　　説

　日米安保条約については、学説上も争いがある。砂川事件最高裁判決のように、憲法で禁止される戦力には外国の軍隊を含まないとする説がある他、合憲判断を導くものとしては、米軍は国連の集団安全保障体制に基づく準国連軍としての性格を有するとする説、国連の集団安全保障体制の完成までの暫定的措

置として米軍駐留を許そうとする説がある。しかし、砂川事件第１審判決が示すように、日本政府の意思により米軍駐留が許されるのであるなら、それを憲法９条の範囲外とすることには合理性がないように思える。むしろ、日本の軍隊でなければいいという論理は、およそ前文・９条の説く平和主義とは無縁のものであろう。

4 安保体制の強化

60年安保以降も、日米安全保障体制はさらに強固なものになっていった。安保条約を具体化するための、1978年（昭和53年）の「日米防衛協力のための指針」（旧ガイドライン）から、1997年（平成９年）の新ガイドラインに至り、周辺有事に際しての後方支援を行うことになり、米軍の軍事行動と後方支援の一体化によって、安保体制下での行動が結果としては武力行使にあたるのではないか、またそれが集団的自衛権行使となるのではないかとの疑念が提示されている。さらに、1999年（平成11年）周辺事態法が制定されて、その疑念はますます深まった。

2001年世界同時多発テロ事件を契機にして、有事法制は格段に進められることになる。2001年（平成13年）のテロ対策特別措置法は、自衛隊の活動範囲を広め、非戦闘地域ならばどこでも活動が可能となった。また、2003年（平成15年）イラク復興支援特措法（時限立法、2009年〔平成21年〕失効）も、さらに自衛隊の海外派遣を容易にするものであった。これらの既成事実の積み重ねによる「自衛のための自衛隊」から「国際貢献のための自衛隊」への変質は明白である。すでに、2006年（平成18年）の防衛庁から防衛省への名称変更とともに、自衛隊法が改正され、本来的任務として「我が国を含む国際社会の平和及び安全の維持に資する活動」が明記されることになった。これらの一連の法制度が９条と整合的に解釈されるものではないことは明白である。また、集団的自衛権の問題もますます深刻度を増している。９条は遵守されていないから効力をもたないという行き過ぎた議論は論外であるとしても、９条の言語操作をし、その精神に反する政治的行動をとるのは憲法自体の軽視に繋がるものであり不当であると思われる。しかしながら、政府は従来から行ってきた集団的自衛権

行使の禁止の解釈を変更し、2014年（平成26年）7月、集団的自衛権の容認と関連する法整備を行う閣議決定を行った。さらに、これを受けて2015年（平成27年）9月、安全保障関連法（自衛隊法、武力攻撃事態法など10法の改正と新法（国際平和支援法）からなる）が成立し、集団的自衛権行使は現実的なものとなった。集団的自衛権を容認する事態は「存立危機事態」として、「我が国と密接な関係にある他国に対する武力攻撃が発生し、これにより我が国の存立が脅かされ、国民の生命、自由及び幸福追求の権利が根底から覆される明白な危険がある事態」として定義され、他の手段のないことや必要最小限度であることを前提として武力行使が許されると説明されている。

第14章　国　　会

第1節　国会の地位

1　国民代表機関

　日本国憲法前文は「日本国民は、正当に選挙された国会における代表者を通じて行動」するとして代表民主制を宣言している。それをうけて憲法43条1項は「両議院は、全国民を代表する選挙された議員でこれを組織する」としており、国会は国民の代表機関としての地位を有しているのである。国会が国民の代表であるということは、現実には選挙によって議員が選出されることから示されるものであるが、国民が選挙だけの主権者であるとするなら、代表の意味は極めて希薄なものとなる。そこで、従来より、「全国民を代表する」ことの意味が問われてきたのである。

　この点に関して、まず命令委任とする見解がある。つまり、代表するということは選挙民の意思が正確に代表者の活動になって表れる必要があるとするのである。しかしながら、このような見解は、特定選挙区などの利益代表と考える点で、「全国民を代表する」という考え方には適合しない。そこで、次に自由委任（政治的代表あるいは純粋代表といわれる）という考え方が生じた。議員は選挙民に法的に拘束されず自由に表決することを許すという見解である。この見解は、議員は特定選挙区の選挙民の代表ではなく全国民の代表であるという点では正当な側面を有するが、代表機関が国民意思とみなされると考える点では、現実にその不一致を問題とすることなく擬制によって代表を理解することに批判が加えられる。そこで、基本的には自由委任を前提としつつ、民意が政治に反映されることを要求する半代表の考え方が生じた。民意と代表者意思とは擬制ではなく、社会学的事実として一致することが望ましいのであるから

（社会学的代表）、半代表の考え方が採られるべきである。なお、民意と代表者意思の一致は、公正で平等な選挙制度によって実現されることになる。

　ところで政党政治の発展は自由委任の考え方に問題を生じさせている。党議拘束は議員の活動を制約することになるが、これが自由委任の考え方に反するのではないかという問題である。しかし、半代表の考え方からは、政党は民意の表れであり、それによる議員活動はむしろ望ましいことになる。ただ、たとえば比例代表制の下で選出された議員が党籍変更等した場合、それが議員自身の意思でなされた場合以外においても議員資格を喪失するとするほどに強い拘束を認めるとするなら、自由委任の原則違反の問題が生じうる。この点で、比例代表選出議員の他政党への移動を禁じた、2000年（平成12年）の法改正（国会法109条の2〔退職者扱いとなる〕および公職選挙法99条の2〔当選失格となる〕）には問題がある。

2　国権の最高機関

　憲法41条前段は「国会は、国権の最高機関」であるとしている。国会が主権者の代表から構成されるという意味では、最高機関であると考えることは可能であるが、他の機関を監視・批判するという意味での統括機関だとするのは権力分立主義から問題がある。しかし、国会は国政において中心的地位を占めるべきことは事実であるから、その意味では最高機関だといえよう。ただ、そのような政治的美称としての最高機関であるとするのは、現在、行政諸機関の権限が強大なものとなっていることを考慮すると、問題なしとしない。むしろ国民に最も近接した機関であることを考えれば、国政について最高の責任を負う地位にあることを確認した上で、何らかの法的意味を付与しようとする試み（最高責任地位説）にも合理性があると思われる。

3　唯一の立法機関

　国会は「国の唯一の立法機関」であると、憲法41条後段は規定している。「唯一」であるから、国会が立法権を独占しているということである（国会中心立法の原則）。しかし、法律を実施するための行政機関による命令や委任命令は

認められる。ただし、白紙委任は当然許されないし、委任は個別的・具体的なものでなければならない。なお、国会中心立法の原則の例外として、議院規則（58条2項）や最高裁判所規則（77条1項）がある。また、「唯一」ということは、国会以外の機関の関与なしに立法が行われるということも意味する（国会単独立法の原則）。したがって、59条1項が規定するように、法律案は両議院で可決したときに法律となる。この原則に対しては、95条が例外を定めており、地方特別法について住民投票による同意を要求している。もっとも、住民同意は国民による立法であるから例外ではないという説もある。なお、内閣の法律案提出権があるかどうかについて議論があるが、通説は、発案権は立法そのものではなく、国会で審議・修正等するものであること等を理由にこれを容認する。

　「立法」の意味は、形式的意味の立法、すなわち国法の一形式である法律の制定とみるべきではなく、実質的意味としてとらえられるべきであるとされている。問題は実質的意味とは何かであるが、権利義務に関する法規範とする見解もあるが、一般的・抽象的な法規範の定立とみる見解が一般的である。この見解からは、特定人あるいは特定事件を規律する措置法には重大な疑義がある。しかし、平等原則や権力分立原理等を侵害しない限り違憲ではないという見解が有力ではある。

第2節　国会の組織と活動

1　二　院　制

(1)　**経緯と類型**　　憲法42条は「国会は、衆議院及び参議院の両議院でこれを構成する」と定め、二院制を採用している。憲法制定過程においては、一院制を採っていたマッカーサー草案を覆して明治憲法以来の二院制を採用したという経緯がある。

　二院制の類型としては、議院を設ける目的により、①貴族院型（貴族団体などから上院が構成され、下院を抑制する）、②連邦型（連邦構成国の代表としての下院と連邦全体の代表としての上院により構成される）、③民主的第2次院型（単一国家

において上院・下院とも民選により構成されるもので、一方が他方を抑制する機能をもつ）が認められている。

　(2)　**参議院の意義**　　日本国憲法における衆参両議院は③の類型に属するものであるが、両議院議員が同様の選挙制度によって公選されるのは、非常に珍しく特異な制度となっている。そこで参議院の意義が問われ、小型の衆議院であるとか、衆議院の「カーボンコピー」であるとかと揶揄されてもいる。しかし、審議の慎重を期するためであるとか、より多くの民意を国会に反映させるためであるとかを考慮すると、参議院の意義は決して小さいものとは思われない。

　(3)　**両議院の組織**　　衆参両議院はともに公選議員から構成されることの帰結として、憲法48条は両議院議員の兼職を禁じている。しかし、任期については衆議院議員が4年で解散の際には任期前に終了する（45条）のであるが、参議院議員は6年で3年ごとに議員の半数を改選する（46条）ことになっており、差が設けられている。参議院議員に安定した活動を保障し、衆議院に対する抑制機能をもたせたものとされている。また、その他、定数、選挙区、被選挙資格などに差が設けられている。

　(4)　**両議院の相互関係**　　両議院の関係であるが、同時活動の原則と独立活動の原則が認められている。前者は憲法54条2項を根拠にして、両議院が召集・開会・会期・休会において同時に行われるという原則である。ただし、この原則の例外として衆議院が解散されたときの参議院の緊急集会が認められている（54条2項、3項）。後者は、各議院が独立して議事および議決を行うことをいう。根拠となるのは憲法56条1項（議事議決が両議院それぞれについて定足数を満たす必要がある）、58条（両議院がそれぞれ議事手続などについて自律権をもつ）、59条（法律案が両議院の可決を必要とする）などである。ただし、両議院の意思が異なる場合には、両議院の協議会が開かれる。国会意思の成立のために両院の妥協を図るためである。

　憲法は一定の場合に衆議院の優越を認めている。まず、内閣の不信任決議（69条）は、衆議院にだけ認められた権能である。さらに予算の先議権（60条1項）が衆議院に与えられている。また、法律案の議決（59条2項）、予算の議決

（60条2項）、条約の承認（61条）、内閣総理大臣の指名（67条2項）について衆議院の優越が認められている。

2　選挙制度

憲法47条は「選挙区、投票の方法その他両議院の議員の選挙に関する事項は、法律でこれを定める」と規定している。これをうけて公職選挙法がその詳細を定めている。これは国会の自由裁量であるとするのが通説であるが、投票価値の平等の観点からの制約は当然あると解される。

選挙区は選挙人団を区分するための基準となるものをいう。各選挙区ごとに1人の議員を選出するのが小選挙区制であり、複数の議員を選出するのが大選挙区制である。

選挙によって議員をどのように決定するか、つまり選挙区と投票方法とをどのように組み合わせていくかで、代表の意味が異なってくる。もちろん選挙による死票をできるだけ少なくし、民意を細やかに反映する方法が望ましいといえるのであるが、現実の政治・社会の具体的状況との関係を考慮すべきであるとの見解にも注意が必要である。

代表の方法には、まず多数代表制が認められる。選挙区の選挙人の多数派に議席を独占させる可能性を承認する方法である。小選挙区あるいは、大選挙区においても定数と同数の候補者名を記載させる場合がその例といえる。しかし、これによれば多数の死票が生じることが指摘されている。次にこの多数代表制の欠陥を補うために、少数代表制がある。これは選挙区の少数派にも議席が与えられることを可能にする制度である。大選挙区において1人の候補者を記載させたり、あるいは議員定数よりも少ない候補者を記載させる場合などがその例である。得票率を議席数に合理的に反映させようとして考案されたものが比例代表制である。これは多数派と少数派の各派の得票数に応じて議席を配分しようとする制度である。これには、多くの方法があるが、大別すると、単記移譲式と名簿式とがある。単記移譲式は、単記投票について、当選のために必要かつ十分な得票数を超える票を、投票者の指定した順位に従って、他の候補に順次移動する方式である。名簿式は、投票者が政党の作成した名簿に対し

て投票し、原則として名簿上の候補者間で投票の移譲を行う方式である。この名簿式にはさらに拘束式と非拘束式とに分かれ、拘束式は政党指定の名簿の順位に従って当選が決まるものであり、非拘束式は投票者が名簿の順位を変更しうるものである。日本における参議院議員選挙はこの非拘束名簿式を採用している。ただ、この比例代表に対しては、多数の政党の乱立による政治の不安定や、有権者と議員との直接的な関係が希薄になる等の批判もある。

【重要判例】参議院非拘束名簿式比例代表制違憲訴訟（最大判平成16年1月14日民集58巻1号1頁）

　参議院議員の比例代表制が非拘束名簿式を採用していることに対して、登録者個人への投票を希望する者が同時にその個人が所属する政党には投票したくない自由を認めず、また議員辞職等の場合にも政党への投票意思だけが残ってしまうことが、憲法15条に反する等とした事件。

　最高裁は、「政党は、議会制民主主義を支える不可欠の要素であって、国民の政治意思を形成する最も有力な媒体である。したがって、国会が、参議院議員の選挙制度の仕組みを決定するに当たり、政党の上記のような国政上の重要な役割にかんがみて、政党を媒体として国民の政治意思を国政に反映させる名簿式比例代表制を採用することは、その裁量の範囲に属する」と判示して、合憲判決を下している。

　現行の選挙制度は、衆議院については、小選挙区において議員定数289人を最多数の得票により選出し、全国11ブロックで行われる比例代表において議員定数の176人を選出する。ただし、政党候補者については、小選挙区と比例代表への重複立候補が認められている。また、参議院については、各都道府県を単位とする選挙区において議員定数148人の選出を行い、非拘束名簿式比例代表によって議員定数100人を選出する。なお、参議院においては、憲法46条により、3年ごとに定数の半数を改選する方法がとられている。

3　国会議員の地位

　議員は選挙で当選することによってその地位を取得し、任期満了や辞職、除名、資格争訟の裁判などによってその地位を失う。

　議員の権能としては、発議権、質問権、質疑権、討論権、表決権などが認められている。

　議員の特権として保障されているのは、不逮捕特権、免責特権、歳費請求権である。不逮捕特権の保障は、憲法50条が「両議院の議員は、法律の定める場合を除いては、国会の会期中逮捕されず、会期前に逮捕された議員は、その議院の要求があれば、会期中これを釈放しなければならない」と定めている。これは時の政府の権力濫用により議員の職務遂行が妨害されないように身体的自由を守ることに目的がある。ただ、現在、政府による不当逮捕のおそれよりも、議員の汚職等が問題となる場合が多くなっているとして、議院の活動が確保されることに不逮捕特権の目的があるとする見解もある。この場合には、議院の逮捕許諾基準は緩くなるものと思われる。

　免責特権については、憲法51条で「両議院の議員は、議院で行った演説、討論又は表決について、院外で責任を問はれない」と規定されている。これは、議院における議員の自由な言論及び表決を保障することによって、議院の機能を正常に保持しようとするために認められたものである。「議院で行った」行為についての意味は、「議院内で」というように狭く解釈する説もあるが、職務上行った行為を含むとするのが通説である。「院外で」問われない責任とは民事・刑事の法的責任のことである。しかし、「院内で」の責任は別である。一定の場合には懲罰の対象になる。

　歳費受給権は、憲法49条に規定されている。歳費は1年を基準としての議員の勤務に対する報酬である。その額については、国会法35条が、一般職の国家公務員の最高の給与額より少なくない額と定めている。

4　国会の活動

(1)　会　期　制　　国会は一定の限られた期間において活動する。この期間のことを会期というが、憲法は一般的には会期を規定していない。しかし、憲法50条、52条、53条により会期制を採ることが当然と考えられるため、国会法10条は会期制を明示している。

　国会はこのような会期ごとに独立して活動するのであって、会期中に議決に

至らなかった案件は後会に継続しないという会期不継続の原則が認められている。また、一旦否決された案件は同一会期中には再度審議に入らないという一事不再議の原則もある。明治憲法に規定されていたこの原則は日本国憲法でも合理性があるとされるが、憲法上明文の規定はない。そこで、新規の合理的な理由をもとに、再提案を許すとする見解もある。

　会期には常会（通常国会）、臨時会（臨時国会）、特別会（特別国会）がある。常会は主に予算の議決等のために、毎年1回召集され、会期は150日である。臨時会は必要に応じて召集される国会であり、内閣が召集する他、「いづれかの議院の総議員の4分の1以上の要求」（53条）によって内閣による召集が決定されなければならない。この召集の期限については憲法上の規定はないが、相当の期間内と解するべきであろう。従来、ほとんどが期限を指定しての要求であったが、これに自動的に拘束されるわけではないものの、相当の期間内での召集の義務は認めるべきであろう。この点については、2017年6月に要求された臨時国会につき、98日後に臨時会を開いたものの、即時に衆議院を解散したことについて、国会議員らから国賠訴訟が提起された。広島高岡山支判令和4年1月27日裁判所Web（令和3（ネ）77）は、「内閣は、国の機関として臨時会召集決定をするに当たり、同じく国の機関である国会に対する関係において、召集手続等を行うために通例必要な合理的期間内に臨時会を召集する法的義務を負うのであり、この法的義務は機関相互を規律するものではあるが、機関を構成する当該各個別の国会議員との関係を規律するものではないというべきである。」として、召集についての憲法的義務は認めたが、国賠請求は認めなかった。また、より本質的な問題として（立法論として）、なぜ内閣が「国会」の召集権を有するのかについて疑問はある。特別会は、衆議院の解散による総選挙の後、30日以内に召集される国会である。

　(2)　審　議　国会審議については、まず定足数の問題がある。すべての議員の出席を求めるのは現実的ではないが、あまりに少ない数によって議事・議決を行うのも国民主権の原理から不当といえる。そこで憲法56条1項は「両議院は、各々その総議員の三分の一以上の出席がなければ、議事を開き議決することができない」として定足数を定めている。ここでいう「総議員」の意味

については、法定議員数をいうのか現在議員数をいうのかで争いがあるが、もともと3分の1という数字が低い数字であることと、法定議員数の方が一定した数字で定足数をとらえることができるなどを理由として、法定議員数説が有力である。

　表決数については憲法56条2項において、「両議院の議事は、この憲法に特別の定のある場合を除いては、出席議員の過半数でこれを決し、可否同数のときは、議長の決するところによる」としている。「出席議員」に棄権者、白票、無効票を含めるか否かで争いがあるが、議決は何らかの意味で現状を変更するものであるとするなら明確な意思表示等を必要とすること等を理由として、これを含めるとする説が有力である。

　なお、会議は公開としなければならない（57条1項）。国民の知る権利から当然導かれる原則である。ただ、委員会は原則として傍聴することができないし、両院協議会は傍聴が許されていない。なお、両議院の会議は出席議員の3分の2以上の多数で議決したときには秘密会を開くことが可能である（57条1項但書）。

第3節　国会と議院の権能

1　国会の権能

（1）**法律制定**　国会の権能の最も重要で中心的なものは法律制定にある。法律は、発案、審議、議決、署名、公布という手続を経て施行される。すでに法律制定については述べたところであるが、なお若干説明を要する問題がある。まず、発案権については国会がもつことは当然であるが、内閣も有している（内閣法5条）。これが認められる根拠についてはすでに述べたが、問題は内閣提出の法案が多い傾向が未だに続いていることである。委員会提出の法案においても行政各機関の意向によるものもあり、議員立法が形式化している側面もある。唯一の立法機関としての国会の機能を回復することが望まれる。なお、議員立法の発議については、衆議院において20名以上、参議院において10名以上の賛成が必要であり、予算を伴うものについては、それぞれ50名以上、

20名以上の賛成が必要となる。法律案の審議は、委員会中心に行われる。委員会には常任委員会と特別委員会が設けられるが、これは審議の大量化・専門化に応じるためには合理性があるが、一方で、各行政機関や利益団体の影響をどのように調整するかについて問題が指摘される。議決は両議院の可決が原則であるが、衆議院での３分の２以上の特別多数による成立が認められている（59条２項）。また、参議院の緊急集会においては参議院のみによる法律制定が可能である。もっとも「次の国会開会の後十日以内に、衆議院の同意がない場合には、その効力を失ふ」（54条３項）。

(2)　**予算の議決**　予算案の提出は内閣が専権的に行う（73条５号）。国会審議においては、衆議院に先議権が与えられ（60条１項）、また通常の法律案と比較して衆議院の優越が強化されている（参議院が予算を受け取った後30日以内に議決しないときには衆議院の議決が国会の議決となる―60条２項）。また、法律案と異なり、両議院協議会の開催は必要的である。その他、予算に関連して、国会には広汎な財政監督権が認められているが、これについては第17章の財政の項に説明を譲る。

(3)　**条約の承認**　条約の締結権者は内閣である（73条３号）。したがって、国会はその承認を行うことになる。承認については予算と同様の衆議院の優越が認められているが、先議権は認められていない。内閣が条約を締結する場合には、「事前に、時宜によっては事後に、国会の承認を経ることを必要とする」（73条３号但書）。条約が適正に成立すると、特別の立法なしに国内法としての効力をもつとされるが、憲法との関係では、条約による憲法の無効化や改正の可能性を問題であるとして憲法優位説が判例・通説である。

　事前に国会の承認が得られないとするならば、その条約を締結することはできないのは明白である。しかし、事後承認が得られない場合の処理については争いがある。この点については、条約法に関するウィーン条約46条１項が「いずれの国も、条約に拘束されることについての同意が条約を締結する機能に関する国内法の規定に違反して表明されたという事実を、当該同意を無効にする根拠として援用することができない。ただし、違反が明白でありかつ基本的な重要性を有する国内法の規則に係るものである場合は、この限りでない」と規

定しているが、その趣旨は条件付無効説に近似するとされている。しかし、憲法に違反するような条約はこの規定によっても無効とせざるをえないのであるから、条件付無効説に近似するか単なる無効説にすぎないとみるかは言葉の問題であるようにもみえる。憲法が明確に国会の事前あるいは事後の承認を求めているのであるから、条約締結においてそれを確認する義務が生じているとみるべきである。それを前提とすれば、有効説が述べるような法的安定性の問題は本来生じない。

　国会が承認する際に修正する権利が認められるか否かについても争いがある。しかし、修正権を認めたとしても、相手国に対して効力はないのであるから、それは新たに条約を結ぶことを意味する。そうすると結局は、当該条約については修正権が認められないのと同じ結論になるのであるから、この争いは名目上のものにすぎない。

　(4)　**内閣総理大臣の指名権**　　内閣総理大臣は、国会議員の中から国会の議決によって指名され（67条1項）、天皇が任命する（6条1項）。この国会の指名には、特に強い衆議院の優越が認められている（67条2項）。なお、内閣総理大臣の指名は他のすべての案件に先だって行われることになっている（67条1項）。

　(5)　**弾劾裁判所の設置**　　憲法は国会に、裁判官の罷免のために、弾劾裁判所を設置する権限を付与している。このような国会による弾劾裁判所の設置は、裁判官の身分保障を強化するためのものである。この弾劾裁判は、まず裁判官訴追委員会の訴追を必要とするが、裁判官訴追委員会は、衆参両議院の議員各10名から構成される（裁判官弾劾法5条1項）。弾劾裁判所は、衆参両議院の議員各7名から構成されることになっている（同法16条1項）。

　(6)　**憲法改正の発議**　　国会は、憲法改正の発議を行うが、第19章で詳述する。

2　議院の権能

　(1)　**国政調査権**　　憲法62条は「両議院は、各々国政に関する調査を行ひ、これに関して、証人の出頭及び証言並びに記録の提出を要求することができる」と規定している。この国政調査権の性格について、立法活動等を補助する権限だとする補助的権能説と、他の権限から独立したものであるとする独立権

能説とが対立する。しかし、国会権限は非常に広いのであるから、補助的権能説をとっても、国政調査権の範囲は広汎であるし、独立権能説をとっても三権分立制を破るものであってはならないから、そこには自ずから限界があることを考えるなら、両説は実際に大きな違いがあるものではないとの見解がある。しかし、より問題であるのは性質をどのように考えるにしても、その限界である。

まず、司法権との関係では、その独立を害するような調査は許されるべきではない。つまり現在係争中の事件や確定判決の批判を目的とするような調査は許されない。もっとも、並行調査、すなわち訴訟目的とは別の目的での調査は、特に政治家の汚職事件にからんで積極的に解するべきであるとの立論も活発である。行政権との関係では、国会の行政コントロールの視点からは当然国政調査が認められるものであるが、特に検察権との関係においては、検察と司法とが密接な関係に立つことから、司法権と同様の制限が必要となると考えられる。また、人権保障との関係では、議院における証人の宣誓及び証言等に関する法律7条は、証人の証言等に関して罰則規定を置いているが、これらが証人のプライバシー等を侵害することは許されるべきではない。もっとも、国政調査権にはこれらの限界はあるものの、一般論としては、国民の知る権利の保障を考慮して、これを広く認めていくべきであるという見解もありうる。

(2) **自律的権能**　　まず、議院規則制定権が認められる（58条2項前段）。そこから現行規則としては衆議院規則と参議院規則が定められている。これはもちろん議院の内部規律について制定する権利が認められなければ、議会の独立が守られないことから当然であるが、ここでは両院の議決を必要とする法律との関係が問われる。具体的には現行法として国会法が存在しており、これとの優劣関係が問題である。法律優位説と規則優位説とがあるが、形式的な法体系における法律の優位から前者が有力であるが、議院の自律性を考慮した国会法の取扱いをすべきであるとの見解も評価に値する。

次に、議員の資格争訟の裁判がある。憲法55条は「両議院は、各々その議員の資格に関する争訟を裁判する。但し、議員の議席を失はせるには、出席議員の三分の二以上の多数による議決を必要とする」と規定する。これは弾劾裁判

と同様に、司法権の例外であるから、この裁判に対する裁判所への救済はできない。

　議員の懲罰も議院の自律性から導かれる権限である。すなわち両議院は院内秩序をみだした議員を懲罰することができる（58条2項）。院内といっても文字通りの議事堂内という意味ではなく、院外であっても議院運営にかかわるものであるとか、あるいは議員としての行動による院内秩序と相当因果関係にあるものを含むと解されている。なお、懲罰については、資格争訟の裁判と同様に司法権の例外として、裁判所への救済は認められないとするのが通説である。地方議会議員の懲罰については、第16章第1節3(5)を参照。

　この他、両議院の議長等の役員選任権（58条1項）、議員の逮捕の許諾および釈放要求権（50条）などが認められている。

第15章　内　　閣

第1節　内閣の地位

1　行政権の意味

　憲法65条は「行政権は、内閣に属する」と定めている。行政作用は立法・司法と比較すると、非常に大きな範囲を有するものである。それは歴史的にみても、当初は君主が国家作用のすべての権力を有していたものが、立法権は議会に、司法権は裁判所に移り、残りの行政権が残ったという事情からみても、その範囲や内容が広く多様であることが推測される。その事情を反映してか、行政権の意味を論じる場合、すべての国家作用から、立法作用と司法作用とを除いた残りの作用を行政権と定義するのが通説化している。これを控除説あるいは消極説といっている。しかしだからといって、行政権が「控除」された残りのものを包括するための枠組みにすぎないもので、その意味では内容空虚な概念であるとするのは、立法権および司法権が積極的な定義を行うことと比較し、あまりにも行政権の意味を希薄にしてしまい適切とはいえない。そこで、積極的な意味を考えようとする見解が主張されているが、多種多様な行政の概念を統一してとらえることの困難性を克服したものとはいい難い。ただ、国民主権原理から考えるならば、公権力の行使はすべて国会の制定する法律を執行するものであることは、法の支配の観点からは当然であり、行政作用は、そのうちの司法作用を除外したものをいうとする見解は、控除説を実質的観点から説明し、行政作用を明確にするものとして正当であると思われる。

2　行政権の帰属

　憲法65条が、行政権が内閣に帰属するとしていることの意味を考える場合、立法および司法の帰属が、「唯一」とか「すべて」という言葉によって、限定

的にその帰属を指示していることとの比較が重要である。すなわち、内閣がすべての行政作用を担うのではなく、各行政機関によって行政が行われ、内閣がそれを指揮監督し（72条後段）、統括する地位に立つことを意味するのである。しかも、それは議院内閣制の下では、結局のところ国会のコントロール下に置かれることを意味するのであるから、行政全般は国民主権原理において理解が可能となる。そのように考えるならば、内閣と独立して機能している独立行政委員会（たとえば、人事院、公正取引委員会、国家公安委員会、中央労働委員会など）を認めることは、憲法の基本原理に反するのではないか、また具体的には憲法65条および66条3項に反するのではないのかが問題となる。

　この点については、学説は一般に合憲と解するのであるが、その理由づけは大別すると2つに分かれる。まず、独立行政委員会も65条の例外と考えるべきではなく、実際に、人事面や予算面をみれば内閣のコントロール下に置かれているとする見解がある。ただ、この立場によると、同様に内閣に人事権・予算作成権のある裁判所も、内閣のコントロール下にあり独立を認められていないことを承認しなければならず、問題がある。そこで、65条は、前述のように行政が内閣にすべて帰属するものではないことを認め、政治的中立性を必要とする職務について、党派性の強い内閣から独立した行政委員会を認めることは、国会の直接的コントロールを条件とするならば正当であるとする説が行われている。もっとも、本来、政治的中立性を求められる独立行政委員会が、国民の代表とはいえ政治的性格の強い国会のコントロールになじむものかどうかについて批判はある。

【重要判例】人事院違憲訴訟（福井地判昭和27年9月6日行集3巻9号1823頁）

　国公法および人事院規則違反により免職処分を受けた原告が、人事院は憲法65条違反の制度であること等を理由として、処分無効を争った事件である。

　裁判所は、「公務員法が人事院を設置し、之に国家公務員に対する行政を委ねた所以のものは、国家公務員が全体の奉仕者であって一部の奉仕者でなく、国家公務員が国民の一部に対し奉仕するようになった場合、国家がその存立を危うくすることは各国歴史上明らかなことであること、吾が国においては議院内閣制を採用している結果、内閣は、当然政党の影響を受けること、これ等のことから、国家公務員

が政党の影響を受けて一部の奉仕者となることを極力避ける為には、内閣と国家公務員との間に独立の国家機関である人事院を設け国家公務員に対する或種の行政を担当させるべきであるところに存在する」とし、人事院は民主主義に適合し、国家目的から考えて必要であって、憲法65条に違反しないとした。

第2節　内閣の組織と権能

1　内閣の組織

(1)　**内閣の構成と国会議員**　内閣は66条1項が規定しているように、首長たる内閣総理大臣およびその他の国務大臣から組織される合議体である。内閣法2条2項によれば、国務大臣の数は通常14人以内であるが、特別の必要がある場合には、17人以内とすることができる。各大臣は、主任大臣として行政事務を分担管理するが、分担管理しない大臣の存在も認められている（内閣法3条）。内閣が職権を行うのは閣議による（内閣法4条1項）。

　内閣総理大臣は国会議員であることが必要である（67条1項）。これについては、資格要件であるとともに、在職要件でもあるとするのが一般である。したがって、内閣総理大臣が議員辞職したり、議員資格を失ったりした場合には、内閣総理大臣の資格も失うものとされる。その場合には、憲法70条が内閣は総辞職すべきものと定めているが、同条では、衆議院議員総選挙の後に初めて国会の召集があった場合の内閣総辞職を定めているので、たとえば議員の任期満了や解散後の総選挙で落選したような場合には、召集のときまでは内閣総理大臣の地位を失わない。

　国務大臣は、その過半数を国会議員の中から選ぶことになっている（68条1項）。したがって、民間からの人材登用を可能にしている。これは、議院内閣制を前提にすれば、国会議員の中から選ぶことが建前としては要求されると思われるが、内閣がある程度国会から独立していることが求められるということと、専門性や政治的中立性が求められる職務に関しては党派とは無関係な民間からの選任が望ましいことが理由として考えられている。なお、この規定の

「過半数」は、内閣成立時におけるだけでなく、存続する間は要件として要求されることになる。

　(2)　文　　民　　憲法66条2項は「内閣総理大臣その他の国務大臣は、文民でなければならない」としている。これは戦前の軍部による政治介入の反省から規定されたものである。ここでは文民の意味について争いがある。まず、①いわゆる職業軍人でない者とする説、②職業軍人の経歴のない者とする説、③職業軍人の経歴があっても強い軍国主義思想をもたない者とする説の3説が唱えられた。しかし、憲法9条によって現在軍隊が存在しないのであるから、むしろ問題は自衛隊の存在をどう考えるかに移行する。9条解釈をどのようにするかとは別に、文民統制の趣旨から自衛官を66条2項の規範の範囲内にあるととらえ、文民の要件として、④自衛官でない者、⑤自衛官の経歴をもたない者とが加えられることになる。それぞれを組み合わせることによって考え方が決まってくるのであるが、政府の見解は、③と④を組み合わせた説である。しかし、③説において軍国主義思想の意味があいまいであり、それが強調されれば、現役軍人あるいは現役自衛官でも文民とされる危険性さえある。本来、文民かどうかは思想の問題ではないのである。そこで文民統制の趣旨を徹底させるならば、②と⑤を組み合わせた説に合理性があると思われる。

2　内閣総理大臣

　明治憲法では内閣の規定をもたず、内閣総理大臣は他の国務大臣と対等の地位にあり、せいぜい「同輩中の主席」としての地位を有するにすぎなかった。これに対し、日本国憲法は、内閣総理大臣の地位を強化し、内閣の一体性、統一性、連帯責任性の特徴を際立たせることとした。それは、内閣総理大臣が国務大臣の任免権をもち、また自らは国会によって直接選出されることなどから明確である。したがって、内閣総理大臣は他の国務大臣の上位に位置し、内閣を統率することになる。内閣総理大臣のこの地位を、憲法66条1項は「首長」という言葉で表しているが、その意味はこの意味で考えられるべきである。

　内閣総理大臣の具体的な権限としては、まず、国務大臣の任免権（68条）がある。これは内閣の統一性を保持するための強力な手段として重要である。こ

の権限は内閣総理大臣に事故があったときの臨時代理（副総理）にも代行でき
ない一身専属的なものと解されている。また、国務大臣の訴追の同意（75条）
も内閣総理大臣の権限である。内閣が一体として活動するために、訴追によっ
て生じる職務遂行の阻害を防止するためである。訴追に逮捕・勾留などを含む
かどうかについては争いがある。また、75条但書が「これがため、訴追の権利
は、害されない」と規定しているので、内閣総理大臣が同意をしない場合には
公訴時効が停止すると解される。次に、内閣の代表として内閣総理大臣は、議
案を提出し、国会に一般国務および外交関係の報告を行い、行政各部の指揮監
督をする（72条）。さらに、憲法74条は法律および政令への連署権限を規定し
ている。

> **【重要判例】ロッキード丸紅ルート事件**（最大判平成7年2月22日刑集49巻2号1
> 頁）
>
> 　ロッキード社製の航空機の選定購入にあたり、内閣総理大臣田中角栄が、販売代
> 理店丸紅から、全日空にロッキード社製航空機を購入するように勧奨することを依
> 頼され、そのことに関して5億円を収受したことが収賄罪に問われた事件である。
> 　最高裁は、機種選定に関する行政指導は運輸大臣の職務権限に属することを認め
> た上で、内閣総理大臣は内閣の首長として国務大臣を任免し、また行政各部を指揮
> 監督する権限等をもつものであるから、流動的で多様な行政に対応するためには、
> 内閣の明示の意思に反しない限り、行政各部に随時、指導・助言等の指示を与える
> 権限を有するとし、内閣総理大臣の運輸大臣への働きかけは内閣総理大臣の職務権
> 限に属するとした。最高裁は、閣議決定のない指導・助言であっても職務権限内に
> あるとして、内閣総理大臣の指揮監督権を現実的側面から考察し、これを広くとら
> えたのである。

3　内閣の総辞職

　内閣の終了を意味する総辞職は、内閣の構成員が全員同時に辞職することを
いう。任意に総辞職することも可能であるが、憲法は一定の場合には必ず総辞
職しなければならないと規定している。また、内閣総理大臣が辞職した場合
は、常に内閣の総辞職となる。

憲法が定める必要的な総辞職は、まず、衆議院が内閣不信任の決議案を可決し、または信任の決議案を否決した場合で、10日以内に衆議院が解散されない場合である（69条）。衆議院が不信任決議（信任不決議）をした場合には、内閣は衆議院の解散か内閣の総辞職かを決断しなければならないことになる。これは議院内閣制の趣旨から説明される。第2は、内閣総理大臣が欠けたときである（70条前段）。首長たる内閣総理大臣が欠けた場合には、内閣が一体的なものとして存在するものであるから、当然総辞職することになる。ここで欠けたというのは、死亡や議員資格の喪失などの場合をいう。病気などの一時的な職務の不能は、内閣法上「事故のあるとき」となり、臨時代理が置かれることになる。第3は、衆議院議員総選挙後に初めて国会の召集があったときである（70条後段）。内閣は国会に基盤を置くというのが議院内閣制であるから、その基盤に変更が生じた以上、内閣が総辞職するのは当然である。

内閣が総辞職すると、新しい内閣が成立するまでは空白期間が生じてしまうが、これを避けるために憲法は「内閣は、あらたに内閣総理大臣が任命されるまで引き続きその職務を行ふ」（71条）とした。その場合の国会による内閣総理大臣の指名は、他のすべての案件に先だって行われることになる（67条1項）。

4　内閣の権能と責任

(1)　**73条の権能**　　内閣の権能は73条に列挙されているが、「他の一般行政事務の外」と規定されており、それらは例示にすぎない。すでに述べたように、65条が行政権が内閣にあることを規定しているのであるから、広汎な行政事務は内閣の権能に属することになるのは当然である。73条の事項はそのうちで重要なものを例示したものと解することになる。以下、73条の列挙事項をみておこう。

①法律を誠実に執行し、国務を総理すること（1号）。法律を執行することは行政の本質であるから当然であるが、それを「誠実に」執行することの意味は問題である。もちろんこれは法の支配の表れであり、行政が単純な裁量によって行われるべきではないことを要請するものであるが、自らが違憲であると信じる法律も誠実に執行すべきなのであろうか。この点では、99条の憲法尊

重擁護義務から、一定限度では執行許否の権限をもつとする見解もあるが、内閣には法令審査権はないと考えるべきであるから、やはり国会の判断に待つほかない。なお、最高裁判所が違憲の判決を下した法律については、違憲判決についての個別的効力説を採ったにしても、少なくとも国会と同様に違憲判断を尊重することが求められていると解される。国務を総理するというのは、内閣が基本的な行政事務を統括し、最高機関として行政各部を指揮監督することをいう。「国務」に立法・司法を含むかについて争いがあるが、形式的には三権分立原理からこれを否定するのが建前であるし、否定したとしても実質的には立法・司法に対する配慮も行政事務に含まれるとするなら、それは言葉の問題でしかない。

　②外交関係の処理（2号）。行政が法律の執行を本質とするなら、外交関係の処理は当然に内閣の権限内にあるということはできないが、本号で明示的に権限を有することとしたのである。

　③条約の締結（3号）。条約締結権は外交関係の中でも極めて重要な権限であるので、特にこれを規定したものである。なお、これについては第14章第3節(1) c に詳述した。

　④法律の定める基準に従い、官吏に関する事務を掌理すること（4号）。ここでいう「法律」として国家公務員法が制定されている。「官吏」については学説上、地方公務員を含まないことには争いがないが、国会・裁判所職員を含むか否かで争いがある。しかし、国家公務員法2条は、国会・裁判所職員を含む特別職と一般職とを区別して、特別職には本法の適用はないことを明言しているので、含まないとする説が採用されていることになる。三権分立の精神からは妥当であろう。

　⑤予算を作成して、国会に提出すること（5号）。予算作成権は内閣にあるが、その執行には国会の議決が必要である（83条、86条）。第17章を参照。

　⑥政令の制定（6号）。行政機関による命令のうち、内閣が制定するものを政令という。法律を執行するための執行命令と法律の委任による委任命令だけが認められる。したがって、法律の根拠のない独立命令は容認されない。これと関連して、憲法を直接実施するための政令が認められるかが問題である。通

説は、憲法を実施するには法律が定められるべきであることから、これを否定する。その意味では6号の「憲法及び法律」というのは一体としてとらえられることになる。

　⑦恩赦の決定（7号）。恩赦は、行政権が訴訟手続によらないで有罪判決の効果や公訴権を消滅させる行為をいうが、それが司法権とどのような関わりをもつのか問題はある。これらが明治憲法における天皇大権に属するものであったことから、国民主権の下における三権分立の精神に抵触するものであるのかどうかを再検討すべきであり、それが特に選挙犯罪に悪用されるようなことがあってはならないのは当然である。もっとも、恩赦には刑事政策的な意義がないわけではない。

　憲法73条に規定された権能以外にも、内閣には、天皇の国事行為に対する助言と承認や、国会の召集、衆議院の解散、裁判官の任命など、多くの行為が憲法において定められている。

　(2)　**責　　任**　　憲法66条3項は、「内閣は、行政権の行使について、国会に対し連帯して責任を負ふ」としている。明治憲法においては各国務大臣が天皇に対して単独で責任を負うことになっていたのであるが、日本国憲法では、まず責任は国会に対して負うことになる。責任の範囲は形式的に内閣の権限にあるものすべてを含むとするのが通説である。その責任の負い方は、内閣が一体として連帯責任を負うということであるが、その性質は法的なものではなく、いわゆる政治責任である。もっとも、内閣不信任決議案が可決されれば、内閣総辞職あるいは衆議院解散の選択が義務づけられているのであるから（69条）、それを法的責任というのであるなら、法的責任を負うともいえる。

　(3)　**意思決定**　　なお、内閣の意思決定は閣議によって行われるが、内閣法は4条において、「閣議は、内閣総理大臣がこれを主宰する。この場合において、内閣総理大臣は、内閣の重要政策に関する基本的な方針その他の案件を発議することができる。」（2項）とし、また「各大臣は、案件の如何を問わず、内閣総理大臣に提出して、閣議を求めることができる。」（3項）と定めているのみである。したがって、閣議の決定が多数決によるものなのか、全員一致によるものなのかは不明であるが、内閣の一体性と責任の連帯性を考慮すれば全

員一致によるとすることに合理性がある。したがって、閣議内容に従うことが
できない閣僚は辞職すべきことになる。

第3節　議院内閣制

1　立法権と行政権との関係

　立法権と行政権との関係については、権力分立制をとる各国において、諸種
の型が認められている。第1に、立法権を担う議会と行政権を担う政府とが独
立して厳格に分離され、相互の抑制・均衡が重視される大統領制が認められ
る。アメリカ等がこの制度をとるが、そこでは、大統領は国民から直接選出さ
れ、議員との兼職は大臣（長官）においても禁じられている。議会での発言権
も義務もない。また、大統領が不信任決議を受けることもない一方で、議会を
解散することもできない。第2に、議会と政府とが緩やかな分離をしているに
すぎず、相互の協力関係が求められる議院内閣制が認められる。イギリス等が
この制度を採用する。ここでは首長は国民から直接選出することはなく、議会
において議員から選出される。また大臣も通常は議員から選出され、議会にお
ける発言権も義務もある。また、議会と政府との関係が不調になった場合に
は、内閣不信任制度と議会の解散制度が認められている。これ以外にも、第3
に、議会が政府を選任し、内閣は議会の一部にすぎないとして、議会の指揮に
従うとする会議政ないしは議会統治制（スイス等）や、第4に、明治憲法のよ
うに、君主制を前提にして、内閣は君主に対してのみ責任を負い、議会に対し
ては何の責任も負わないとする超然内閣制も認められる。また、第5に、最近
では、大統領制と議院内閣制との混合形態として半大統領制（フランス）も認
められる。

2　日本国憲法における議院内閣制

　日本国憲法においては議院内閣制が採用されていることは明白であるが、議
院内閣制の本質については争いがある。つまり、政府と議会が分離し、政府の
存立が議会の信任に基づくものであり、政府が議会に連帯責任を負う点を本質

とみる責任本質説と、内閣不信任決議に対する内閣の議会解散権を本質的要素とみる均衡本質説との争いである。しかし、これらの争いは本質論におけるものであるから、日本の議院内閣制が内閣の議会解散権を有し、またそれによって内閣の権力が強められていることと直接の関係がない。その意味では責任本質説をとろうと均衡本質説をとろうと、これらの本質論が日本における議院内閣制のあり方に決定的な違いをもたらすものとは考えられない。したがって、責任本質説を妥当としつつ、内閣の議会解散権を制度として整備し、内閣が国民に支持されているにもかかわらず議会が不信任決議をすることを抑止するようにすることは、民主主義の実現という視点からは、矛盾するものではない。しかし、それを超えて、行政国家現象を背景として、内閣の機能強化を図るために内閣主導の政治、すなわち法の執行機関ではなく政策決定までも行う機関として内閣をとらえようとするなら、それは議会軽視の規範を当然に前提することになる。このような議院内閣制のあり方が認められるのかは、行政の意義との関係で再検討が必要となる。

3　衆議院の解散

　ところで、議院内閣制の本質とみるかどうかの議論はあるものの、日本国憲法においては、内閣の議会解散権は容認されている。憲法69条に規定されているように内閣は衆議院を解散することができるのである。これは内閣による議会の抑制という意味では自由主義的意義をもち、解散して民意を問うという意味においては民主主義的意義を有するといってよい。ただ、その解散権の内容をめぐっては学説上争いがある。まず解散権の根拠である。これには69条に限定されるとする説がある。しかし、内閣不信任決議（信任否決）の場合に解散が限定されるなら、解散権の民主主義的意義は失われるし、本来69条は解散権を限定する趣旨としてとらえられるべきではないこと等により、69条非限定説が唱えられることになった。それには、7条説（内閣の助言と承認に実質的根拠を求める）、65条説（行政権に関する控除説から解散は立法でも司法でもないということに根拠を求める）、制度説（議院内閣制の本質に関する均衡本質説に立ち、議院内閣制そのものに根拠を求める）が説かれたが、現在では、7条説が慣行的に定着し

ている。次に、実質的決定権が誰にあるのかという問題がある。これは衆議院の自律的な解散を認めるか否かの問題であるが、衆議院の多数派が内閣を構成する現状では、解散を望む場合には内閣に行使を請求すれば足りる等の理由で、通説はこれを否定している。なお、解散権の限界については、一般に、選挙結果を考慮した恣意的な解散は許されるべきではないとされ、また、内閣の重要法案が否決等されたことについての民意を問う場合とか、内閣の基本政策の変更や総選挙後の重大な政治課題が生じた場合などの適切な理由が必要と解されている。

第16章　裁判所

第1節　司　法　権

1　司法権の概念

　司法権は明治憲法においては天皇に属していたが、日本国憲法76条1項では、「すべて司法権は、最高裁判所及び法律の定めるところにより設置する下級裁判所に属する」と規定し、裁判所に属することになった。ここでいう「司法権」とは、一般的には、具体的争訟について、法を適用し、宣言することによって、これを裁定する国家の作用と定義されることが多い。また、これをより厳密に「当事者間に、具体的事件に関する紛争がある場合において、当事者からの争訟の提起を前提として、独立の裁判所が統治権に基づき、一定の争訟手続によって、紛争解決の為に、何が法であるかの判断をなし、正しい法の適用を保障する作用」（芦部）と定義されている。しかし、司法権の概念は固定されたものではないので、具体的に何が司法権の作用であるのかは、明確とはいえない。

　なお、以上のように司法権の概念をとらえたとしても、司法は単に法を解釈・適用するものではなく、より積極的に法を創造する機能をもつという見解がある。法を解釈・運用することによって、現実社会に生起する具体的な事件を解決する作用をもつのが司法であるとするなら、固定化された法を動的に機能させ、社会適合的なものに質を変化させることは必ずしも不当とはいえない。他方、司法は政治部門とは異なり、むしろ受動的機関として、実定法秩序内の法原理を見いだしそれによって紛争を解決するものであるから、司法の特質は、裁判所が行う法原理的な決定に当事者が拘束されるところに見いだされるという見解もある。しかし、この見解でも、そのような法原理そのもののとらえ方によっては、法創造ないしは法形成の機能を前提としていると思われ

る。さらに、最近では、事件性の要件を必要としない見解も提起されているが、実体法が整備されていない社会では権利侵害そのものが不確定であるからそのような見解も意味をもつが、それが整備された現代社会では、事件性の要件を必要とすることに意味があるとの批判がある。

2　司法権の範囲

　明治憲法においては、行政事件の裁判は司法権の範囲に属さないものとされていた（61条）。それは通常裁判所とは区別された行政裁判所に属するものとされたのである。しかし、日本国憲法は、行政事件の裁判も含めて法律上の争訟はすべて司法権に属するものとされている。

　それではその法律上の争訟とは何か。裁判所法3条1項が「裁判所は、日本国憲法に特別の定のある場合を除いて一切の法律上の争訟を裁判し、その他法律において特に定める権限を有する」と定めているが、その「法律上の争訟」のことである。それは、通説によれば、紛争当事者間の具体的・現実的な法律関係や権利義務の存否に関する争いであり、法律適用によって終局的に解決可能であるものとされている。判例（最判昭和29年2月11日民集8巻2号419頁）も、「法律上の争訟」とは「法令を適用することによって解決し得べき権利義務に関する当事者間の紛争をいう」としている。このような具体的事件性の要件が、司法権の中核をなすものであるから、司法的解決を求める場合に、この要件が欠けているとするなら、法律上の争訟に該当せず、裁判所の審査はなされないことになる。

　このような裁判所の審査権が及ばない場合としては、警察予備隊違憲訴訟（最大判昭27年10月8日民集6巻9号783頁）のように、具体的な事件とは無関係に抽象的な違憲審査を求めるような場合がある。また、学問上の争いや個人的見解の当否の争いなどの場合も、司法が最終的判断を下すべきものとは考えられない。この点では判例（最判昭和41年2月8日民集20巻2号196頁）も、国家試験の受験生が自己の解答が正解であるとの訴えに対して、「国家試験における合格、不合格の判定も学問または技術上の知識、能力、意見等の優劣、当否の判断を内容とする行為であるから、その試験実施機関の最終判断に委せられる

べきものであ」ると判示している。さらに、宗教や信仰上の価値判断に関する訴訟も、法律関係に関する問題とはいえないばかりか、司法が終局的に解決すべき問題でもない。

【重要判例】「板まんだら」事件（最判昭和56年4月7日民集35巻3号443頁）

創価学会に正本堂建立のための寄付を行った元会員が、正本堂に安置すべき本尊である「板まんだら」が偽物であり、寄付行為には要素の錯誤があるとして寄付金の返還を求めた訴訟である。

最高裁は、「板まんだら」が本来の本尊であるかどうかは「宗教上の価値に関する判断」が必要であるから、終局的な解決不可能なものであり、法律上の争訟にはあたらないとした。

【重要判例】日蓮正宗管長事件（最判平成5年9月7日民集43巻8号889頁）

日蓮正宗の管長・代表役員が、その地位の前提である宗教上の地位たる「法主」就任のために不可欠な宗教的行為である「血脈相承」を授けられたか否かが争われ、その地位を有しないことの確認が求められた訴訟である。

最高裁は、「特定の者の宗教活動上の地位の存否を審理、判断するにつき、当該宗教団体の教義ないし信仰の内容に立ち入って審理、判断することが必要不可欠である場合には、裁判所は、その者が宗教活動上の地位にあるか否かを審理、判断することができず、その結果、宗教法人の代表役員の地位の存否についても審理、判断することができないことになるが、この場合には、特定の者の宗教法人の代表役員の地位の存否の確認を求める訴えは、裁判所が法令の適用によって終局的な解決を図ることができない訴訟として、裁判所法三条にいう『法律上の争訟』に当たらないというほかない。」と判示した。

なお、議員定数不均衡訴訟のように、選挙人などが提訴できる客観訴訟（民衆訴訟、機関訴訟）は、具体的な事件性を有しないため、その本質上、司法権の中に入れることはできないことになる。これは法律上例外的に認められたものと考える他ないが、何らかの意味では当事者間に権利あるいは利益侵害の関係があるという見解もある。

3　司法権の限界

(1)　**憲法上の限界**　　裁判所は法律上の争訟について裁判するが、それには
いくつかの限界が認められている。憲法上の限界は、55条の両議院による議員
の資格争訟と64条の国会による裁判官の弾劾裁判である。また、国際法上の治
外法権をもつ者には裁判権は及ばないし、条約によってそれが制約される場合
もある。問題となるのは性質上の司法権の限界である。

(2)　**議院の自律権**　　まず、議院の自律権に属する行為がある。自律権があ
るとされる議員の懲罰や議事手続などについては、裁判所は司法審査ができな
いとされる。最高裁（最大判昭和37年3月7日民集16巻3号445頁）も、警察法改
正無効事件において、議事手続についての有効無効を判断するべきではないと
している。もっとも裁判所が法令の内容についての審査権をもつなら、その形
式的部分についての審査は当然なしうるとの批判もある。

(3)　**自由裁量**　　次に、自由裁量行為がある。立法・行政についてその部門
に自由な裁量権が与えられており、裁判所は濫用・逸脱についてのみ違憲・違
法の判断ができるだけであるというものである。たとえば、堀木訴訟において
最高裁（最大判昭和57年7月7日民集36巻7号1235頁）は、憲法25条の「健康で文
化的な最低限度の生活」の具体的内容については立法裁量に委ねられていると
している。また、内閣総理大臣の国務大臣の任免や訴追に対する同意も司法権
の限界とされるし、裁判所による行政処分の執行停止に対する内閣総理大臣の
異議の制度も同様に解される。

(4)　**統治行為論**　　最も問題であるのは統治行為についてである。これは一
般に、国家統治の基本に関する高度の政治性を有する行為を意味し、それには
司法権が及ばないとするものである。その論拠としては、三権分立や民主主義
的責任原理から司法が内在的にもつ制約だとする説や、統治行為について司法
判断をすることによる混乱を避けるために裁判所は自制すべきであるという
説、さらに一般的にある領域の問題をすべて統治行為として司法判断を回避す
るのは妥当でないとして、個別的・実質的な根拠のある場合にのみ容認される
という説がある。判例も苫米地事件において統治行為の存在を認めているが、
しかし、司法が積極的に政策決定をしているわけではなく、ただその憲法判断

をするのであるから、高度に政治的という判断で司法判断を回避するのは不当
である。政治的に重要な判断であるからこそ司法による審査が必要だともいえ
る。もともと司法判断に政治的な側面は認められるとの批判もある。さらに、
自制説に対しても、裁判所の沈黙は現状肯定に他ならないから、裁判所は自制
による中立を保持することはできないという批判もある。結局、肯定説では、
個別的・実質的根拠を要するとの説に妥当性があると思われるが、そのような
根拠が見いだせるか疑問は残る。法の支配を真剣に考えるのなら、統治行為論
は否定すべきとの見解に充分な理由があると思われる。

【重要判例】苫米地事件（最大判昭和35年6月8日民集14巻7号1206頁）
　　憲法7条による衆議院解散の無効などを争った事件。
　　最高裁は「直接国家統治の基本に関する高度に政治性のある国家行為のごとき
は」「裁判所の審査権の外にあり、その判断は主権者たる国民に対して政治的責任
を負うところの政府、国会等の政治部門の判断に委され、最終的には国民の政治判
断に委ねられているものと解すべきである。この司法権に対する制約は、結局、三
権分立の原理に由来し、当該国家行為の高度の政治性、裁判所の司法機関としての
性格、裁判に必然的に随伴する手続上の制約等にかんがみ、特定の明文による規定
はないけれども、司法権の憲法上の本質に内在する制約と理解すべきである。」と
判示した。

(5)　部分社会論　　最後に、特定の団体の内部紛争で、自律的ルールが支配
している場合には、司法判断を控えるべきであるとの説がある。これが部分社
会論である。これまで地方議会、大学、政党などについて問題となった。最高
裁は富山大学事件判決（最判昭和52年3月15日民集31巻2号234頁）において、大
学は一般市民社会とは異なる特殊な部分社会を形成しており、単位の認定とい
う行為は、教育上の措置であり、一般市民法秩序と直接の関係を有するもので
ないことは明確であるとして、単位認定行為については司法審査の対象になら
ないと判示した。しかし、その「一般市民法秩序」の意味が不明であるし、本
来、憲法的保障はそのような特殊な社会でも機能することを求められているよ
うにも思える。部分社会論には歯止めがないし、また、日本の社会にあって、

憲法秩序の範囲外にある団体を全体として認めることは、一種の治外法権で
あって容認できない。一定の団体について部分社会論を定型的に考えるべきで
はなく、かりに考えるとしても、司法判断をすべきか否かを、個々の処分と団
体の性質等との関係を検討した上で、個別的に行うべきであろう。この点につ
いて、その後最高裁は、エホバの証人剣道授業拒否事件（第5章第2節3）にお
いて、高専の退学処分を裁量権の逸脱にあたるとして、少なくとも司法審査の
対象外とはしていない。また、地方議会議員の懲罰についても、除名のような
議員の身分の喪失に関する重大事項以外には司法権は及ばないとしていた最高
裁判決（最大判昭和35年10月19日民集14巻12号2633頁）が変更され、「議会に一定
の裁量が認められるべきであるものの、裁判所は、常にその適否を判断するこ
とができる」とした（最大判令和2年11月25日民集74巻8号2229頁）。

第2節　司法権の独立

1　司法権の独立の意義

　裁判の公正さが保障されるためには、裁判が他の権力から干渉を受けないで
独立している必要がある。このことを総称して司法権の独立の問題と呼ぶが、
広義では、司法権が立法権・行政権から独立していることをいい、狭義では、
裁判官の職権の独立をいう。

　これに関連して、1891年（明治24年）の大津事件が参考になる。これは来日
中のロシア皇太子を負傷させた津田三蔵巡査に対する裁判に当時の内閣が干渉
し、津田を皇室に対する罪として死刑にするよう干渉したが、大審院長の児島
惟謙が担当判事に直接働きかけ、結局、普通謀殺未遂として無期徒刑となった
ものである。これは司法部を行政部の干渉から守ったものとして、つまり司法
権の独立を守ったものとして一定の評価をされていたものであるが、近年は、
児島が担当裁判官の職権の独立を侵害している点が問題とされている。

2　裁判官の職権の独立

⑴　「良心に従ひ」の意味　　裁判が公正に行われるためには、司法部が他の

権力から独立していることが必要であるが、それとともに、個別的な裁判において裁判官が不当な圧力を受けて、それに従うようなことがあってはならないことが必要である。裁判官の職権の独立の必要性が言われる所以である。そこで憲法76条3項は、「すべて裁判官は、その良心に従ひ独立してその職権を行ひ、この憲法及び法律にのみ拘束される」と規定するのである。それではそこにいう「良心」とは何を意味するのか。学説では主観的良心説と客観的良心説とが対立している。前者は良心の意味を憲法19条の意味での良心と考える。一方、後者は、個人の主観的な価値観を意味するのではなく、裁判官としての職業的な良心であるとする。76条3項の「この憲法及び法律にのみ拘束される」という文言は良心のあり方について述べたものでもあり、主観的良心を意味するものではないとするのである。原則としては客観的良心説が妥当であろう。

　裁判官が個人的価値観から裁判することになるなら、たとえば死刑反対論者は死刑を科すことができないし、離婚反対論者は離婚を認めることができなくなるが、明らかにこれは法の趣旨に反している。しかし、主観的良心説がいうように、良心に2つはないし、裁判官としての良心といっても、実際には個人の価値観が前提にあるわけであるから、その影響は無視できない。死刑反対論者は本来死刑は憲法が禁じているとの主張をするかもしれない。裁判官としての良心と個人的主観的良心とは相当部分において重なり合い、憲法解釈において緊張関係にあるといってよい。ただ、主観的良心に従うと言ってしまうと、個人的信条が法の趣旨と異なるような裁判官を排除する傾向が生じる可能性がある。その意味からも客観的良心説が妥当である。

　(2)　「独立してその職権を行ひ」の意味　　「独立してその職権を行ひ」というのは、裁判官が他の機関から干渉や圧力を受けないことを意味する。つまり裁判官はいかなる機関からも自律して判断を下すのである。この点では国政調査権との関係が問題となった。1948年（昭和23年）浦和事件においては、裁判所の確定判決を批判した参議院法務委員会の調査があったが、最高裁はこれに反発し調査権の濫用であるとの立場を採った。裁判官の裁判に重大な影響を及ぼすような調査であるならば、やはりそれは裁判官の職権の独立を脅かすものとして許されないと考えるべきであろう。また、司法内部からの干渉も問題と

なった。1953年（昭和28年）の吹田黙祷事件では、裁判官の訴訟指揮につい
て、最高裁が「法廷の威信について」という通達を全裁判官に出し、間接的に
批判したが、これが司法権の独立を害するものではないかと問題になった。ま
た、1969年（昭和44年）の平賀書簡事件では、自衛隊裁判である長沼事件の担
当裁判官に対して、裁判所長が、自衛隊の憲法判断を抑制させるような趣旨の
私信を送ったことが、不当な干渉であると問題となった。その他、社会的に注
目される裁判については、マス・メディアが競って報道をし、過剰な裁判批判
になることもある。しかし、国民による裁判批判は表現の自由との関係もあ
り、基本的には制限されるべきものとはいえない。そこで、明白かつ現在の危
険のある場合にのみ制限されるべきであるとの説も主張されている。

3　裁判官の身分保障

　裁判官が自らの身分について不安定な状態にあれば、その職権の独立も危う
くなるのは自明の理である。憲法78条は裁判官の身分保障を規定するが、それ
はそのような意味から理解される。また、憲法が裁判官の報酬について一定の
保障をし（79条6項、80条2項）、経済的側面から安定した身分保障をしようと
しているのも同様の理由からである。

　裁判官が罷免されるのは、まず心身の故障のためと規定されている。これは
裁判官分限法によることになるが、その1条1項では「回復の困難な心身の故
障のために職務を執ることができないと裁判された場合及び本人が免官を願い
出た場合」と定める。このような罷免理由は厳格に解すべきとされており、相
当長期の心身の故障であり、かつ職務に支障をきたす程度のものであることが
必要とされている。次に、弾劾裁判による場合である。これは国会によって設
けられた訴追委員会（両議院の議員各10名）の訴追に基づき、同じく国会によっ
て設置される弾劾裁判所（両議院の議員各7名）によって行われる。罷免理由は
裁判官弾劾法2条に規定があり、「職務上の義務に著しく違反し、又は職務を
甚だしく怠つたとき」と、「その他職務の内外を問わず、裁判官としての威信
を著しく失うべき非行があつたとき」である。これらの理由に基づく罷免は、
国民の意思を代表する機関である国会に委ねようという趣旨である。最後に、

懲戒処分については、裁判所法49条が「裁判官は、職務上の義務に違反し、若しくは職務を怠り、又は品位を辱める行状があつたときは、別に法律で定めるところにより裁判によつて懲戒される」と定め、裁判官分限法が「裁判官の懲戒は、戒告又は一万円以下の過料とする」と規定する。一般の公務員には懲戒免職があるが、裁判官の場合は、上述のように、憲法上の制約に服することになる。

【重要判例】寺西判事補戒告事件（最大決平成10年12月1日民集52巻9号1761頁）
　通信傍受法案反対の集会に参加し、「反対の発言は裁判所法52条の政治活動の禁止にはあたらないと考えるが、パネリストとしての発言は控える」という趣旨の発言をした寺西判事補に対して戒告処分の決定を仙台高裁が下したため、寺西判事補が最高裁に即時抗告した事件。
　最高裁は、裁判官の表現の自由は一定の場合には制限されることを示した後、「本件言動は、本件法案を廃案に追い込むことを目的として共同で行動している諸団体の組織的、計画的、継続的な反対運動を拡大、発展させ、右目的を達成させることを積極的に支援しこれを推進するものであり、裁判官の職にある者として厳に避けなければならない行為」であるとして、仙台高裁の決定を支持した。

　また、裁判官は、すべて定期的に相当額の報酬を受け、在任中は減額されない（憲法79条6項、80条2項）。しかし、減額が他の公務員全体と歩調を合わせるものであるなら問題ないと思われるが、報酬と連動する昇級制の下での昇級差別はここでの問題となる（いわゆる3号問題）。なお、裁判官の定年は最高裁裁判官は70歳、高等裁判所、地方裁判所、家庭裁判所の裁判官は65歳、簡易裁判所の裁判官は70歳と規定されている。

第3節　裁判所の組織と権能

1　司法権の帰属

　司法権が帰属する裁判所は、「最高裁判所及び法律の定めるところにより設置する下級裁判所」（76条1項）であり、裁判所法2条は、下級裁判所として、

高等裁判所、地方裁判所、家庭裁判所、簡易裁判所を定めている。しかし、憲法は、明治憲法下の軍法会議や皇室裁判所のような特別裁判所の設置を認めておらず（76条2項）、すべて最高裁判所を頂点とする一元的な制度を保障する。したがって、行政機関が前審として裁判を行うことは認められる。憲法76条2項は、「終審として」の行政機関の裁判を禁止しているだけである。また、独占禁止法80条1項は「公正取引委員会の認定した事実は、これを立証する実質的な証拠があるときには、裁判所を拘束する」と定めるが、通説によれば、実質的な証拠の制約がある上に、その有無についても裁判所が判断することになっているため、違憲の問題は生じないと解されている。

　司法権の帰属と関連して、国民の司法参加の問題がある。裁判には専門的知識が必要と解されるが、主権者である国民の参加を認め、裁判の公開を保障することは裁判の公正等の理由から有益である。このための制度としては、英米で行われているような一般市民が事実問題について裁判を行う陪審制、市民と裁判官が一体として裁判を行う参審制があるが、我が国では、一般市民6名と裁判官3人の合議体で事実認定と量刑判断の両方を行う裁判員制度が法制化され、2009年（平成21年）から実施された。この裁判員制度に対しては、憲法76条3項、すなわち裁判官の独立に違反するのではないかと批判されていたが（裁判官が全員有罪でも、裁判員が全員無罪であるなら有罪判決は下せない）、最高裁は、憲法は国民の司法参加を禁じていないとした上で、裁判員制度においても公平な「裁判所」における法と証拠に基づく適正な裁判が行われることは制度的に十分保障されている上、裁判官は刑事裁判の基本的な担い手とされているものと認められ、憲法が定める刑事裁判の諸原則を確保する上での支障はないとして、結論的に合憲であるとしている（最大判平成23年11月16日刑集65巻8号1285頁）。なお、憲法82条1項は裁判の公開を規定しているが、これは裁判の公正さを担保するためであり、主権者としての国民の司法へのアクセスを保障するものとして意味がある。したがって、傍聴の自由はできる限り保障される必要があり、過度の制限は違憲の問題を生じることになる。

2 最高裁判所

最高裁判所は、長官とその他の裁判官14名の合計15名で構成される（憲法79条1項、裁判所法5条3項）。最高裁判所の裁判官の任命資格は、裁判所法41条が「識見の高い、法律の素養のある年齢40年以上の者の中からこれを任命」すると定め、さらに、そのうち少くとも10人は、10年以上高等裁判所長官または判事の職にあった者、または高等裁判所長官、判事、簡易裁判所判事、検察官、弁護士、別に法律で定める大学の法律学の教授又は准教授で通算20年以上その職にあった者である必要がある。長官は、内閣の指名に基づいて天皇が任命し（6条2項）、その他の裁判官は、内閣が任命する（79条1項）。このように最高裁判所裁判官の任命権が内閣に与えられていることから、それが政治的な影響を受けるおそれが懸念される。そこで憲法79条2項は「最高裁判所の裁判官の任命は、その任命後初めて行はれる衆議院議員総選挙の際国民の審査に付し、その後10年を経過した後初めて行はれる衆議院議員総選挙の際更に審査に付し、その後も同様とする」と定め、これを国民のコントロール下に置くこととした。その方法について、罷免を可とする裁判官に×をつけ、白票は罷免を不可とする方法が採られているが、最高裁（最大判昭和27年2月20日民集6巻2号122頁）は、国民審査を解職制度と解し、これを合憲としている。つまり、解職のための国民審査であるから、×をつけた者（罷免を可とした者）さえ把握できればよいというのである。しかし、これには任命を確定させる趣旨も併せて考えるべきであるとの有力説がある。最高裁裁判官の民主的コントロールという観点からは、有力説にも充分な根拠があると思われる。なお、最高裁判所裁判官国民審査法は、日本国外の日本人に審査権行使を認めていないが、東京高判令和2年6月25日裁判所 Web（令和1 (行コ)167）は、憲法15条1項ならびに79条2項および3項に違反すると判示している。最高裁も最大判令和4年5月25日裁判所 Web（令和2 (行ツ)255）において、国民審査権は選挙権と同じように平等に行使することが憲法で保障されているとし、現行国民審査法は違憲と判断した。また、最高裁は国会が在外審査制度を創設する立法措置を怠ったとして、損害賠償も国に命じている。

最高裁判所の権能は、まず、上告および訴訟法において特に定める抗告につ

いての裁判権をもつ（裁判所法７条）。また、法令審査権（憲法81条）、規則制定権（憲法77条）、司法行政監督権（裁判所法80条１項）などが認められている。規則制定権と司法行政監督権は、司法部の独立という観点からは特に重要となる。なお、法律と規則とが競合する場合には、法律が優位すると解すべきである（第14章第３節２(2)を参照）。最高裁の審理・裁判は、法令等の憲法適合性の判断や判例変更などの場合には、15名全員の大法廷で行われるが、その他の場合には、３名以上の小法廷（通常は５名）で行われることになっている（裁判所法９、10条）。

3　下級裁判所

　下級裁判所は、裁判所法２条で、高等裁判所、地方裁判所、家庭裁判所及び簡易裁判所とする、と定められている。また、下級裁判所の裁判官としては、裁判所法５条２項が「高等裁判所の長たる裁判官を高等裁判所長官とし、その他の裁判官を判事、判事補及び簡易裁判所判事とする」と規定する。高等裁判所長官と判事は、判事補、簡易裁判所判事、検察官、弁護士、裁判所調査官、司法研修所教官又は裁判所職員総合研修所教官、大学の法律学の教授又は准教授で、一定期間職にあった者が任命資格をもつ（裁判所法42条）。簡易裁判所判事は、必ずしも法曹資格を有しないのであるが、これは市民と密着した新たな裁判官を見いだすことを目的とするとされている。

　下級審裁判官については、憲法80条１項が「任期を10年とし、再任されることができる」と規定するが、この意味が問題となる。これについては、10年が経過すれば当然退官するが、再任も任命権者の自由裁量によるという自由裁量説、10年の経過で当然身分は消滅するが、特段の理由がなければ当然再任されるべきだとする覊束裁量説、身分は継続するものであるが、10年ごとに罷免理由に該当しないことを確認するものだとする身分継続説がある。裁判官の身分保障を考えれば、少なくとも自由裁量説は採るべきではないものと思われる。しかし、1971年（昭和46年）、熊本地裁判事補であった宮本康昭氏が再任を拒否された際、最高裁は、再任は自由裁量行為であるとした。

第4節　法令審査権

1　法令審査権の意義

　憲法は98条で、憲法の最高法規性を宣言し、「その条規に反する法律、命令、詔勅及び国務に関するその他の行為の全部又は一部は、その効力を有しない」としている。そして、81条において、「最高裁判所は、一切の法律、命令、規則又は処分が憲法に適合するかしないかを決定する権限を有する終審裁判所である」と規定するのである。このように、法令審査権は、憲法の最高法規性を維持するために存在するが、同時に基本的人権の保障として、つまり「憲法の番人」として重要な意義を有する。

　法令審査権は、1803年にアメリカ連邦最高裁判所が、マーベリー対マディソン事件において確認し、判例法上発展してきたものである。ヨーロッパ諸国においては議会に対する厚い信頼とその権威とが、法令審査権を不要なものとしていた。しかし、第2次世界大戦後は、人権侵害が立法・行政によって行われたことの反省として、裁判所による法令審査の制度の発展を促進した。

　このような法令審査権は特別の政治機関に認められる場合もあるが（1958年フランス第5共和制憲法）、通常は裁判所に認められるものである。そして、裁判所に認められる法令審査の類型には、通常の司法裁判所が事件の審理に際してその前提となる法令審査を行うアメリカ型（非集中型・司法裁判所型）と、法令審査を行う特別の機関である憲法裁判所を設置するドイツ型（集中型・憲法裁判所型）とがある。アメリカ型では、事件の解決に必要な限度で法令審査を行う付随的審査制であるから、一定の訴訟要件が必要となり、その効力も個別的効力にとどまるが、ドイツ型では、具体的な事件とは無関係に抽象的な法令審査を行う抽象的審査制であるから、訴訟要件は緩和され、効力は一般的効力をもち、違憲判断が下された法律は当然無効となる。もっとも、このような類型は理念の問題であり、実際上は、合一化傾向がみられるとされている。つまり、ドイツ型でも憲法異議の制度が設けられ、具体的な基本権侵害の主張が可能であり、アメリカ型でも訴訟要件が緩和され、個人の権利侵害の救済を超え

た違憲判断が行われるようになっているといわれている。

　日本における法令審査の性格は、通説によれば、81条が憲法上「司法」の章に規定されており、司法は具体的な事件の紛争解決をする作用であることから、アメリカ型だと解されている。判例も、警察予備隊違憲訴訟（最大判昭和27年10月8日民集6巻9号783頁）において、憲法上抽象的審査制が採りえないとの判断を示している。もっとも、解釈としては、憲法が抽象的審査制を完全に否定しているものではないとすることも可能であり、この点は、前述の合一化傾向を考慮すれば、訴訟要件等の緩和を行い、憲法訴訟を活性化することによって憲法保障と人権保障をさらに実質化することが必要であろう（司法積極主義）。

2　法令審査権の主体と対象

　憲法81条によれば、最高裁が法令審査権をもつことは自明であるが、下級裁判所がそれをもつかどうかは明確ではない。しかし、通説・判例は、下級裁判所も法令審査権をもつと解している。それは、まず81条が積極的に下級裁判所を排除していないだけでなく、法令審査権をもつ終審裁判所であるとの規定から前審としての裁判所が想定されているという解釈が可能である。さらに、より本質的に、付随的審査制としての法令審査が司法権の一部として76条によって認められていると解するのが自然である。

　憲法81条は法令審査権の対象として「一切の法律、命令、規則又は処分」を定めている。これは、国内法規範をすべて含むものとされており、たとえば、条例は法律に準ずるものと理解されているし、処分の中には行政機関以外のものも含むとされる。争いはあるが、裁判所の判決も処分に含まれるものとされている。問題となるのは条約である。条約優位説にたてば、憲法判断の外におかれるのであるから、法令審査権の対象にはならない。しかし、通説のように憲法優位説にたてば、当然法令審査の対象になる。その場合、81条の法律に準ずるものと考えるか、規則又は処分に含まれると考えるかが問題ではあるが結論に違いはない。もっとも、81条が例示的規定であると考え、基本的人権を侵害するような条約については審査の対象となるとする説もある。判例は、砂川

事件最高裁判決（最大判昭和34年12月16日刑集13巻13号3225頁）で、統治行為論を用い、高度の政治性を有する事柄について憲法判断を回避しているが、これは条約について法令審査の対象になることを前提にしているとも理解できる。あるいは少なくともそれを否定はしていない。違憲内容を含む条約が憲法の規範性を緩めてしまうという点や、かりに違憲判決が出ても、それは国内法効力に関してのものである点を考慮すれば、憲法優位説から法令審査の対象になる説が妥当である。

　次に、立法不作為が問題である。通常は法令審査の対象は、積極的な国家行為に限られるが、消極的な不作為については問題がある。これについては、まず立法不作為違憲確認訴訟が認められるかという問題であるが、生存権についての具体的権利説とのかかわりの中でこれを容認しようという説がある。しかし、具体的な手続の問題がある上に、これを認めることは付随的審査制と整合性をもつかどうかに疑念があり、また、立法義務を認めるとするなら、立法権侵害の問題も生じる。このような理由から多数説はこれに批判的である。さらに、立法不作為を国家賠償請求訴訟として争う場合もある。国家賠償法1条1項には「国又は公共団体の公権力の行使に当る公務員が、その職務を行うについて、故意又は過失によつて違法に他人に損害を加えたとき」という要件が定められており、このうち特に違法性の要件がどのような場合に認められるかが重要である。判例は、在宅投票制度廃止事件上告審（最判昭和60年11月21日民集39巻7号1512頁）において、国会議員は立法について政治的責任を負うにとどまり、法的義務を負うものではなく、「国会議員の立法行為は、立法の内容が憲法の一義的な文言に違反しているにもかかわらず国会があえて当該立法を行うというごとき、容易に想定し難いような例外的な場合でない限り、国家賠償法1条1項の規定の適用上、違法の評価を受けない」と判示している。しかし、ハンセン病国家賠償訴訟（熊本地判平成13年5月11日判時1748号30頁）や、在外選挙権制限違憲訴訟（最大判平成17年9月14日民集59巻7号2087頁）は、立法不作為を理由とする国家賠償を認めた。

　最後に、私人の行為が法令審査の対象になるのかであるが、基本的にはこれは私人間適用の問題として処理される。もっとも国家の私法的行為が同様に処

理されるべきかは問題がある。98条1項に含まれるとの解釈も可能であり、少なくとも一律に排除すべきものではないと思われる。なお、我が国における違憲判決は非常に少ないが（司法消極主義）、それが立法部の意思を尊重するという意味においては利点をもつものであるが、過度の法令審査の対象の限定は、司法そのものの機能の衰退を招きかねないと思われる。

3　法令審査の方法

　付随的審査制の下では、具体的な事件とのかかわりの中で、違憲判断が行われる。したがって、法令審査を行うとしても、その事件の具体的な事実関係（司法事実）を明らかにしなければならない。その上で、法令審査を行う場合には、立法者が立法にあたって認識した社会的・経済的・文化的な一般的事実の審査も必要である。法令審査には、その立法目的とその目的を達成するための手段を審査することになるが、立法事実との関係においてそれらが正当性・相当性を有していたかどうかを検討することになる。

　また、付随的審査制の下では、事件解決が憲法判断なしに行えるのであるなら、それを回避することができるという考え方が有力である。これは、1936年にアメリカ合衆国最高裁判所のアシュワンダー判決の補足意見において、ブランダイス判事が示したもので、一般にブランダイス・ルールと呼ばれている。それはすなわち、①憲法判断自体を回避する場合と、②合憲限定解釈の場合である。①は、法令審査を行わなくても事件の解決ができる場合には、それを回避すべきだとするのである。しかし、その法令を前提とした判断である以上、憲法判断を行うべきであるとの説もある。②は、解釈の仕方によっては違憲となる法令を、別の解釈によって合憲的に理解するという手法である。この手法が、徹底的に人権救済的に用いられる保障があるなら、それなりに意味をもつといえるが、客観的な法律の目的・手段において違憲判断がなされうる場合には、問題がないとはいえない。

　違憲判断を行うには、法令違憲の方法と、適用違憲の方法とが区別される。前者は、当該法令自体を違憲と判断する方法であり、後者は、法令自体の合憲性を前提にして、その事件における運用方法が違憲であるとするものである。

さらに、違憲状態の確認を行う方法もある。通常は違憲判決は違憲無効とするところを違憲と無効とを区別するのである。衆議院議員定数不均衡事件においてとられた事情判決の手法である。

4　違憲判決の効力

違憲判決が下された場合、通常はその法律は違憲無効となるが、その場合、違憲とされた法律の効力をどう考えるかが問題となる。学説上は、個別的効力説と一般的効力説とに区別される。前者は、違憲判決の効力を当該事件に限定する説である。したがって、立法部は違憲判決を受けて法律を改廃することを要求されない。立法部自体の判断によって法律が改廃されない限り、その法律は効力をもつ。付随的審査制の帰結ともいえるし、一般的に効力が失われることになると憲法41条に反することにもなるというのが理由である。それに対して、後者は、違憲判決が下されると、その法律は一般的に効力を失い、立法部の改廃の必要性はないとする。

個別的効力説が通説であるが、当該事件についてのみ効力が否定されるというのであるなら、形式的には、事件ごとに違憲判断が異なることになる。その意味では一般的効力説の趣旨には評価すべきものがある。しかし、違憲判決は先例拘束力との関係上、後の判決を拘束すると思われるし、尊属殺違憲判決においても、法務省通達という形式ではあるが、そのような運用がなされた。また、立法部も一般論としては司法部の判断を尊重すると思われるのであるから（最高裁判所裁判事務処理規則第14条が、違憲判決を下した場合、「その要旨を官報に公告し、且つその裁判書の正本を内閣に送付する。その裁判が、法律が憲法に適合しないと判断したものであるときは、その裁判書の正本を国会にも送付する。」と規定しているのは、立法部の判断を促す趣旨と思われる）、個別的効力説を採ったとしても、実際には、一般的効力説と同じ効果が期待されている。

第17章　財　　政

第1節　財政民主主義

　国家がその任務を行うためには膨大な財力を必要とする。そのための財源の調達・管理・使用をする作用を財政という。この国家活動の基盤としての財政が何らの制限もなく行われたなら、法によらない国家活動が民主主義を崩壊させるように、国民の財産権を不当に侵害し、その意味で民主主義に対する脅威となる。もともと議会制の成り立ちが、国王による課税を議会によって制約しようとしたところと結びついているとされている。その意味で財政の民主主義的コントロールは、歴史的に確立されてきた重要な要求であるといえる。「代表なければ課税なし」の標語も、そのことを象徴的に表している。

　憲法83条は、「国の財政を処理する権限は、国会の議決に基いて、これを行使しなければならない」として、国の財政処理の権限が国会の議決によるべきであるとする財政議会主義を宣言している。これは、単に、財政が議会の議決に基づいていればよいという狭い意味でとらえられるべきではなく、さらに、財政民主主義の要請を含んでいるものとされている。これは、83条の「財政を処理する権限」の意味を、単に租税の賦課などの財政上の権力作用に限定するものではなく、国費の支出や国有財産の管理などの財政管理作用も含むものとして考えることを意味するし、主権者である国民が財政に関するあらゆる事柄について、直接監視をしたり、あるいは政策形成に関与することをも意味する。

第2節　租税法律主義

1　意　　義

　憲法84条は、「あらたに租税を課し、又は現行の租税を変更するには、法律

又は法律の定める条件によることを必要とする」と規定する。これは、一般に
租税法律主義といい、租税の賦課・徴収が国会の議決によることを必要とする
ものである。これは、憲法30条が「国民は、法律の定めるところにより、納税
の義務を負ふ」と規定して別の側面からも要請されているものである。

2　内　　容

　租税法律主義の内容として重要であるのは、課税要件法定主義と課税要件明
確主義である。課税要件法定主義は、課税要件である納税義務者、課税物件、
課税標準、税率など、およそ租税の賦課・徴収手続が法律で規定されていなけ
ればならないというものであり、また、課税要件が不明確であるなら、結局、
課税要件が定められていないのと同じであるから、課税要件明確主義が派生原
理として生じることになる。もちろん、租税に関する事柄のすべてを法律に
よって規定することは無理であり実際的ではない。そこで、具体的個別的に命
令に委任することが許されないわけではないと思われる。ただし、法律自体に
その委任の目的・内容などが明示されている必要はある。これに関して、いわ
ゆる通達課税の問題がある。旧物品税法の下で、非課税物件とされてきたパチ
ンコ球遊器に対し、課税対象である遊戯具に該当するから課税せよとの通達は
違憲であるとの主張がなされたが、最高裁（最判昭和33年３月28日民集12巻４号
624頁）は、「本件の課税がたまたま所論通達を機縁として行われたものであっ
ても、通達の内容が正しい解釈に合致するものである以上、本件課税処分は法
の根拠に基く処分と解するに妨げがなく、所論違憲の主張は、通達の内容が法
の定めに合致しないことを前提とするものであって、採用し得ない」とした。
しかし、実質上は、法の解釈に名を借りた通達による新たな課税と評価する他
なく、租税法律主義に反するものとの批判がなされている。

3　84条の租税の範囲と財政法３条

　憲法84条の「租税」の範囲について、最高裁（最大判昭和60年３月27日民集39
巻２号247頁）は、「租税は、国家が、その課税権に基づき、特別の給付に対す
る反対給付としてでなく、その経費に充てるための資金を調達する目的をもつ

て、一定の要件に該当するすべての者に課する金銭給付である」とする。このように租税の意味を狭く解した場合に、財政法3条との関係が問題となる。すなわち、財政法3条は、「租税を除く外、国が国権に基いて収納する課徴金及び法律上又は事実上国の独占に属する事業における専売価格若しくは事業料金については、すべて法律又は国会の議決に基いて定めなければならない」と規定しているのであるが、この規定が憲法84条から導かれるとする通説的見解をとると、明らかな矛盾が生じてしまう。つまり、憲法84条は「租税」以外の財政法3条で規定する許認可手数料のような課徴金や専売価格などを法律で定めることを要求していないのであるから、財政法3条は憲法84条の趣旨を超えて、法律によることを要求することになる。そこで、財政法が「法律又は国会の議決に基いて」と定め、84条の「法律又は法律の定める条件による」とは異なる文言を用いているのは、固有の意味での租税とそれ以外の負担金との性格の違いを考慮した結果であり、その性質の違いによる異なるコントロールが認められるとして、財政法3条は、83条による財政国会中心主義に基づくものとする憲法83条説が有力に説かれている。つまり、課徴金や専売価格などは、84条のように法律で定めるのではなく、83条の問題として考え、その決定手続を法律や国会の議決で定めるものとしたのが財政法3条であるというのである。もっとも、財政法3条は、1948年（昭和23年）の「財政法第三条の特例に関する法律」によって適用が制限されている。

　なお、市町村が行う国民健康保険の保険料徴収について、84条の租税法律主義との関係が問題となった。この点について、旭川市国民健康保険料条例訴訟で最高裁は、その関係を否定している。

【重要判例】旭川市国民健康保険料条例訴訟（最大判平成18年3月1日民集60巻2号587頁）
　　旭川市から、保険料の減免事由に該当しないとの処分をうけた原告が、条例による保険料算定の基礎である賦課総額が不明確であり違憲であるとして、賦課処分の取消し等を求めた事件である。
　　最高裁は、租税の意味につき、「国又は地方公共団体が、課税権に基づき、その経費に充てるための資金を調達する目的をもって、特別の給付に対する反対給付と

してでなく、一定の要件に該当するすべての者に対して課する金銭給付は、その形式のいかんにかかわらず、憲法84条に規定する租税に当たるというべきである」として狭義で租税の意味をとらえ、保険料は対価性をもつため、固有の意味の租税とは異なるとし、84条の規定が直接適用されることはないと判示した。もっとも、「憲法84条は、課税要件及び租税の賦課徴収の手続が法律で明確に定められるべきことを規定するものであり、直接的には、租税について法律による規律の在り方を定めるものであるが、同条は、国民に対して義務を課し又は権利を制限するには法律の根拠を要するという法原則を租税について厳格化した形で明文化したものというべきである。したがって、国、地方公共団体等が賦課徴収する租税以外の公課であっても、その性質に応じて、法律又は法律の範囲内で制定された条例によって適正な規律がされるべきものと解すべきであり、憲法84条に規定する租税ではないという理由だけから、そのすべてが当然に同条に現れた上記のような法原則のうち外にあると判断することは相当ではない」としたために、問題を残したものといえる。

第3節　国費の支出

　憲法85条は「国費を支出し、又は国が債務を負担するには、国会の議決に基くことを必要とする」と規定する。これは財政国会中心主義および財政民主主義の原則を支出面から具体化したものとされている。財政法2条によれば、国費の支出とは「国の各般の需要を充たすための現金の支払をいう」とされる。また、財政法14条では、「歳入歳出は、すべて、これを予算に編入しなければならない」とされており、憲法85条の「国会の議決」は、86条の予算の方式で行われることになる。「予見し難い予算の不足に充てるため」の予備費については87条1項に規定があるが、1項の議決は予備費を設けることについての議決であることから87条2項では、その支出についても事後的に国会の承諾を得ることを義務づけた。

　憲法85条は国の債務負担についても国会の議決が必要であるとする。直接的に金銭を支払う場合だけでなく、債務の負担も結局は将来その弁済のために国費を支出することになるのであるから、憲法はこれを国会の議決に基づくものとしたのである。なお、議決の方法としては、財政法15条は、法律と予算の形

式によることを認めている。

第4節　公金の支出

　憲法89条は、「公金その他の公の財産は、宗教上の組織若しくは団体の使用、便益若しくは維持のため、又は公の支配に属しない慈善、教育若しくは博愛の事業に対し、これを支出し、又はその利用に供してはならない」と規定する。これは、前段において、憲法20条1項および3項の政教分離原則を財政面から具体化し、国が宗教上の組織若しくは団体に財政的支援をしないことを定めたものである。この宗教上の組織若しくは団体の意義について、判例は箕面忠魂碑・慰霊祭訴訟（最判平成5年2月16日民集47巻3号1687頁）において、目的効果基準論を背景にして、「特定の宗教の信仰、礼拝又は普及等の宗教的活動を行うことを本来の目的とする組織ないし団体」と狭く解している。しかし、特定の宗教活動の支援を禁止する憲法の趣旨からすれば、そのように狭く解することは妥当ではない。

　一方、宗教法人に対する免税措置が公金の支出にあたるかどうかも問題とされるが、社寺の文化財保護目的での援助と同様に、個別的な事業に対して援助するものとは解されないので、合憲と判断される。もっともこれには違憲説もある。憲法89条後段においてはその立法趣旨について争いがある。教育等私的事業に公金支出を行う場合には公費の濫用を防止することが必要であるとする公費濫用防止説、教育等私的事業の自主性を確保するために公権力の干渉を防止する必要があるとする自主性確保説、教育等私的事業は宗教色をもつことが多いので政教分離原則を具体化するために財政援助を禁止するとする中立性確保説とがある。しかし、これらは排他的関係にあるものではないから総合的に考えるべきであるとの説もある。「公の支配」の意義についても争いがある。これを厳格に解し、その事業の本質的な部分に対する支配ととらえれば、たとえば私学助成は、私立学校振興助成法12条で規定された程度の監督では「公の支配」とはいえず違憲の疑いがあることになる。しかし、公費濫用防止説を前提とすれば、私立学校振興助成法12条の監督によって公費濫用防止が期待でき

るのであるから、「公の支配」をその限度で緩やかに解しても問題はない。私学助成は憲法89条に違反しないことになる。

第5節　財政監督の方式

1　予　　算

(1)　**法的性格**　　一般に、予算とは、一会計年度における国の歳入歳出の見積もりを中心とする国の財政行為の準則を意味するとされている。この予算について憲法86条は、「内閣は、毎会計年度の予算を作成し、国会に提出して、その審議を受け議決を経なければならない」とする。しかし、この予算の法的性格をめぐって学説には争いがある。まず、予算の法的性格を否定し、単に行政としてのみとらえる予算行政説である。この説では、国会の議決は政府に対する1年間の財政計画の承認の意思表示でしかなくなる。これは財政民主主義の精神に反するため現在では採る者はいないと思われる。

　次に、予算は法律そのものであるとする予算法律説がある。この説によれば、憲法59条1項の「特別の定のある場合」が予算であり、それを受けて憲法60条の規定があって、衆議院の先議権と優越があるのであるから、国会の議決方法の違いは問題にならないとする。また、予算以外にも、憲法95条で規定する地方自治特別法は特別の手続を規定しており、予算のみが通常の法律と異なる手続が規定されているわけではないともする。さらに、予算が一会計年度のみの効力しかないとしても、法律にも時限立法があり、特に区別する決定的な基準になるわけでもないと主張している。

　最後に、予算法規範説がある。これは予算には法的性格が認められるが、法律とは異なる国法形式であると主張するものである。予算は、一般国民の行為を直接拘束するものではないこと、その効力も一会計年度に限定されること、さらに、その国会の議決方法が異なること等をあげ、法規範としての性格を有するものではあるが、法律とは異なる特別の法形式であるとするのである。これが通説である。

　(2)　**修　正　権**　　ところでこのような予算の法的性格は、予算の増額修正の

問題にも影響する。国会は予算の議決権を有するのであるが、その際に予算に対して修正権をどこまで認められるのか議論がある。修正には減額修正と増額修正が認められているが、一般に減額修正に限界を設ける説はないものと思われる。一方、増額修正については、予算法律説によれば、予算は法律そのものであるから国会の修正に限界はないことになる。しかし、憲法73条5号および憲法86条が定めるように、予算を作成し提出する権利は内閣にあり、この点法律とは異なるのであるから、国会の修正権を法律と同等にとらえることには根拠が必要である。そこで、予算法規範説は、予算の同一性を損なうほどの修正はできないものと考えるのである。しかし、予算作成・提出権が修正権を限界付ける根拠になるのかどうかについて疑義がある上に、国会は予算を否決することができる以上、増額修正に限界はないとする批判もある。そこで、予算法規範説を採りながらも、財政国会中心主義の原則を重視して、増額修正にも限界はないとする見解が主張されているのである。

　(3)　**予算と法律の不一致**　　予算と法律の法形式・議決方式が異なるために、予算と法律の不一致の問題が生じる。それには、①法律が制定されたが予算が成立していない事態と、②予算は成立したが法律が制定されていない事態とが認められる。①の場合には、内閣は補正予算を組んだり、予算を流用したり、予備費を支出したりすること等で法律を実施することが必要となる。②の場合には、内閣が法律案を提出し国会の議決を求めることになるが、国会は予算を成立させた以上、法律を制定することになると思われる。しかし法律制定義務まではないと解されている。なお、予算を伴う法律案の安易な発議を抑制するために、国会法56条1項但書は「予算を伴う法律案を発議するには、衆議院においては議員五十人以上、参議院においては議員二十人以上の賛成を要する」と定めている。この予算と法律の不一致の問題については、予算法律説を採ると、予算は法律そのものであるから、理念の問題としては不一致問題は生じない。しかし、現実問題としては何らかの権限法が必要となるので、やはり不一致問題は生じるのである。

2　決算と財政状況の報告

　決算とは、憲法上、一会計年度の国の収入支出の実績を示す確定的計数書であるとされている。これは法規範としての性格を有するものではない。その目的は、予算の適正な執行の検討と内閣の責任の明確化であり、それによって将来的な財政計画の改善を図ることにある。そのために、憲法90条1項は、「国の収入支出の決算は、すべて毎年会計検査院がこれを検査し、内閣は、次の年度に、その検査報告とともに、これを国会に提出しなければならない」と規定しているのである。会計検査院は、政府の決算について検査を行うものであるから、内閣に対して独立の地位を有している（会計検査院法1条）。

　なお、憲法91条は、「内閣は、国会及び国民に対し、定期に、少くとも毎年一回、国の財政状況について報告しなければならない」と定めている。このような財政状況の公開は、財政民主主義の原則からの帰結であるといえる。

第18章　地方自治

第1節　地方自治の本旨

1　意　義

　明治憲法では、地方自治の規定をもたず、極めて中央集権的な制度の下で、地方自治はあくまで法律事項としての意味しか有していなかった。しかし、日本国憲法の下では、第8章に地方自治の規定を設け、地方自治制度の憲法的保障をしている。

　憲法92条は、「地方公共団体の組織及び運営に関する事項は、地方自治の本旨に基いて、法律でこれを定める」と定めている。「地方自治の本旨」とは、地方自治の基本的精神を示し、それにより地方自治の具体的内容が決められることになるが、必ずしも明確な内容を有しているとはいえない側面をもつ。しかし、一般に「地方自治の本旨」の意義としては、住民自治と団体自治の2つの理念によって明確にされると考えられている。住民自治は93条によって、また団体自治は94条によって具体化されているのであるが、住民自治は地方自治がその地域の住民の意思に基づいて行われることを意味し、団体自治は国から独立した団体が国からの干渉を受けることなく自らの意思と責任の下で地方自治を行うことを意味する。前者は民主主義的側面を示し、後者は自由主義的側面を表しているとされる。

2　地方自治権の根拠

　このような地方自治権の根拠については、学説上争いがある。これについては、従来から、固有権説、承認説（伝来説）、制度的保障説が主張されてきた。固有権説は、地方自治権を個人の基本権と同様に、地方公共団体に固有の前憲法的権利としてとらえるものである。しかし、これによれば個人と団体の権利

主体の問題があるほか、国家主権の単一不可分の考え方と矛盾するし、日本における地方公共団体が固有権を認めるほどの歴史的基盤をもつものであるかどうかも問題であるとされる。さらに、憲法92条の地方自治の組織や運営が法律によることをどのように説明するのかも問題である。そこで、反対に、日本における国家形成が中央集権的な政治手法で行われたことを直視し、地方自治についての固有の権利性を否定する承認説が説かれることになる。この説では、地方自治は国の存在から導かれるものであり、国の存在を前提とするものである。したがって、地方自治は中央集権に対する例外的性質を有するものであり、条文上は、65条の例外としての92条の存在意義を認めるものである。その意味では、地方自治は承認あるいは認容に基づくものと考えるのである。すなわち地方自治はやりたければやってもよいという程度のものとしてしか存在しないことになる。しかし、この説によれば、国の立法によって、地方自治の廃止を含めた内容を決定することが可能となるが、それでは憲法で地方自治を定めたことが無意味になってしまう。現在ではその根拠には批判的な見解が多数である。しかし、この承認説を広い意味では認めつつ、ということはつまり地方自治が自然権的な基本権として保障されることは否定しつつ、なお、地方自治には国の法律によって侵すことのできない本質的ないし核心的部分があることを認めようとする説がある。これが制度的保障説であり、通説的地位にあるといえる。もっとも、最近では固有権説を憲法的な観点から見直し、人権保障と国民主権原理から、住民自治や団体自治を根拠付けようとする説が有力に主張されている。

第2節　地方公共団体

1　意　義

　地方自治法1条の3は、地方公共団体を普通地方公共団体と特別地方公共団体とに区別し、普通地方公共団体を都道府県と市町村とし、特別地方公共団体を特別区、地方公共団体の組合、財産区および地方開発事業団とすると規定している。これらの地方公共団体のうちどれが憲法的保障のある地方公共団体で

あるのかは憲法上不明である。また、普通地方公共団体について都道府県と市町村という2段階構造をもつが、これが憲法上の要請であるのかについても議論がある。

　まず、この2段階構造を憲法が保障しているのかどうかであるが、学説は2つに大別される。すなわち、憲法はこれを柔軟に理解するものであるととらえ、その構造については立法政策の問題であるとする説と、2段階構造を憲法上の要請であると考える説である。後者はさらに、2段階構造を固定したものと考える説と、歴史的経緯から基本的に2段階構造が保障されるとしながら、地方自治の本旨に反しない限り（その意味では憲法が想定した範囲を超えない限り）、たとえば道州制の採用などを容認する説とがある。この道州制のような広域の行政は、中央政府に対抗する意味では望ましいといえるが、住民自治の視点からは問題がある。

　東京23区は特別区と考えられるが、それが憲法上の地方公共団体にあたるのかが問題となる。区長が直接選挙で選ばれていなかった時代の判例（最大判昭和38年3月27日刑集17巻2号121頁）では、特別区は地方公共団体ではないとされたが、昭和49年に区長の直接選挙制が復活している現在では、どのような判断が下されるのかは不明である。特別区が大都市の内部組織としての意味しかもたないという評価は、東京都の他の市町村との関係を考えれば矛盾を生じるという他ないし、行政上の実態を考えても、現在では憲法上の地方公共団体と考えても不当ではない。学説には特別区を憲法上の地方公共団体にあたらないと考える消極説があるが、上述の理由により疑問がある。

2　組　　織

　憲法93条1項は「地方公共団体には、法律の定めるところにより、その議事機関として議会を設置する」とし、その2項は「地方公共団体の長、その議会の議員及び法律の定めるその他の吏員は、その地方公共団体の住民が、直接これを選挙する」と定めている。これは住民自治の原則から、住民の直接選挙により地方公共団体の長および議会の議員その他吏員が選ばれることを定めたものである。ここではまず「住民」の意味が問題となるが、地方自治法10条1項

は「市町村の区域内に住所を有する者は、当該市町村及びこれを包括する都道府県の住民とする」と定め、国籍の有無を問題としていないようにみえるし、近年、参政権に関連して、これを積極的にみようとする議論が有力になっているようではある。しかし、最高裁（最判平成7年2月28日民集49巻2号639頁）は、「地方公共団体が我が国の統治機構の不可欠の要素を成すものであることをも併せ考えると、憲法93条2項にいう『住民』とは、地方公共団体の区域内に住所を有する日本国民を意味するものと解するのが相当であ」るとしているし（もっとも傍論ではあるが、「法律をもって、地方公共団体の長、その議会の議員等に対する選挙権を付与する措置を講ずることは、憲法上禁止されているものではないと解するのが相当である」とも判示している）、地方自治法11条は参政権について「日本国民たる普通地方公共団体の住民」と限定的に規定しており、立法政策の問題としてならともかく、現行法上は消極に解するほかない。

　地方公共団体における立法機関と執行機関との関係は憲法上明確とはいえないが、地方自治法は、首長主義を採用し、二元的代表制を認めている。これにより両者は共に住民による直接選挙で選ばれる対等・独立の存在として、互いに緊張関係をもつことになる。これは地方における権力分立の意義をもつことになる。また、このような関係はいわゆる大統領制に近いものがあるが、地方自治法178条は「普通地方公共団体の議会において、当該普通地方公共団体の長の不信任の議決をしたときは、直ちに議長からその旨を当該普通地方公共団体の長に通知しなければならない。この場合においては、普通地方公共団体の長は、その通知を受けた日から十日以内に議会を解散することができる」と定めて、議院内閣制の要素を取り入れている。このように地方議会は、地方公共団体の長との二元代表制をとるのであるから、国会とは異なり、自治権の最高機関ではない。また、議会は伝統的に一院制であるが、立法政策の問題として二院制を否定するものではない。

　さらに、地方自治法94条は、町村は「議会を置かず、選挙権を有する者の総会を設けることができる」と規定し、町村総会制を容認するが、これは直接民主制であることからより強い住民自治の表れとして憲法93条には違反しないとされている。なお、地方公共団体の長について、その被選挙権は知事が30歳以

上、市町村長が25歳以上であり、任期は4年であるが、住民からの解職請求を
受ける。

3　権　　能

(1)　事　　務　　憲法94条は、「地方公共団体は、その財産を管理し、事務を
処理し、及び行政を執行する権能を有し、法律の範囲内で条例を制定すること
ができる」とし、地方公共団体の権能が定められている。ただ、条例の制定以
外は、地方公共団体の権能を一般的・抽象的に示しただけであり、その具体的
内容は地方自治法に規定されている。1999年（平成11年）改正前の地方自治法
では、その事務として自治事務と機関委任事務が定められていた。自治事務は
地方公共団体の固有の事務でありその責任において自主的に行うことができた
が、機関委任事務は地方公共団体の長に委任された国の事務であり、国の包括
的指揮監督を受け、地方公共団体の議会の権限が大幅に制限されていた。この
機関委任事務が地方公共団体の事務の多くを占め、地方公共団体が国の下請機
関的性格をもつことになり、地方自治の本旨に照らして問題とされてきた。こ
れを受けて、1999年（平成11年）改正においては、この機関委任事務が廃止さ
れ、新しく自治事務と法定受託事務とが定められた。

　地方自治法2条9号は、この法定受託事務として「法律又はこれに基づく政
令により都道府県、市町村又は特別区が処理することとされる事務のうち、国
が本来果たすべき役割に係るものであつて、国においてその適正な処理を特に
確保する必要があるものとして法律又はこれに基づく政令に特に定めるもの」
を第1号法定受託事務とし、「法律又はこれに基づく政令により市町村又は特
別区が処理することとされる事務のうち、都道府県が本来果たすべき役割に係
るものであつて、都道府県においてその適正な処理を特に確保する必要がある
ものとして法律又はこれに基づく政令に特に定めるもの」を第2号法定受託事
務としている。これらは、少なくとも機関委任事務のような国の下請的な上下
関係を前提としたものではなく、その意味では地方公共団体の権能は大幅に拡
大されたといえるかもしれないが、財源の問題から国の意向を過度に尊重する
ことにならないか問題はなお残されている。

　なお、地方自治法245条の2は「普通地方公共団体は、その事務の処理に関
し、法律又はこれに基づく政令によらなければ、普通地方公共団体に対する国
又は都道府県の関与を受け、又は要することとされることはない」として、関
与の法定主義を掲げ、また、関与の場合には、地方公共団体の自主性に配慮し
て、必要最小限度のものにとどめること、さらに、その関与に不服のある場合
の紛争処理制度も創設された。(もっとも、地方公共団体が国の是正要求または指示
に従わない場合には、地方公共団体の不作為の違法の確認を求めることもできる──法
251条の7)

(2) 条例制定権

　(a) 条例の意味と根拠：　地方公共団体には、憲法94条によって、条例制定権が
付与されている。その条例の意味については、地方公共団体の議会の議決によ
るものに限るとする説、その他に地方公共団体の長の制定する規則をも含むと
する説、さらにそれに加えて各種委員会の規則も含める説があるが、多数説は
最後の説である。また、根拠についても、92条によるとする説、94条によると
する説、92条と94条によるとする説、条例を委任立法とする説に分かれてい
る。憲法は92条における地方自治の本旨に基づいて94条の条例制定権を認める
のであるから、少なくとも94条を根拠とする説に正当性がある。

　(b) 法律と条例：　憲法94条は「法律の範囲内で条例を制定することができる」
と定めているので、法律と条例との効力の関係が問題となる。この「法律の範
囲内」を形式的に考えれば、すでに法律が規定されている事項については条例
をさらに制定することはできないことになる(法律先占論)。これについては、
法律の委任のある場合は当然条例を制定することが許されるが、法律の先占の
範囲を限定してとらえ、法律が条例を特別に排除していないのであれば条例を
制定することが許されることになるという考え方がある。しかし、近年では、
このような法律先占論の枠組みから離れ、法律が地方自治の本旨に反するもの
であってはならないことを大前提として、「法律の範囲内」の意味を考え、従
来よりも条例制定権を合理的に拡張する試みがなされている。それはたとえ
ば、法律の基準よりも厳しい基準を要求するような条例(上乗せ条例)が認め
られるのかという形で問題とされた。これを容認するために、いわゆるナショ

ナル・ミニマム論が主張され、法律による固有の自治事務領域内の規制措置
は、全国一律に適用されるような最低基準を意味するにすぎないとされた。し
たがって、地方の実情にあわせ、またその自主性を尊重して、規制の「上乗
せ」をすることが許されることになる。もっとも、それが過度に地方の取り扱
いの差異をもたらすものであるなら、法の下の平等違反になることもあるであ
ろうし、また、地方自治の本旨に反するような、すなわち人権保障を妨げるよ
うなものであるなら、それも許されないであろう。徳島市公安条例事件判決で
は、条例制定権の制限の枠組みとしてはナショナル・ミニマム論を採用しては
いるが、表現の自由との関係で問題を残したものであると思われる。

【重要判例】徳島市公安条例事件（最大判昭和50年9月10日刑集29巻8号489頁）
　　被告人らが、集団示威行進を行った際、その許可条件に違反したとして、道路交
　通法および徳島市公安条例違反として起訴された事件である。
　　最高裁は、特定事項について国の法令と条例が併存する場合でも、①目的が異
　なっており、法令の目的・効果を阻害しないものであったり、②目的が同じでも、
　地方の実情に応じて、別段の規制を施すことを容認する趣旨であるときには、法令
　と条例との矛盾抵触はないとした。さらに、条例に特別の意義と効果と合理性が認
　められる場合には、道路交通法による規制は「条例の規制の及ばない範囲において
　のみ適用される」とした。

　(c)　法律留保事項と条例：　憲法の法律留保事項を条例で規制できるかどうかの
問題がある。憲法29条2項は「財産権の内容は、公共の福祉に適合するやう
に、法律でこれを定める」としているが、この「法律」に条例が含まれるか否
かが問題となる。判例・通説はこれを積極に解している。これについては第7
章第3節ですでに述べた。
　(d)　条例と罰則：　次に、条例違反の場合に罰則を定めることができるかが問
題である。これは憲法31条が法律の手続によらなければ刑罰を科してはならな
い旨の規定がある上に、憲法73条6号但書も「政令には、特にその法律の委任
がある場合を除いては、罰則を設けることができない」と定めていることか
ら、地方自治法14条3項が「普通地方公共団体は、法令に特別の定めがあるも

のを除くほか、その条例中に、条例に違反した者に対し、二年以下の懲役若しくは禁錮、百万円以下の罰金、拘留、科料若しくは没収の刑又は五万円以下の過料を科する旨の規定を設けることができる」と規定していることとの関係が問題とされるのである。最高裁（最大判昭和37年5月30日刑集16巻5号577頁）は、大阪市売春取締条例事件判決において、「条例によって刑罰を定める場合には、法律の授権が相当な程度に具体的であり、限定されておればたりると解するのが正当である」として、いわゆる限定的法律授権説を採っているが、条例制定権が憲法94条によって認められているのであるから、その実効性を保障するために罰則制定を認めていると考えられる。条例が地方議会を通じて民意を反映するという法律に類した性格をもつものとすれば、罰則の制定は罪刑法定主義に抵触しないと思われる。この場合、地方自治法14条3項は刑罰の上限を規定したものと理解されることになる。

(e) 条例と課税権：　さらに、憲法84条は「あらたに租税を課し、又は現行の租税を変更するには、法律又は法律の定める条件によることを必要とする」と定めているが、ここでも条例が法律に準じた性格をもつものであること、および94条の条例制定権は地方公共団体の課税権を認める趣旨であることからも、84条の「法律」には条例を含むとされるのが一般である。

4　住民の権利

住民の権利として、93条2項は、「地方公共団体の長、その議会の議員及び法律の定めるその他の吏員」の直接選挙を定めている。また、92条の「地方自治の本旨」から、地方自治法は住民の直接請求制度を定めている。すなわち、条例の制定改廃請求、事務監査請求、議会の解散請求、長・議員・役員の解職請求である。これらの直接請求制度は憲法上の要求とはいえないが、それを廃止することは住民自治を軽視するものであり、地方自治の本旨に反すると考えざるをえない。

また、憲法95条は、「一の地方公共団体のみに適用される特別法は、法律の定めるところにより、その地方公共団体の住民の投票においてその過半数の同意を得なければ、国会は、これを制定することができない」とし、地方自治特

別法の制定に住民投票を必要としている。この「一の地方公共団体」とは、「一つの」ではなく「特定の」の意味である。法律が地域性をもつことが要求されるのみであるから、複数の地方公共団体であってもかまわない。しかし、そのような特定の地方公共団体のみに適用される特別法でも、地方公共団体の組織・運営等と無関係な場合には地方自治特別法とは解されてはおらず、現在95条は有効に機能していないことが指摘されている。

　住民投票制度そのものについては、憲法が間接民主制を建前としていることから、これを切り崩すものであるとの批判があるが、憲法は直接民主制を排除するものでないことは憲法改正の国民投票をみれば当然といえる。むしろ、地方自治は住民の生活により密着したものであり、直接民主制が機能しやすい背景をもっている。もっとも、憲法や地方自治法は、住民投票についての一般的な根拠規定を置いていない。そこで個々の問題ごとに条例を制定して住民投票を行うことになるが、これが議会や長の権限を侵害しない限り許されるとするのが多数説である。この場合、住民投票は、法的拘束力をもたない諮問的な性格をもつことになる。

第19章　憲法改正

第1節　憲法改正の意味

　憲法は最高法規としての地位を有するものであるが（憲法第10章）、憲法を取り巻く政治的・社会的・経済的状況は常に変動し、憲法との関係においても一定の緊張関係をもたらしている。しかし、最高法規としての憲法は容易に変更されてはならず、安定した規範として存在することが求められている。この意味で、憲法はその内部において憲法保障制度を設けておく必要がある。そのような制度として考えられるのが、権力分立制、憲法尊重擁護義務、法令審査権などであり、また抵抗権（12条等）や国家緊急権（ただし、国家存立維持のために憲法秩序を一時停止するものであるから問題は多い。現行憲法においては認められていない）も取り上げられることがある。しかし、一方ではあまりに硬直した憲法もかえって民主主義に反する場面も生じる可能性がある。憲法はその変化への適応性を保障するために、憲法改正手続を規定している。もっとも、改正手続をあまりに緩くしてしまうと、憲法の安定性は脅かされてしまい、憲法保障の観点から問題が生じる。そこで、次節において述べるように、その手続を厳格なものとして（硬性憲法）、憲法の可変性と安定性の両面の要請に応えようとしたのである。もっとも、このように憲法改正を厳格に規定するのは（硬性憲法）、もちろん立憲主義からの要請であるから、国会の議決を容易にして、国民投票に委ねればよいというものではない。憲法の可変性は改正手続の法定化で保障されていると考え、実質的な改正は厳格に行われるべきことは当然であろう。

　憲法改正とは、憲法に規定された改正手続に従って、憲法の各条項に修正・追加・削除を行ったり、新しい条項を付け加えること（増補）であり、また、憲法全体を書き換える全面改正という形で行われることもある。その意味で

は、現行憲法を一旦廃止した上で、全く新しい憲法を制定したり、条項の何らかの変更を前提としないで、憲法の内容を作りかえてしまう憲法の変遷とも異なるものである。

第2節　憲法改正手続

　憲法改正の具体的手続については、96条および7条2号が規定しており、①国会による発議、②国民の承認、③天皇の公布という手続により行われることになっている。

1　国会による発議

　まず、国会による発議であるが、これには発案・審議・議決という過程がある。

　(1)　発　　案　　発案については、その権能が国会議員にあることは当然であるが、内閣にも認められるのか否かで学説上争いがある。内閣総理大臣や国務大臣の過半数が議員であることを考えれば、この争いには意味がないと思われるが、憲法改正には国民の意思が最重要と考え、法律案とは異なって内閣の発案権を否定する説に対しては、上述の視点のほか、憲法改正には国民の承認の手続が必要であるから、内閣に発案権を承認した場合に国民の意思が否定されるわけではないことを反論としてあげることができる。しかし、一方では、憲法改正については、国民主権原理からできる限り国民の意思が実現される手続を求めていくことが望ましいのであるから、通常の法律案よりも厳格に解することが妥当ともいえよう（内閣法5条も限定的に解釈すべきである）。議員が発案するには、衆議院において100人以上、参議院においては50人以上の賛成が必要（国会法68条の2）とされているのもその現れである。

　(2)　審　　議　　審議については国会法第6章の2、第11章の2および86条の2が存在するが、一般に、法律案に準ずると解されている。ただ、定足数については問題がある。憲法改正の決議について、各議院の総議員の3分の2以上の賛成が必要であることを考慮すれば、法律案と同様の3分の1以上（憲法

56条）とすることには疑問がある。

　(3)　**議　　決**　　議決はすでに述べたように、各議院の総議員の3分の2以上の賛成が必要となる（96条1項）。この場合の「総議員」の意味については、法定議員数か現在議員数かで争いがある。法定議員数と考える説によると欠員数が反対票になるという批判はあるが、憲法改正の重大性から厳格に考える必要はあろう。なお、議決について、両院は対等の関係に立ち、衆議院の優越は認められない。

2　国民の承認

　国会が国民に提案した憲法改正案は、国民の承認を得なければならない。国民の承認の法的意味は、その承認によって憲法改正の可否が最終的に決定されるということであり、国会の議決によって憲法改正案が法的に成立していることを前提とした国民の承認にすぎないものではないことに注意が必要である。

　憲法改正の国民の承認について、憲法96条1項は「この承認には、特別の国民投票又は国会の定める選挙の際行はれる投票において、その過半数の賛成を必要とする」と定めている。ここで要求されている「過半数」の意味については、従来より、有権者数、投票総数、有効投票数のうち、どの数字の過半数であるかが論議されてきた。有効投票数を基準にすると、棄権率が高く無効票が多い場合に少数の国民の賛成により承認されてしまうとの懸念がある。有権者数説が現実的でないのなら、投票総数によるべきであろう。なお、2007年（平成19年）に公布された「日本国憲法の改正手続に関する法律」（国民投票法）126条1項は「国民投票において、憲法改正案に対する賛成の投票の数が第九十八条第二項に規定する投票総数の二分の一を超えた場合は、当該憲法改正について日本国憲法第九十六条第一項の国民の承認があったものとする」として「投票総数」という文言を使っているが、基準となる98条2項の定義では、「憲法改正案に対する賛成の投票の数及び反対の投票の数を合計した数をいう」としており、要するに有効投票数を基準にすることになる。この場合には、前述の問題を考慮すれば、最低投票率を設ける必要があるであろう。

3　天皇の公布

　国民投票によって承認された憲法改正は、天皇がこれを公布することになる（96条2項、7条1号）。その際には、「国民の名で」、改正条項が「この憲法と一体を成すものとして」公布される。これはもちろん国民主権原理の下で憲法制定権者（改正権者）が国民であること、および改正条項が憲法と同じ最高法規としての効力を有することを意味している。また、この公布は「直ちに」なされることになっているが、これは法律の公布が奏上後30日以内と定められていることからすれば（国会法66条）、憲法改正はそれよりも短期間にすべきことが憲法の趣旨に合うものである。

第3節　憲法改正の限界

1　限界説と無限界説

　憲法が改正条項を規定しているとはいえ、それがどのような改正も可能にしているのかは明確ではない。これは憲法改正には限界があるのかないのかという問題である。通説は一定の限界を認めるが、限界はないとする学説もある。この無限界説には、憲法改正に一定の限界を認めることは、憲法の内部に改正できるものと改正できないものを認めることになるので、それは憲法秩序に価値の序列を認めることになるので容認できないという説、あるいは、憲法制定権と憲法改正権とは区別できないとの前提から、憲法制定権力が憲法をどのように変更しようともそれを制限することはできないという説（この説では憲法制定権者は、その制定権自体を放棄することもできることになる）がある。しかし、これに対しては、憲法改正権は憲法自体が設定したものであるから、憲法の同一性・継続性を破るような改正を憲法自体が認めることは憲法の自殺行為であって、憲法制定権を放棄したり、前文等で示される憲法の基本原理を変更する改正は許されないとする説、あるいは、自然法論の立場から、人権保障は前憲法的に存在する根本規範であり、その根本規範を否定するような改正は許されないとする説が憲法には限界があると論じている。

　このような無限界説と限界説との対立は、「改正」の言葉の意味の違いに由

来するという見解もある。つまり、無限界説は、改正には革命（現行憲法を破棄し新たに憲法を作り直すという意味において）を含むと考え、一方、限界説は改正にはそのような革命は含まない、つまり現行憲法との同一性・継続性が保たれる限度でしか改正はありえないと考えるからである。限界説を採っても、限界を破って成立した憲法の効力を全否定するというのではなく、革命憲法としてやがては効力が認められていくとするのであるなら、結果においては異ならないことになる。ただ、それが憲法改正の条項によってなされるべきかどうかの問題であるというのである。しかし、無限界説によれば、改正後の憲法が、それとは基本原理の異なる憲法によって制定される（あるいは根拠づけられる）ことになり、それはたとえば民主制を基礎づけるものは君主制であるというに等しいことであり、法理論的には合理性がないと考えられる。こうして、限界説が通説となっている。ただ、通説も、憲法の基本原理についての改正はできないが、その細則（各条項）についての改正はその基本原理を崩さない限りにおいて許されるとする。その基本的考え方は妥当であるが、ただ、「総論反対、各論賛成」という思考が、結局は基本原理を骨抜きにすることのないように警戒すべきである。

2　憲法の変遷

　ところで、憲法改正と関連して、憲法の変遷が論じられることがある。これは、憲法改正の手続なしに、つまり憲法各条項の変更なしに、その内容を変更したものと同じ効果が発生することをいう。

　憲法規範が現実とのかかわりの中で変化し、その規範の保護目的の範囲が変化するということは、現実に存在することであり、特に問題とすべきことではない。また、憲法規範に反するような現実が生じ、継続的にそれが行われるようになって国民意識が法と承認するような事態も、法社会学的な意味においてはありうる。しかし、そのような事態に憲法改正の手続を経ないで、法的効果を付与することができるかどうかは問題である。そのような法的効果を認める憲法変遷論は、要するに違憲のものを合憲とするための論理であるが、慣習法的事実が実定法解釈に一定の意味を与えることはあるとしても、それをはるか

に超えて実定法そのものを否定することは容認できるものではない。硬性憲法としての日本国憲法の改正が困難であることを、行政機関の反復継続して行われる違憲行為によって突破し、改正手続なしに憲法規範を変更することになる点で、憲法変遷論には重大な問題がある。また、通説によっても指摘されているように、反復継続した違憲行為によって憲法規範の実効性が消滅したとどのような場合にいえるのかも不明確である。やはり憲法自身が承認する憲法改正手続なしには、憲法変遷論がいうような憲法規範の変更は不可能である。

参 考 文 献
(五十音順、基本的な概説書に限る)

芦部信喜(高橋和之補訂)『憲法〔第7版〕』(岩波書店、2019年)

芦部信喜『憲法学 I』(有斐閣、1992年)

芦部信喜『憲法学 II』(有斐閣、1994年)

芦部信喜『憲法学 III〔増補版〕』(有斐閣、2000年)

新井誠=曽我部真裕=佐々木くみ=横大道聡『憲法 I 総論・統治〔第2版〕』(日本評論社、2021年)

新井誠=曽我部真裕=佐々木くみ=横大道聡『憲法 II 人権〔第2版〕』(日本評論社、2021年)

安西文雄=巻美矢紀=宍戸常寿『憲法学読本〔第3版〕』(有斐閣、2018年)

伊藤正己『憲法〔第3版〕』(弘文堂、1995年)

上田勝美『新版憲法講義』(法律文化社、1996年)

浦部法穂『憲法学教室〔第3版〕』(日本評論社、2016年)

大石眞『憲法講義 I〔第3版〕』(有斐閣、2014年)

大石眞『憲法講義 II〔第2版〕』(有斐閣、2012年)

清宮四郎『憲法 I〔第3版〕』(有斐閣、1979年)

小嶋和司『憲法概説』(信山社出版、2004年)

佐藤功『日本国憲法概説〔全訂第5版〕』(学陽書房、1996年)

佐藤幸治『日本国憲法論〔第2版〕』(成文堂、2020年)

渋谷秀樹『憲法〔第3版〕』(有斐閣、2017年)

渋谷秀樹=赤坂正浩『憲法1〔第8版〕』(有斐閣、2022年)

渋谷秀樹=赤坂正浩『憲法2〔第8版〕』(有斐閣、2022年)

初宿正典『憲法1 統治の仕組み(I)』(成文堂、2002年)

初宿正典『憲法2 基本権〔第3版〕』(成文堂、2010年)

高橋和之『立憲主義と日本国憲法〔第5版〕』(有斐閣、2020年)

辻村みよ子『憲法〔第7版〕』(日本評論社、2021年)

野中俊彦=中村睦男=高橋和之=高見勝利『憲法 I〔第5版〕』(有斐閣、2012年)

野中俊彦=中村睦男=高橋和之=高見勝利『憲法 II〔第5版〕』(有斐閣、2012年)

長谷部恭男『憲法〔第8版〕』(新世社、2022年)

樋口陽一『憲法〔第4版〕』(勁草書房、2021年)

松井茂記『日本国憲法〔第3版〕』(有斐閣、2007年)

宮沢俊義『憲法 II〔新版改訂〕』(有斐閣、1974年)

判 例 索 引

高等裁判所

地方裁判所・簡易裁判所

（裁判所 Web　https://www.courts.go.jp）

事 項 索 引

【資　　　料】

日 本 国 憲 法

朕は、日本国民の総意に基いて、新日本建設の礎が、定まるに至つたことを、深くよろこび、枢密顧問の諮詢及び帝国憲法第73条による帝国議会の議決を経た帝国憲法の改正を裁可し、ここにこれを公布せしめる。

御　名　御　璽

昭和21年11月3日

内閣総理大臣兼 外 務 大 臣		吉 田 　 茂
国 務 大 臣	男爵	幣原喜重郎
司 法 大 臣		木村篤太郎
内 務 大 臣		大村 清一
文 部 大 臣		田中耕太郎
農 林 大 臣		和田 博雄
国 務 大 臣		斎藤 隆夫
逓 信 大 臣		一松 定吉
商 工 大 臣		星島 二郎
厚 生 大 臣		河合 良成
国 務 大 臣		植原悦二郎
運 輸 大 臣		平塚常次郎
大 蔵 大 臣		石橋 湛山
国 務 大 臣		金森徳次郎
国 務 大 臣		膳 桂之助

日 本 国 憲 法

日本国民は、正当に選挙された国会における代表者を通じて行動し、われらとわれらの子孫のために、諸国民との協和による成果と、わが国全土にわたつて自由のもたらす恵沢を確保し、政府の行為によつて再び戦争の惨禍が起ることのないやうにすることを決意し、ここに主権が国民に存することを宣言し、この憲法を確定する。そもそも国政は、国民の厳粛な信託によるものであつて、その権威は国民に由来し、その権力は国民の代表者がこれを行使し、その福利は国民がこれを享受する。これは人類普遍の原理であり、この憲法は、かかる原理に基くものである。われらは、これに反する一切の憲法、法令及び詔勅を排除する。

日本国民は、恒久の平和を念願し、人間相互の関係を支配する崇高な理想を深く自覚するのであつて、平和を愛する諸国民の公正と信義に信頼して、われらの安全と生存を保持しようと決意した。われらは、平和を維持し、専制と隷従、圧迫と偏狭を地上から永遠に除去しようと努めてゐる国際社会において、名誉ある地位を占めたいと思ふ。われらは、全世界の国民が、ひとしく恐怖と欠乏から免かれ、平和のうちに生存する権利を有することを確認する。

われらは、いづれの国家も、自国のことのみに専念して他国を無視してはならないのであつて、政治道徳の法則は、普遍的なものであり、この法則に従ふことは、自国の主権を維持し、他国と対等関係に立たうとする各国の責務であると信ずる。

日本国民は、国家の名誉にかけ、全力をあげてこの崇高な理想と目的を達成することを誓ふ。

第1章　天　　皇

第1条〔天皇の地位、国民主権〕　　天皇は、日本国の象徴であり日本国民統合の象徴で

あつて、この地位は、主権の存する日本国民の総意に基く。

第2条〔皇位の継承〕　皇位は、世襲のものであつて、国会の議決した皇室典範の定めるところにより、これを継承する。

第3条〔天皇の国事行為に対する内閣の助言と承認〕　天皇の国事に関するすべての行為には、内閣の助言と承認を必要とし、内閣が、その責任を負ふ。

第4条〔天皇の権能の限界・天皇の国事行為の委任〕　①　天皇は、この憲法の定める国事に関する行為のみを行ひ、国政に関する権能を有しない。

②　天皇は、法律の定めるところにより、その国事に関する行為を委任することができる。

第5条〔摂政〕　皇室典範の定めるところにより摂政を置くときは、摂政は、天皇の名でその国事に関する行為を行ふ。この場合には、前条第1項の規定を準用する。

第6条〔天皇の任命権〕　①　天皇は、国会の指名に基いて、内閣総理大臣を任命する。

②　天皇は、内閣の指名に基いて、最高裁判所の長たる裁判官を任命する。

第7条〔天皇の国事行為〕　天皇は、内閣の助言と承認により、国民のために、左の国事に関する行為を行ふ。

　1　憲法改正、法律、政令及び条約を公布すること。

　2　国会を召集すること。

　3　衆議院を解散すること。

　4　国会議員の総選挙の施行を公示すること。

　5　国務大臣及び法律の定めるその他の官吏の任免並びに全権委任状及び大使及び公使の信任状を認証すること。

　6　大赦、特赦、減刑、刑の執行の免除及び復権を認証すること。

　7　栄典を授与すること。

　8　批准書及び法律の定めるその他の外交文書を認証すること。

　9　外国の大使及び公使を接受すること。

　10　儀式を行ふこと。

第8条〔皇室の財産授受〕　皇室に財産を譲り渡し、又は皇室が、財産を譲り受け、若しくは賜与することは、国会の議決に基かなければならない。

第2章　戦争の放棄

第9条〔戦争の放棄、軍備及び交戦権の否認〕　①　日本国民は、正義と秩序を基調とする国際平和を誠実に希求し、国権の発動たる戦争と、武力による威嚇又は武力の行使は、国際紛争を解決する手段としては、永久にこれを放棄する。

②　前項の目的を達するため、陸海空軍その他の戦力は、これを保持しない。国の交戦権は、これを認めない。

第3章　国民の権利及び義務

第10条〔国民の要件〕　日本国民たる要件は、法律でこれを定める。

第11条〔基本的人権の享有〕　国民は、すべての基本的人権の享有を妨げられない。この憲法が国民に保障する基本的人権は、侵すことのできない永久の権利として、現在及び将来の国民に与へられる。

第12条〔自由・権利の保持の責任とその濫用の禁止〕　この憲法が国民に保障する自由及び権利は、国民の不断の努力によつて、これを保持しなければならない。又、国民

は、これを濫用してはならないのであつて、常に公共の福祉のためにこれを利用する責任を負ふ。

第13条〔個人の尊重、生命・自由・幸福追求の権利の尊重〕　すべて国民は、個人として尊重される。生命、自由及び幸福追求に対する国民の権利については、公共の福祉に反しない限り、立法その他の国政の上で、最大の尊重を必要とする。

第14条〔法の下の平等、貴族制度の否認、栄典〕　①　すべて国民は、法の下に平等であつて、人種、信条、性別、社会的身分又は門地により、政治的、経済的又は社会的関係において、差別されない。

②　華族その他の貴族の制度は、これを認めない。

③　栄誉、勲章その他の栄典の授与は、いかなる特権も伴はない。栄典の授与は、現にこれを有し、又は将来これを受ける者の一代に限り、その効力を有する。

第15条〔公務員の選定及び罷免権、公務員の本質、普通選挙・秘密投票の保障〕　①　公務員を選定し、及びこれを罷免することは、国民固有の権利である。

②　すべて公務員は、全体の奉仕者であつて、一部の奉仕者ではない。

③　公務員の選挙については、成年者による普通選挙を保障する。

④　すべての選挙における投票の秘密は、これを侵してはならない。選挙人は、その選択に関し公的にも私的にも責任を問はれない。

第16条〔請願権〕　何人も、損害の救済、公務員の罷免、法律、命令又は規則の制定、廃止又は改正その他の事項に関し、平穏に請願する権利を有し、何人も、かかる請願をしたためにいかなる差別待遇も受けない。

第17条〔国及び公共団体の賠償責任〕　何人も、公務員の不法行為により、損害を受けたときは、法律の定めるところにより、国又は公共団体に、その賠償を求めることができる。

第18条〔奴隷的拘束及び苦役からの自由〕　何人も、いかなる奴隷的拘束も受けない。又、犯罪に因る処罰の場合を除いては、その意に反する苦役に服させられない。

第19条〔思想及び良心の自由〕　思想及び良心の自由は、これを侵してはならない。

第20条〔信教の自由〕　①　信教の自由は、何人に対してもこれを保障する。いかなる宗教団体も、国から特権を受け、又は政治上の権力を行使してはならない。

②　何人も、宗教上の行為、祝典、儀式又は行事に参加することを強制されない。

③　国及びその機関は、宗教教育その他いかなる宗教的活動もしてはならない。

第21条〔集会・結社・表現の自由、検閲の禁止、通信の秘密〕　①　集会、結社及び言論、出版その他一切の表現の自由は、これを保障する。

②　検閲は、これをしてはならない。通信の秘密は、これを侵してはならない。

第22条〔居住・移転及び職業選択の自由、外国移住・国籍離脱の自由〕　①　何人も、公共の福祉に反しない限り、居住、移転及び職業選択の自由を有する。

②　何人も、外国に移住し、又は国籍を離脱する自由を侵されない。

第23条〔学問の自由〕　学問の自由は、これを保障する。

第24条〔家庭生活における個人の尊厳と両性の平等〕　①　婚姻は、両性の合意のみに基いて成立し、夫婦が同等の権利を有する

ことを基本として、相互の協力により、維持されなければならない。

② 配偶者の選択、財産権、相続、住居の選定、離婚並びに婚姻及び家族に関するその他の事項に関しては、法律は、個人の尊厳と両性の本質的平等に立脚して、制定されなければならない。

第25条〔生存権、国の社会的使命〕　① すべて国民は、健康で文化的な最低限度の生活を営む権利を有する。

② 国は、すべての生活部面について、社会福祉、社会保障及び公衆衛生の向上及び増進に努めなければならない。

第26条〔教育を受ける権利、教育を受けさせる義務、義務教育の無償〕　① すべて国民は、法律の定めるところにより、その能力に応じて、ひとしく教育を受ける権利を有する。

② すべて国民は、法律の定めるところにより、その保護する子女に普通教育を受けさせる義務を負ふ。義務教育は、これを無償とする。

第27条〔勤労の権利及び義務、勤労条件の基準、児童酷使の禁止〕　① すべて国民は、勤労の権利を有し、義務を負ふ。

② 賃金、就業時間、休息その他の勤労条件に関する基準は、法律でこれを定める。

③ 児童は、これを酷使してはならない。

第28条〔勤労者の団結権・団体交渉権その他の団体行動権〕　勤労者の団結する権利及び団体交渉その他の団体行動をする権利は、これを保障する。

第29条〔財産権〕　① 財産権は、これを侵してはならない。

② 財産権の内容は、公共の福祉に適合するやうに、法律でこれを定める。

③ 私有財産は、正当な補償の下に、これを公共のために用ひることができる。

第30条〔納税の義務〕　国民は、法律の定めるところにより、納税の義務を負ふ。

第31条〔法定手続の保障〕　何人も、法律の定める手続によらなければ、その生命若しくは自由を奪はれ、又はその他の刑罰を科せられない。

第32条〔裁判を受ける権利〕　何人も、裁判所において裁判を受ける権利を奪はれない。

第33条〔逮捕の要件〕　何人も、現行犯として逮捕される場合を除いては、権限を有する司法官憲が発し、且つ理由となつてゐる犯罪を明示する令状によらなければ、逮捕されない。

第34条〔抑留、拘禁の要件、不法拘禁に対する保障〕　何人も、理由を直ちに告げられ、且つ、直ちに弁護人に依頼する権利を与へられなければ、抑留又は拘禁されない。又、何人も、正当な理由がなければ、拘禁されず、要求があれば、その理由は、直ちに本人及びその弁護人の出席する公開の法廷で示されなければならない。

第35条〔住居侵入・捜索・押収に対する保障〕　① 何人も、その住居、書類及び所持品について、侵入、捜索及び押収を受けることのない権利は、第33条の場合を除いては、正当な理由に基いて発せられ、且つ捜索する場所及び押収する物を明示する令状がなければ、侵されない。

② 捜索又は押収は、権限を有する司法官憲が発する各別の令状により、これを行ふ。

第36条〔拷問及び残虐刑の禁止〕　公務員による拷問及び残虐な刑罰は、絶対にこれを禁ずる。

第37条〔刑事被告人の権利〕　① すべて刑事事件においては、被告人は、公平な裁判

所の迅速な公開裁判を受ける権利を有する。

② 刑事被告人は、すべての証人に対して審問する機会を充分に与へられ、又、公費で自己のために強制的手続により証人を求める権利を有する。

③ 刑事被告人は、いかなる場合にも、資格を有する弁護人を依頼することができる。被告人が自らこれを依頼することができないときは、国でこれを附する。

第38条〔自己に不利益な供述の強要禁止、自白の証拠能力〕　①　何人も、自己に不利益な供述を強要されない。

② 強制、拷問若しくは脅迫による自白又は不当に長く抑留若しくは拘禁された後の自白は、これを証拠とすることができない。

③ 何人も、自己に不利益な唯一の証拠が本人の自白である場合には、有罪とされ、又は刑罰を科せられない。

第39条〔遡及処罰の禁止、一事不再理〕　何人も、実行の時に適法であつた行為又は既に無罪とされた行為については、刑事上の責任を問はれない。又、同一の犯罪について、重ねて刑事上の責任を問はれない。

第40条〔刑事補償〕　何人も、抑留又は拘禁された後、無罪の裁判を受けたときは、法律の定めるところにより、国にその補償を求めることができる。

第4章　国　　会

第41条〔国会の地位、立法権〕　国会は、国権の最高機関であつて、国の唯一の立法機関である。

第42条〔両院制〕　国会は、衆議院及び参議院の両議院でこれを構成する。

第43条〔両議院の組織〕　①　両議院は、全国民を代表する選挙された議員でこれを組織する。

② 両議院の議員の定数は、法律でこれを定める。

第44条〔議員及び選挙人の資格〕　両議院の議員及びその選挙人の資格は、法律でこれを定める。但し、人種、信条、性別、社会的身分、門地、教育、財産又は収入によつて差別してはならない。

第45条〔衆議院議員の任期〕　衆議院議員の任期は、4年とする。但し、衆議院解散の場合には、その期間満了前に終了する。

第46条〔参議院議員の任期〕　参議院議員の任期は、6年とし、3年ごとに議員の半数を改選する。

第47条〔選挙に関する事項の法定〕　選挙区、投票の方法その他両議院の議員の選挙に関する事項は、法律でこれを定める。

第48条〔両院議員兼職の禁止〕　何人も、同時に両議院の議員たることはできない。

第49条〔議員の歳費〕　両議院の議員は、法律の定めるところにより、国庫から相当額の歳費を受ける。

第50条〔議員の不逮捕特権〕　両議院の議員は、法律の定める場合を除いては、国会の会期中逮捕されず、会期前に逮捕された議員は、その議院の要求があれば、会期中これを釈放しなければならない。

第51条〔議員の発言・表決の無責任〕　両議院の議員は、議院で行つた演説、討論又は表決について、院外で責任を問はれない。

第52条〔常会〕　国会の常会は、毎年1回これを召集する。

第53条〔臨時会〕　内閣は、国会の臨時会の召集を決定することができる。いづれかの議院の総議員の4分の1以上の要求があれば、内閣は、その召集を決定しなければな

らない。

第54条〔衆議院の解散、特別会、参議院の緊急
　集会〕　　①　衆議院が解散されたとき
　は、解散の日から40日以内に、衆議院議員
　の総選挙を行ひ、その選挙の日から30日以
　内に、国会を召集しなければならない。

②　衆議院が解散されたときは、参議院は、
　同時に閉会となる。但し、内閣は、国に緊
　急の必要があるときは、参議院の緊急集会
　を求めることができる。

③　前項但書の緊急集会において採られた措
　置は、臨時のものであつて、次の国会開会
　の後10日以内に、衆議院の同意がない場合
　には、その効力を失ふ。

第55条〔議員の資格争訟〕　両議院は、各
　その議員の資格に関する争訟を裁判する。
　但し、議員の議席を失はせるには、出席議
　員の3分の2以上の多数による議決を必要
　とする。

第56条〔議事議決の定足数・表決〕　①　両
　議院は、各その総議員の3分の1以上の
　出席がなければ、議事を開き議決すること
　ができない。

②　両議院の議事は、この憲法に特別の定の
　ある場合を除いては、出席議員の過半数で
　これを決し、可否同数のときは、議長の決
　するところによる。

第57条〔会議の公開・会議の記録・表決の会議
　録への記載〕　①　両議院の会議は、公開
　とする。但し、出席議員の3分の2以上の
　多数で議決したときは、秘密会を開くこと
　ができる。

②　両議院は、各その会議の記録を保存
　し、秘密会の記録の中で特に秘密を要する
　と認められるもの以外は、これを公表し、
　且つ一般に頒布しなければならない。

③　出席議員の5分の1以上の要求があれ

ば、各議員の表決は、これを会議録に記載
しなければならない。

第58条〔議長等の選任・議院の自律権〕　①
　　両議院は、各その議長その他の役員を
　選任する。

②　両議院は、各その会議その他の手続及
　び内部の規律に関する規則を定め、又、院
　内の秩序をみだした議員を懲罰すること
　ができる。但し、議員を除名するには、出席
　議員の3分の2以上の多数による議決を必
　要とする。

第59条〔法律案の議決・衆議院の優越〕　①
　　法律案は、この憲法に特別の定のある場
　合を除いては、両議院で可決したとき法律
　となる。

②　衆議院で可決し、参議院でこれと異なつ
　た議決をした法律案は、衆議院で出席議員
　の3分の2以上の多数で再び可決したとき
　は、法律となる。

③　前項の規定は、法律の定めるところによ
　り、衆議院が、両議院の協議会を開くこと
　を求めることを妨げない。

④　参議院が、衆議院の可決した法律案を受
　け取つた後、国会休会中の期間を除いて60
　日以内に、議決しないときは、衆議院は、
　参議院がその法律案を否決したものとみな
　すことができる。

第60条〔衆議院の予算先議・予算議決に関する
　衆議院の優越〕　①　予算は、さきに衆議
　院に提出しなければならない。

②　予算について、参議院で衆議院と異なつ
　た議決をした場合に、法律の定めるところ
　により、両議院の協議会を開いても意見が
　一致しないとき、又は参議院が、衆議院の
　可決した予算を受け取つた後、国会休会中
　の期間を除いて30日以内に、議決しないと
　きは、衆議院の議決を国会の議決とする。

第61条〔条約の国会承認・衆議院の優越〕
条約の締結に必要な国会の承認については、前条第2項の規定を準用する。

第62条〔議院の国政調査権〕　両議院は、各〻国政に関する調査を行ひ、これに関して、証人の出頭及び証言並びに記録の提出を要求することができる。

第63条〔国務大臣の議院出席の権利と義務〕
内閣総理大臣その他の国務大臣は、両議院の1に議席を有すると有しないとにかかはらず、何時でも議案について発言するため議院に出席することができる。又、答弁又は説明のため出席を求められたときは、出席しなければならない。

第64条〔弾劾裁判所〕　①　国会は、罷免の訴追を受けた裁判官を裁判するため、両議院の議員で組織する弾劾裁判所を設ける。

②　弾劾に関する事項は、法律でこれを定める。

第5章　内　閣

第65条〔行政権〕　　行政権は、内閣に属する。

第66条〔内閣の組織・国会に対する連帯責任〕
①　内閣は、法律の定めるところにより、その首長たる内閣総理大臣及びその他の国務大臣でこれを組織する。

②　内閣総理大臣その他の国務大臣は、文民でなければならない。

③　内閣は、行政権の行使について、国会に対し連帯して責任を負ふ。

第67条〔内閣総理大臣の指名・衆議院の優越〕
①　内閣総理大臣は、国会議員の中から国会の議決で、これを指名する。この指名は、他のすべての案件に先だつて、これを行ふ。

②　衆議院と参議院とが異なつた指名の議決をした場合に、法律の定めるところにより、両議院の協議会を開いても意見が一致しないとき、又は衆議院が指名の議決をした後、国会休会中の期間を除いて10日以内に、参議院が、指名の議決をしないときは、衆議院の議決を国会の議決とする。

第68条〔国務大臣の任命及び罷免〕　①　内閣総理大臣は、国務大臣を任命する。但し、その過半数は、国会議員の中から選ばれなければならない。

②　内閣総理大臣は、任意に国務大臣を罷免することができる。

第69条〔衆議院の内閣不信任〕　　内閣は、衆議院で不信任の決議案を可決し、又は信任の決議案を否決したときは、10日以内に衆議院が解散されない限り、総辞職をしなければならない。

第70条〔内閣総理大臣の欠缺・総選挙後の総辞職〕　　内閣総理大臣が欠けたとき、又は衆議院議員総選挙の後に初めて国会の召集があつたときは、内閣は、総辞職をしなければならない。

第71条〔総辞職後の内閣の職務〕　　前2条の場合には、内閣は、あらたに内閣総理大臣が任命されるまで引き続きその職務を行ふ。

第72条〔内閣総理大臣の職権〕　　内閣総理大臣は、内閣を代表して議案を国会に提出し、一般国務及び外交関係について国会に報告し、並びに行政各部を指揮監督する。

第73条〔内閣の職権〕　　内閣は、他の一般行政事務の外、左の事務を行ふ。

　1　法律を誠実に執行し、国務を総理すること。

　2　外交関係を処理すること。

　3　条約を締結すること。但し、事前に、

　　時宜によつては事後に、国会の承認を経
　　ることを必要とする。
　4　法律の定める基準に従ひ、官吏に関す
　　る事務を掌理すること。
　5　予算を作成して国会に提出すること。
　6　この憲法及び法律の規定を実施するた
　　めに、政令を制定すること。但し、政令
　　には、特にその法律の委任がある場合を
　　除いては、罰則を設けることができな
　　い。
　7　大赦、特赦、減刑、刑の執行の免除及
　　び復権を決定すること。

第74条〔法律・政令の署名〕　　法律及び政令
　には、すべて主任の国務大臣が署名し、内
　閣総理大臣が連署することを必要とする。

第75条〔国務大臣の訴追〕　　国務大臣は、そ
　の在任中、内閣総理大臣の同意がなけれ
　ば、訴追されない。但し、これがため、訴
　追の権利は、害されない。

第6章　司　　　法

第76条〔司法権、特別裁判所の禁止、裁判官の
　職務の独立〕　　①　すべて司法権は、最高
　裁判所及び法律の定めるところにより設置
　する下級裁判所に属する。
②　特別裁判所は、これを設置することがで
　きない。行政機関は、終審として裁判を行
　ふことができない。
③　すべて裁判官は、その良心に従ひ独立し
　てその職権を行ひ、この憲法及び法律にの
　み拘束される。

第77条〔最高裁判所の規則制定権〕　　①　最
　高裁判所は、訴訟に関する手続、弁護士、
　裁判所の内部規律及び司法事務処理に関す
　る事項について、規則を定める権限を有す
　る。

②　検察官は、最高裁判所の定める規則に従
　はなければならない。
③　最高裁判所は、下級裁判所に関する規則
　を定める権限を、下級裁判所に委任するこ
　とができる。

第78条〔裁判官の身分の保障〕　　裁判官は、
　裁判により、心身の故障のために職務を執
　ることができないと決定された場合を除い
　ては、公の弾劾によらなければ罷免されな
　い。裁判官の懲戒処分は、行政機関がこれ
　を行ふことはできない。

第79条〔最高裁判所の裁判官・国民審査〕
①　最高裁判所は、その長たる裁判官及び
　法律の定める員数のその他の裁判官でこれ
　を構成し、その長たる裁判官以外の裁判官
　は、内閣でこれを任命する。
②　最高裁判所の裁判官の任命は、その任命
　後初めて行はれる衆議院議員総選挙の際国
　民の審査に付し、その後10年を経過した後
　初めて行はれる衆議院議員総選挙の際更に
　審査に付し、その後も同様とする。
③　前項の場合において、投票者の多数が裁
　判官の罷免を可とするときは、その裁判官
　は、罷免される。
④　審査に関する事項は、法律でこれを定め
　る。
⑤　最高裁判所の裁判官は、法律の定める年
　齢に達した時に退官する。
⑥　最高裁判所の裁判官は、すべて定期に相
　当額の報酬を受ける。この報酬は、在任
　中、これを減額することができない。

第80条〔下級裁判所の裁判官〕　　①　下級裁
　判所の裁判官は、最高裁判所の指名した者
　の名簿によつて、内閣でこれを任命する。
　その裁判官は、任期を10年とし、再任され
　ることができる。但し、法律の定める年齢
　に達した時には退官する。

② 下級裁判所の裁判官は、すべて定期に相当額の報酬を受ける。この報酬は、在任中、これを減額することができない。

第81条〔最高裁判所の法令等審査権〕 最高裁判所は、一切の法律、命令、規則又は処分が憲法に適合するかしないかを決定する権限を有する終審裁判所である。

第82条〔裁判の公開〕 ① 裁判の対審及び判決は、公開法廷でこれを行ふ。

② 裁判所が、裁判官の全員一致で、公の秩序又は善良の風俗を害する虞があると決した場合には、対審は、公開しないでこれを行ふことができる。但し、政治犯罪、出版に関する犯罪又はこの憲法第3章で保障する国民の権利が問題となつてゐる事件の対審は、常にこれを公開しなければならない。

第7章 財 政

第83条〔財政処理の基本原則〕 国の財政を処理する権限は、国会の議決に基いて、これを行使しなければならない。

第84条〔課税の要件〕 あらたに租税を課し、又は現行の租税を変更するには、法律又は法律の定める条件によることを必要とする。

第85条〔国費の支出及び債務負担〕 国費を支出し、又は国が債務を負担するには、国会の議決に基くことを必要とする。

第86条〔予算〕 内閣は、毎会計年度の予算を作成し、国会に提出して、その審議を受け議決を経なければならない。

第87条〔予備費〕 ① 予見し難い予算の不足に充てるため、国会の議決に基いて予備費を設け、内閣の責任でこれを支出することができる。

② すべて予備費の支出については、内閣は、事後に国会の承諾を得なければならない。

第88条〔皇室財産、皇室の費用〕 すべて皇室財産は、国に属する。すべて皇室の費用は、予算に計上して国会の議決を経なければならない。

第89条〔公の財産の支出又は利用の制限〕 公金その他の公の財産は、宗教上の組織若しくは団体の使用、便益若しくは維持のため、又は公の支配に属しない慈善、教育若しくは博愛の事業に対し、これを支出し、又はその利用に供してはならない。

第90条〔決算審査・会計検査院〕 ① 国の収入支出の決算は、すべて毎年会計検査院がこれを検査し、内閣は、次の年度に、その検査報告とともに、これを国会に提出しなければならない。

② 会計検査院の組織及び権限は、法律でこれを定める。

第91条〔財政状況の報告〕 内閣は、国会及び国民に対し、定期に、少くとも毎年1回、国の財政状況について報告しなければならない。

第8章 地方自治

第92条〔地方自治の基本原則〕 地方公共団体の組織及び運営に関する事項は、地方自治の本旨に基いて、法律でこれを定める。

第93条〔地方公共団体の機関とその直接選挙〕 ① 地方公共団体には、法律の定めるところにより、その議事機関として議会を設置する。

② 地方公共団体の長、その議会の議員及び法律の定めるその他の吏員は、その地方公共団体の住民が、直接これを選挙する。

第94条〔地方公共団体の権能〕　地方公共団体は、その財産を管理し、事務を処理し、及び行政を執行する権能を有し、法律の範囲内で条例を制定することができる。

第95条〔1の地方公共団体のみに適用される特別法〕　1の地方公共団体のみに適用される特別法は、法律の定めるところにより、その地方公共団体の住民の投票においてその過半数の同意を得なければ、国会は、これを制定することができない。

第9章　改　　正

第96条〔憲法改正の手続・憲法改正の公布〕
①　この憲法の改正は、各議院の総議員の3分の2以上の賛成で、国会が、これを発議し、国民に提案してその承認を経なければならない。この承認には、特別の国民投票又は国会の定める選挙の際行はれる投票において、その過半数の賛成を必要とする。
②　憲法改正について前項の承認を経たときは、天皇は、国民の名で、この憲法と一体を成すものとして、直ちにこれを公布する。

第10章　最高法規

第97条〔基本的人権の本質〕　この憲法が日本国民に保障する基本的人権は、人類の多年にわたる自由獲得の努力の成果であつて、これらの権利は、過去幾多の試錬に堪へ、現在及び将来の国民に対し、侵すことのできない永久の権利として信託されたものである。

第98条〔憲法の最高法規性、条約・国際法規の遵守〕　①　この憲法は、国の最高法規であつて、その条規に反する法律、命令、詔勅及び国務に関するその他の行為の全部又は一部は、その効力を有しない。
②　日本国が締結した条約及び確立された国際法規は、これを誠実に遵守することを必要とする。

第99条〔憲法尊重擁護の義務〕　天皇又は摂政及び国務大臣、国会議員、裁判官その他の公務員は、この憲法を尊重し擁護する義務を負ふ。

第11章　補　　則

第100条〔憲法の施行期日・準備手続〕　①　この憲法は、公布の日から起算して6箇月を経過した日から、これを施行する。
②　この憲法を施行するために必要な法律の制定、参議院議員の選挙及び国会召集の手続並びにこの憲法を施行するために必要な準備手続は、前項の期日よりも前に、これを行ふことができる。

第101条〔経過規定〕　この憲法施行の際、参議院がまだ成立してゐないときは、その成立するまでの間、衆議院は、国会としての権限を行ふ。

第102条〔同前〕　この憲法による第1期の参議院議員のうち、その半数の者の任期は、これを3年とする。その議員は、法律の定めるところにより、これを定める。

第103条〔同前〕　この憲法施行の際現に在職する国務大臣、衆議院議員及び裁判官並びにその他の公務員で、その地位に相応する地位がこの憲法で認められてゐる者は、法律で特別の定をした場合を除いては、この憲法施行のため、当然にはその地位を失ふことはない。但し、この憲法によつて、後任者が選挙又は任命されたときは、当然その地位を失ふ。

大日本帝国憲法

告　文

皇朕レ謹ミ畏ミ
皇祖
皇宗ノ神霊ニ誥ケ白サク皇朕レ天壌無窮ノ宏
謨ニ循ヒ惟神ノ宝祚ヲ承継シ旧図ヲ保持シテ
敢テ失墜スルコト無シ顧ミルニ世局ノ進運ニ
膺リ人文ノ発達ニ随ヒ宜ク
皇祖
皇宗ノ遺訓ヲ明徴ニシ典憲ヲ成立シ条章ヲ昭
示シ内ハ以テ子孫ノ率由スル所為シ外ハ以
テ臣民翼賛ノ道ヲ広メ永遠ニ遵行セシメ益〻
国家ノ丕基ヲ鞏固ニシ八洲民生ノ慶福ヲ増進
スヘシ茲ニ皇室典範及憲法ヲ制定ス惟フニ此
レ皆
皇祖
皇宗ノ後裔ニ貽シタマヘル統治ノ洪範ヲ紹述
スルニ外ナラス而シテ朕カ躬ニ逮テ時ト倶ニ
挙行スルコトヲ得ルハ洵ニ
皇祖
皇宗及我カ
皇考ノ威霊ニ倚藉スルニ由ラサルハ無シ皇朕
レ仰テ
皇祖
皇宗及
皇考ノ神祐ヲ禱リ併セテ朕カ現在及将来ニ臣
民ニ率先シ此ノ憲章ヲ履行シテ愆ラサラムコ
トヲ誓フ庶幾クハ
神霊此レヲ鑒ミタマヘ

憲法発布勅語

朕国家ノ隆昌ト臣民ノ慶福トヲ以テ中心ノ欣
栄トシ朕カ祖宗ニ承クルノ大権ニ依リ現在及
将来ノ臣民ニ対シ此ノ不磨ノ大典ヲ宣布ス
惟フニ我カ祖我カ宗ハ我カ臣民祖先ノ協力輔
翼ニ倚リ我カ帝国ヲ肇造シ以テ無窮ニ垂レタ
リ此レ我カ神聖ナル祖宗ノ威徳ト並ニ臣民ノ
忠実勇武ニシテ国ヲ愛シ公ニ殉ヒ以テ此ノ光
輝アル国史ノ成跡ヲ貽シタルナリ朕我カ臣民
ハ即チ祖宗ノ忠良ナル臣民ノ子孫ナルヲ回想
シ其ノ朕カ意ヲ奉体シ朕カ事ヲ奨順シ相与ニ
和衷協同シ益〻我カ帝国ノ光栄ヲ中外ニ宣揚
シ祖宗ノ遺業ヲ永久ニ鞏固ナラシムルノ希望
ヲ同クシ此ノ負担ヲ分ツニ堪フルコトヲ疑ハ
サルナリ

朕祖宗ノ遺烈ヲ承ケ万世一系ノ帝位ヲ践ミ朕
カ親愛スル所ノ臣民ハ即チ朕カ祖宗ノ恵撫慈
養シタマヒシ所ノ臣民ナルヲ念ヒ其ノ康福ヲ
増進シ其ノ懿徳良能ヲ発達セシメムコトヲ願
ヒ又其ノ翼賛ニ依リ与ニ倶ニ国家ノ進運ヲ扶
持セムコトヲ望ミ乃チ明治14年10月12日ノ詔
命ヲ履践シ茲ニ大憲ヲ制定シ朕カ率由スル所
ヲ示シ朕カ後嗣及臣民及臣民ノ子孫タル者ヲ
シテ永遠ニ循行スル所ヲ知ラシム
国家統治ノ大権ハ朕カ之ヲ祖宗ニ承ケテ之ヲ
子孫ニ伝フル所ナリ朕及朕カ子孫ハ将来此ノ
憲法ノ条章ニ循ヒ之ヲ行フコトヲ愆ラサルヘ
シ
朕ハ我カ臣民ノ権利及財産ノ安全ヲ貴重シ及
之ヲ保護シ此ノ憲法及法律ノ範囲内ニ於テ其

ノ享有ヲ完全ナラシムヘキコトヲ宣言ス

帝国議会ハ明治23年ヲ以テ之ヲ召集シ議会開
会ノ時（明治23・11・29）ヲ以テ此ノ憲法ヲ
シテ有効ナラシムルノ期トスヘシ

将来若此ノ憲法ノ或ル条章ヲ改定スルノ必要
ナル時宜ヲ見ルニ至ラハ朕及朕カ継統ノ子孫
ハ発議ノ権ヲ執リ之ヲ議会ニ付シ議会ハ此ノ
憲法ニ定メタル要件ニ依リ之ヲ議決スルノ外
朕カ子孫及臣民ハ敢テ之カ紛更ヲ試ミルコト
ヲ得サルヘシ

朕カ在廷ノ大臣ハ朕カ為ニ此ノ憲法ヲ施行ス
ルノ責ニ任スヘク朕カ現在及将来ノ臣民ハ此
ノ憲法ニ対シ永遠ニ従順ノ義務ヲ負フヘシ

御 名 御 璽

明治22年 2 月11日

内閣総理大臣　伯爵　黒田清隆
枢密院議長　伯爵　伊藤博文
外務大臣　伯爵　大隈重信
海軍大臣　伯爵　西郷従道
農商務大臣　伯爵　井上　馨
司法大臣　伯爵　山田顕義
大蔵大臣兼内務大臣　伯爵　松方正義
陸軍大臣　伯爵　大山　巌
文部大臣　子爵　森　有礼
逓信大臣　子爵　榎本武揚
大日本帝国憲法

第1章　天　皇

第1条　大日本帝国ハ万世一系ノ天皇之ヲ統治ス
第2条　皇位ハ皇室典範ノ定ムル所ニ依リ皇男子孫之ヲ継承ス
第3条　天皇ハ神聖ニシテ侵スヘカラス
第4条　天皇ハ国ノ元首ニシテ統治権ヲ総攬シ此ノ憲法ノ条規ニ依リ之ヲ行フ

第5条　天皇ハ帝国議会ノ協賛ヲ以テ立法権ヲ行フ
第6条　天皇ハ法律ヲ裁可シ其ノ公布及執行ヲ命ス
第7条　天皇ハ帝国議会ヲ召集シ其ノ開会閉会停会及衆議院ノ解散ヲ命ス
第8条　① 天皇ハ公共ノ安全ヲ保持シ又ハ其ノ災厄ヲ避クル為緊急ノ必要ニ由リ帝国議会閉会ノ場合ニ於テ法律ニ代ルヘキ勅令ヲ発ス
② 此ノ勅令ハ次ノ会期ニ於テ帝国議会ニ提出スヘシ若議会ニ於テ承諾セサルトキハ政府ハ将来ニ向テ其ノ効力ヲ失フコトヲ公布スヘシ
第9条　天皇ハ法律ヲ執行スル為ニ又ハ公共ノ安寧秩序ヲ保持シ及臣民ノ幸福ヲ増進スル為ニ必要ナル命令ヲ発シ又ハ発セシム但シ命令ヲ以テ法律ヲ変更スルコトヲ得ス
第10条　天皇ハ行政各部ノ官制及文武官ノ俸給ヲ定メ及文武官ヲ任免ス但シ此ノ憲法又ハ他ノ法律ニ特例ヲ掲ケタルモノハ各々其ノ条項ニ依ル
第11条　天皇ハ陸海軍ヲ統帥ス
第12条　天皇ハ陸海軍ノ編制及常備兵額ヲ定ム
第13条　天皇ハ戦ヲ宣シ和ヲ講シ及諸般ノ条約ヲ締結ス
第14条　① 天皇ハ戒厳ヲ宣告ス
② 戒厳ノ要件及効力ハ法律ヲ以テ之ヲ定ム
第15条　天皇ハ爵位勲章及其ノ他ノ栄典ヲ授与ス
第16条　天皇ハ大赦特赦減刑及復権ヲ命ス
第17条　① 摂政ヲ置クハ皇室典範ノ定ムル所ニ依ル
② 摂政ハ天皇ノ名ニ於テ大権ヲ行フ

第2章　臣民権利義務

第18条　日本臣民タルノ要件ハ法律ノ定ムル所ニ依ル

第19条　日本臣民ハ法律命令ノ定ムル所ノ資格ニ応シ均ク文武官ニ任セラレ及其ノ他ノ公務ニ就クコトヲ得

第20条　日本臣民ハ法律ノ定ムル所ニ従ヒ兵役ノ義務ヲ有ス

第21条　日本臣民ハ法律ノ定ムル所ニ従ヒ納税ノ義務ヲ有ス

第22条　日本臣民ハ法律ノ範囲内ニ於テ居住及移転ノ自由ヲ有ス

第23条　日本臣民ハ法律ニ依ルニ非スシテ逮捕監禁審問処罰ヲ受クルコトナシ

第24条　日本臣民ハ法律ニ定メタル裁判官ノ裁判ヲ受クルノ権ヲ奪ハルヽコトナシ

第25条　日本臣民ハ法律ニ定メタル場合ヲ除ク外其ノ許諾ナクシテ住所ニ侵入セラレ及捜索セラルヽコトナシ

第26条　日本臣民ハ法律ニ定メタル場合ヲ除ク外信書ノ秘密ヲ侵サルヽコトナシ

第27条　① 日本臣民ハ其ノ所有権ヲ侵サルヽコトナシ

② 公益ノ為必要ナル処分ハ法律ノ定ムル所ニ依ル

第28条　日本臣民ハ安寧秩序ヲ妨ケス及臣民タルノ義務ニ背カサル限ニ於テ信教ノ自由ヲ有ス

第29条　日本臣民ハ法律ノ範囲内ニ於テ言論著作印行集会及結社ノ自由ヲ有ス

第30条　日本臣民ハ相当ノ敬礼ヲ守リ別ニ定ムル所ノ規程ニ従ヒ請願ヲ為スコトヲ得

第31条　本章ニ掲ケタル条規ハ戦時又ハ国家事変ノ場合ニ於テ天皇大権ノ施行ヲ妨クルコトナシ

第32条　本章ニ掲ケタル条規ハ陸海軍ノ法令又ハ紀律ニ牴触セサルモノニ限リ軍人ニ準行ス

第3章　帝国議会

第33条　帝国議会ハ貴族院衆議院ノ両院ヲ以テ成立ス

第34条　貴族院ハ貴族院令ノ定ムル所ニ依リ皇族華族及勅任セラレタル議員ヲ以テ組織ス

第35条　衆議院ハ選挙法ノ定ムル所ニ依リ公選セラレタル議員ヲ以テ組織ス

第36条　何人モ同時ニ両議院ノ議員タルコトヲ得ス

第37条　凡テ法律ハ帝国議会ノ協賛ヲ経ルヲ要ス

第38条　両議院ハ政府ノ提出スル法律案ヲ議決シ及各ミ法律案ヲ提出スルコトヲ得

第39条　両議院ノ一ニ於テ否決シタル法律案ハ同会期中ニ於テ再ヒ提出スルコトヲ得ス

第40条　両議院ハ法律又ハ其ノ他ノ事件ニ付各ミ其ノ意見ヲ政府ニ建議スルコトヲ得但シ其ノ採納ヲ得サルモノハ同会期中ニ於テ再ヒ建議スルコトヲ得ス

第41条　帝国議会ハ毎年之ヲ召集ス

第42条　帝国議会ハ3箇月ヲ以テ会期トス必要アル場合ニ於テハ勅命ヲ以テ之ヲ延長スルコトアルヘシ

第43条　① 臨時緊急ノ必要アル場合ニ於テ常会ノ外臨時会ヲ召集スヘシ

② 臨時会ノ会期ヲ定ムルハ勅命ニ依ル

第44条　① 帝国議会ノ開会閉会会期ノ延長及停会ハ両院同時ニ之ヲ行フヘシ

② 衆議院解散ヲ命セラレタルトキハ貴族院ハ同時ニ停会セラルヘシ

第45条　衆議院解散ヲ命セラレタルトキハ勅

命ヲ以テ新ニ議員ヲ選挙セシメ解散ノ日ヨリ5箇月以内ニ之ヲ召集スヘシ

第46条　両議院ハ各〻其ノ総議員3分ノ1以上出席スルニ非サレハ議事ヲ開キ議決ヲ為スコトヲ得ス

第47条　両議院ノ議事ハ過半数ヲ以テ決ス可否同数ナルトキハ議長ノ決スル所ニ依ル

第48条　両議院ノ会議ハ公開ス但シ政府ノ要求又ハ其ノ院ノ決議ニ依リ秘密会ト為スコトヲ得

第49条　両議院ハ各〻天皇ニ上奏スルコトヲ得

第50条　両議院ハ臣民ヨリ呈出スル請願書ヲ受クルコトヲ得

第51条　両議院ハ此ノ憲法及議院法ニ掲クルモノヽ外内部ノ整理ニ必要ナル諸規則ヲ定ムルコトヲ得

第52条　両議院ノ議員ハ議院ニ於テ発言シタル意見及表決ニ付院外ニ於テ責ヲ負フコトナシ但シ議員自ラ其ノ言論ヲ演説刊行筆記又ハ其ノ他ノ方法ヲ以テ公布シタルトキハ一般ノ法律ニ依リ処分セラルヘシ

第53条　両議院ノ議員ハ現行犯罪又ハ内乱外患ニ関ル罪ヲ除ク外会期中其ノ院ノ許諾ナクシテ逮捕セラルヽコトナシ

第54条　国務大臣及政府委員ハ何時タリトモ各議院ニ出席シ及発言スルコトヲ得

第4章　国務大臣及枢密顧問

第55条　①　国務各大臣ハ天皇ヲ輔弼シ其ノ責ニ任ス

②　凡テ法律勅令其ノ他国務ニ関ル詔勅ハ国務大臣ノ副署ヲ要ス

第56条　枢密顧問ハ枢密院官制ノ定ムル所ニ依リ天皇ノ諮詢ニ応ヘ重要ノ国務ヲ審議ス

第5章　司　　法

第57条　①　司法権ハ天皇ノ名ニ於テ法律ニ依リ裁判所之ヲ行フ

②　裁判所ノ構成ハ法律ヲ以テ之ヲ定ム

第58条　①　裁判官ハ法律ニ定メタル資格ヲ具フル者ヲ以テ之ニ任ス

②　裁判官ハ刑法ノ宣告又ハ懲戒ノ処分ニ由ルノ外其ノ職ヲ免セラルヽコトナシ

③　懲戒ノ条規ハ法律ヲ以テ之ヲ定ム

第59条　裁判ノ対審判決ハ之ヲ公開ス但シ安寧秩序又ハ風俗ヲ害スルノ虞アルトキハ法律ニ依リ又ハ裁判所ノ決議ヲ以テ対審ノ公開ヲ停ムルコトヲ得

第60条　特別裁判所ノ管轄ニ属スヘキモノハ別ニ法律ヲ以テ之ヲ定ム

第61条　行政官庁ノ違法処分ニ由リ権利ヲ傷害セラレタリトスルノ訴訟ニシテ別ニ法律ヲ以テ定メタル行政裁判所ノ裁判ニ属スヘキモノハ司法裁判所ニ於テ受理スルノ限ニ在ラス

第6章　会　　計

第62条　①　新ニ租税ヲ課シ及税率ヲ変更スルハ法律ヲ以テ之ヲ定ムヘシ

②　但シ報償ニ属スル行政上ノ手数料及其ノ他ノ収納金ハ前項ノ限ニ在ラス

③　国債ヲ起シ及予算ニ定メタルモノヲ除ク外国庫ノ負担トナルヘキ契約ヲ為スハ帝国議会ノ協賛ヲ経ヘシ

第63条　現行ノ租税ハ更ニ法律ヲ以テ之ヲ改メサル限ハ旧ニ依リ之ヲ徴収ス

第64条　①　国家ノ歳出歳入ハ毎年予算ヲ以テ帝国議会ノ協賛ヲ経ヘシ

②　予算ノ款項ニ超過シ又ハ予算ノ外ニ生シ

タル支出アルトキハ後日帝国議会ノ承諾ヲ
求ムルヲ要ス

第65条　予算ハ前ニ衆議院ニ提出スヘシ

第66条　皇室経費ハ現在ノ定額ニ依リ毎年国
庫ヨリ之ヲ支出シ将来増額ヲ要スル場合ヲ
除ク外帝国議会ノ協賛ヲ要セス

第67条　憲法上ノ大権ニ基ツケル既定ノ歳出
及法律ノ結果ニ由リ又ハ法律上政府ノ義務
ニ属スル歳出ハ政府ノ同意ナクシテ帝国議
会之ヲ廃除シ又ハ削減スルコトヲ得ス

第68条　特別ノ須要ニ因リ政府ハ予メ年限ヲ
定メ継続費トシテ帝国議会ノ協賛ヲ求ムル
コトヲ得

第69条　避クヘカラサル予算ノ不足ヲ補フ為
ニ又ハ予算ノ外ニ生シタル必要ノ費用ニ充
ツル為ニ予備費ヲ設クヘシ

第70条　①　公共ノ安全ヲ保持スル為緊急ノ
需用アル場合ニ於テ内外ノ情形ニ因リ政府
ハ帝国議会ヲ召集スルコト能ハサルトキハ
勅令ニ依リ財政上必要ノ処分ヲ為スコトヲ
得

②　前項ノ場合ニ於テハ次ノ会期ニ於テ帝国
議会ニ提出シ其ノ承諾ヲ求ムルヲ要ス

第71条　帝国議会ニ於テ予算ヲ議定セス又ハ
予算成立ニ至ラサルトキハ政府ハ前年度ノ
予算ヲ施行スヘシ

第72条　①　国家ノ歳出歳入ノ決算ハ会計検
査院之ヲ検査確定シ政府ハ其ノ検査報告ト
倶ニ之ヲ帝国議会ニ提出スヘシ

②　会計検査院ノ組織及職権ハ法律ヲ以テ之
ヲ定ム

第7章　補　　則

第73条　①　将来此ノ憲法ノ条項ヲ改正スル
ノ必要アルトキハ勅命ヲ以テ議案ヲ帝国議
会ノ議ニ付スヘシ

②　此ノ場合ニ於テ両議院ハ各〻其ノ総員3
分ノ2以上出席スルニ非サレハ議事ヲ開ク
コトヲ得ス出席議員3分ノ2以上ノ多数ヲ
得ルニ非サレハ改正ノ議決ヲ為スコトヲ得
ス

第74条　①　皇室典範ノ改正ハ帝国議会ノ議
ヲ経ルヲ要セス

②　皇室典範ヲ以テ此ノ憲法ノ条規ヲ変更ス
ルコトヲ得ス

第75条　憲法及皇室典範ハ摂政ヲ置クノ間之
ヲ変更スルコトヲ得ス

第76条　①　法律規則命令又ハ何等ノ名称ヲ
用キタルニ拘ラス此ノ憲法ニ矛盾セサル現
行ノ法令ハ総テ遵由ノ効力ヲ有ス

②　歳出上政府ノ義務ニ係ル現在ノ契約又ハ
命令ハ総テ第67条ノ例ニ依ル

【著者紹介】

尾﨑利生（おざき　としお）　元東京家政学院大学教授
　主要著書・論文
　『新法学レッスン』（共著）（成文堂、2007年）/『現代憲法』（共著）（八千代出版、1992
　年）/「内閣総理大臣の靖国神社公式参拝と政教分離」東京家政学院大学紀要49号（2009
　年）/「社会権の法理と課題」東京家政学院大学紀要38号（1998年）/「信教の自由と政教
　分離原則に関する研究序説」東京家政学院筑波女子大学紀要1集（1997年）/「憲法の構
　造と重要判例─日本国憲法理解のために─」東京家政学院大学紀要36号（1996年）

鈴木　晃（すずき　あきら）　中京大学講師
　主要著書
　『ローディバイス法学入門〔第2版〕』（共著）（法律文化社、2018年）/『セットアップ法
　学〔第3版〕』（共著）（成文堂、2006年）/『法学入門』（共著）（嵯峨野書院、2003年）

Horitsu Bunka Sha

憲法入門講義〔第3版〕

2012年4月10日　初　版第1刷発行
2016年3月1日　　第2版第1刷発行
2022年9月15日　第3版第1刷発行

著　者　　尾﨑利生・鈴木　晃

発行者　　畑　　　光

発行所　　株式会社 法律文化社

〒603-8053
京都市北区上賀茂岩ヶ垣内町71
電話 075（791）7131　FAX 075（721）8400
https://www.hou-bun.com/

印刷：共同印刷工業㈱／製本：㈱藤沢製本
装幀：仁井谷伴子

ISBN978-4-589-04226-2

吉永一行編

法 学 部 入 門〔第3版〕
―はじめて法律を学ぶ人のための道案内―

A5判・192頁・2310円

法学部はどんなところ？ 「何を学ぶか」「どう学ぶか」の二部構成からなり、法学部生としての考え方が身につく一冊。法律上の年齢にまつわる豆知識を随所で紹介し、楽しく読み進める仕掛けを追加。

小泉洋一・島田 茂編

公 法 入 門〔第3版〕

A5判・138頁・1980円

憲法や行政法、さらには地方自治法を本格的に学ぶ前に、法体系の全体像や各法領域の関係性や役割を概観し、公法にかかわる基本知識を習得するための導入テキスト。新法や新たな動向をふまえ、全面的に補訂。

小泉洋一・倉持孝司・尾形 健・
福岡久美子・櫻井智章著

憲 法 の 基 本〔第3版〕

A5判・330頁・2860円

重要判例を多数取りあげ、憲法の全体像をつかめるよう工夫した概説書。「各章で学ぶこと」を導入部に、復習・応用問題を章末に設けて、学習しやすいように配慮した好評書。最近の政治・社会動向の変化に対応した。

澤野義一・小林直三編

テキストブック憲法〔第2版〕

A5判・212頁・2420円

憲法の基本的な知識を網羅したベーシックテキストの改訂版。最新の判例や関連立法の動向も収録し、平易かつ簡潔に解説。総論・統治制度・基本的人権の3部16章構成で、憲法の全体像をつかめる。

小沢隆一編

クローズアップ憲法〔第3版〕

A5判・286頁・2750円

ホットでリアルな憲法問題をクローズアップして各章冒頭で取り上げ、その論争や対立点の根源を探究し、主体的に考え抜く力を養うための入門書の改訂版。政治・裁判・改憲論などの最新動向をふまえてアップデート。

――法律文化社――

表示価格は消費税10%を含んだ価格です